Studien- und Übungsbücher der Wirtschafts- und Sozialwissenschaften

Herausgegeben von
Professor Dr. Heiko Burchert
und
Universitätsprofessor Dr. Thomas Hering

Bisher erschienene Werke:

Arens-Fischer · Steinkamp, Betriebswirtschaftslehre
Bechtel · Brink, Einführung in die moderne
Finanzbuchführung, 8. Auflage
Berlemann, Allgemeine Volkswirtschaftslehre
Brösel · Kasperzak, Internationale Rechnungslegung,
Prüfung und Analyse
Brösel · Keuper, Medienmanagement
Burchert · Hering · Keuper, Kostenrechnung
Burchert · Hering · Keuper, Controlling
Burchert · Hering, Betriebliche Finanzwirtschaft
Burchert · Hering · Rollberg, Produktionswirtschaft
Burchert · Hering · Rollberg, Logistik
Burchert · Hering, Gesundheitswirtschaft
Burchert · Hering · Pechtl, Absatzwirtschaft
Burchert · Sohr, Praxis des wissenschaftlichen Arbeitens
Guba · Ostheimer, PC-Praktikum
Keuper, Finanzmanagement
Keuper, Strategisches Management
Koch, Wirtschaftspolitik im Wandel
Koch · Zacharias, Gründungsmanagement
Matschke · Hering · Klingelhöfer, Finanzanalyse
und Finanzplanung

Praxis des wissenschaftlichen Arbeitens

Eine anwendungsorientierte Einführung

Von
Prof. Dr. rer. pol. Heiko Burchert
Prof. Dr. phil. Sven Sohr

mit Illustrationen von Robert Perschke

R. Oldenbourg Verlag München Wien

Bibliografische Information Der Deutschen Bibliothek

Die Deutsche Bibliothek verzeichnet diese Publikation in der Deutschen
Nationalbibliografie; detaillierte bibliografische Daten sind im Internet
über <http://dnb.ddb.de> abrufbar.

© 2005 Oldenbourg Wissenschaftsverlag GmbH
Rosenheimer Straße 145, D-81671 München
Telefon: (089) 45051-0
www.oldenbourg-verlag.de

Gedruckt auf säure- und chlorfreiem Papier
Gesamtherstellung: Druckhaus „Thomas Müntzer" GmbH, Bad Langensalza

ISBN 3-486-57682-8

Vorwort

Angesichts der Tatsache, daß es in Deutschland schon fast 100 Bücher über „Wissenschaftliches Arbeiten" gibt (wie der Bibliographie dieses Buches zu entnehmen ist), stellt sich die Frage nach der Originalität des vorliegenden Bandes. Der besondere Charakter ist im Titel „*Praxis* des wissenschaftlichen Arbeitens. Eine *anwendungsorientierte* Einführung" bereits enthalten. Der Mehrwert gegenüber herkömmlichen Büchern zu diesem Thema liegt nach Ansicht der Autoren vor allem in folgenden vier außergewöhnlichen Angeboten:

- Das Buch beginnt mit einem ‚Studien-Journal': mit Tagebuch-Aufzeichnungen von Studenten, die ihre vielfältigen Erfahrungen und Probleme während der ersten hundert Tage ihres Studiums berichten. Die Themen der Tagebücher dienten dabei als Basis für die Entwicklung eines „roten Fadens" des Buches.

- Das Buch enthält Anschauungsmaterial aus der Praxis des wissenschaftlichen Arbeitens an Fachhochschulen und Universitäten sowohl aus der Perspektive von Lernenden als auch von Lehrenden mit Beispielen von guten und weniger guten Leistungen in Haus- und Diplomarbeiten und in mündlichen Prüfungen.

- Das Buch bietet außerdem zahlreiche Übungsmöglichkeiten für Studenten in Form von 16 Aufgaben und Lösungen zu allen wichtigen Fragen des wissenschaftlichen Arbeitens. Hierbei werden auch moderne Schlüsselkompetenzen trainiert, wie z. B. Rhetorik, Präsentation, Moderation und kreatives Schreiben.

- Mit diesem Buch bekommen die Studenten nicht nur einen Leitfaden, sondern zugleich auch vorgelebtes Anschauungsmaterial hinsichtlich der Techniken des Gliederns oder Zitierens in die Hand, das ausdrücklich zum erfolgreichen „Kopieren" einlädt.

Die Idee zu diesem Buchprojekt ergab sich für uns als langjährige Dozenten in den Auftaktvorlesungen zur „Einführung in Techniken wissenschaftlichen Arbeitens" für die Studenten des ersten Semesters aus der immer wieder vergeblichen Suche nach einem Lehrbuch, das möglichst umfassend und praxisorientiert in die Welt der Wissenschaft einführt. Letztlich blieb uns nichts anderes übrig, als selbst ein Buch zu verfassen. Dabei war uns bewußt, daß eine ganzheitliche Vorgehensweise in einem verträglichen und bezahlbaren Seitenumfang über den Charakter einer Einführung nicht hinausgehen kann. Nichtsdestotrotz haben wir uns bemüht, mit diesem Buch ein positives Vorbild für wissenschaftliches Schreiben zu sein, was nicht ausschließt, daß wir für hilfreiche Anregungen zur Optimierung jederzeit offen und dankbar sind.

Aufgebaut ist das Werk wie folgt: Entlang der Chronologie des wissenschaftlichen Arbeitens beginnen wir nach der Vorstellung der empirischen Ergebnisse aus dem Studien-Journal in der Einführung (Kap. 1) mit allgemeinen und psychologischen Grundlagen (Kap. 2). Anschließend geht es um das Recherchieren (Kap. 3), Lesen (Kap. 4), Schreiben (Kap. 5) und Reden (Kap. 6), bevor ein Fazit in Form einer Zusammenfassung mit „Zehn Geboten für das Studium" das Buch beschließt (Kap. 7).

Verantwortlich für die Kapitel 2.1 (Wissenschaftliches Arbeiten), 3 (Recherchieren) und 5.1 (Korrektes Schreiben) ist Heiko Burchert, verantwortlich für die Kapitel 1 (Einführung), 2.2 (Psychologische Grundlagen), 4 (Lesen), 5.2 (Kreatives Schreiben) und 6 (Reden) ist Sven Sohr. Kapitel 7 (Fazit) wurde gemeinsam verfaßt.

Den Studentinnen, die mit ihren Tagebuchaufzeichnungen aus den ersten Tagen ihres Studiums das Buch eröffnen und wesentlich bereichern, danken wir ebenso herzlich wie den Studenten Jens Oestreich, der eine umfangreiche und sehr praxisorientierte Bibliographie erstellte, und Robert Perschke, der das Buch anschaulich illustrierte. Wir hoffen, daß die Lektüre dazu beitragen kann, die Zeit Ihres Studiums zu einer erfolgreichen und persönlichkeitsfördernden Lebenserfahrung werden zu lassen.

HEIKO BURCHERT und SVEN SOHR

INHALTSVERZEICHNIS

Abkürzungsverzeichnis

a. m.	ante meridiem
Anm. d. V.	Anmerkung des Verfassers
Art.	Artikel
BGBl.	Bundesgesetzblatt
BSE	Bovine Spongiforme Encephalopathie, Rinderwahn
bspw.	beispielsweise
bzw.	beziehungsweise
ca.	zirka
CD-ROM	compact disk – read only memory
d. h.	das heißt
DPO	Diplomprüfungsordnung
dtv	Deutscher Taschenbuchverlag
e. V.	eingetragener Verein
EDV	Elektronische Datenverarbeitung
EFG	Entscheidungen der Finanzgerichte
engl.	englisch
et al.	et alii (und andere)
etc.	et cetera (und so weiter)
f.	folgende
ff.	fortlaufend folgende
FG	Finanzgericht
FH	Fachhochschule
frz.	französisch
G	Gesetz
ggf.	gegebenenfalls
GE	Geldeinheiten
grch.	griechisch
hrsg.	herausgegeben
Hrsg.	Herausgeber
HWB	Handwörterbücher
i. d. R.	in der Regel
i. S.	im Sinne
Kap.	Kapitel
lat.	lateinisch
m. w. N.	mit weiteren Nennungen
min.	Minute
Nr.	Nummer
o. A.	ohne Angaben
o. ä.	oder ähnliches
o. J.	ohne Jahresangabe
o. O.	ohne Ortsangabe

o. V.	ohne Verfasserangabe
P	Praktikum
p. c.	political correct
PC	Personalcomputer
p. m.	post meridiem
S	Seminar
S.	Seite
SMS	short message system
sog.	sogenannte
Sp.	Spalte
SPSS	Superior Performing Software Systems
SU	Seminaristischer Unterricht
SWS	Semesterwochenstunden
u. a.	unter anderem
u. ä.	und ähnliches
u. U.	unter Umständen
Ü	Übung
UrhG	Gesetz über Urheberrecht und verwandte Schutzrechte
USB	universal serial bus
usw.	und so weiter
W	Wörter
V	Vorlesung
vgl.	vergleiche
z. B.	zum Beispiel
z. T.	zum Teil
z. Zt.	zur Zeit

Tabellenverzeichnis

Abbildungsverzeichnis

Aufgabenverzeichnis

1. EINFÜHRUNG

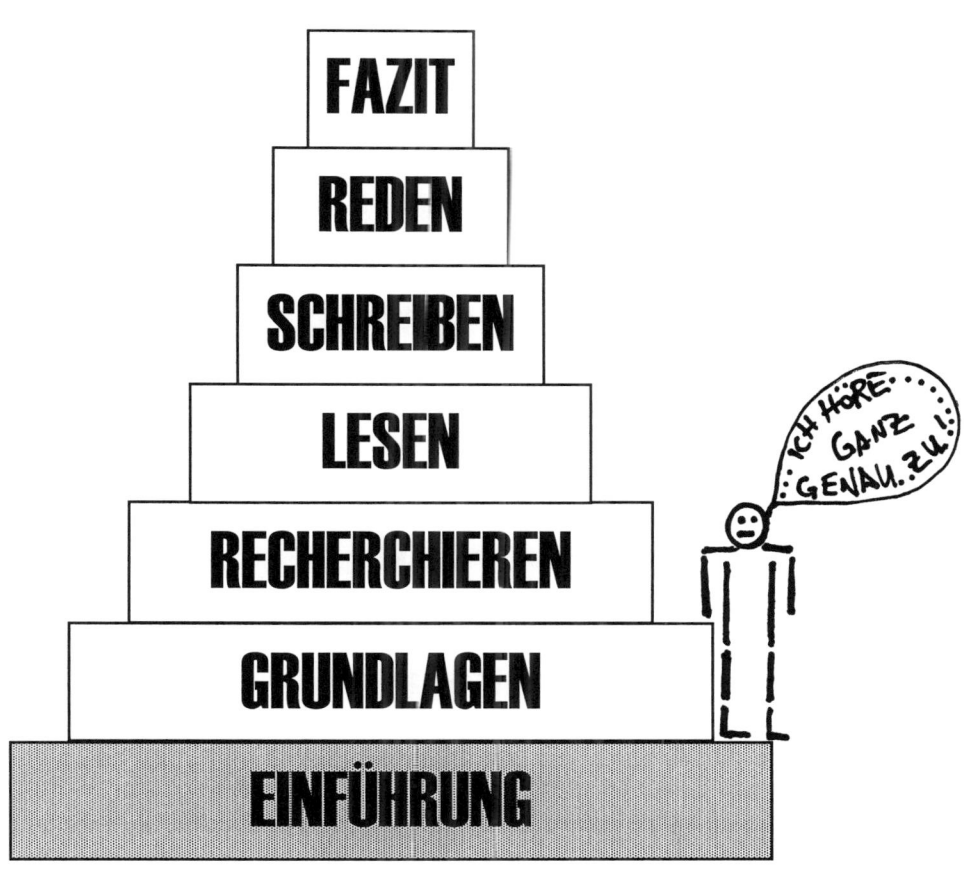

1. Einführung

Die Reise durch die Welt des wissenschaftlichen Arbeitens startet mit einer (Selbst-) Reflexion der Zielgruppe: den Studenten. Im Wintersemester 2003/2004 begann im Fachbereich Pflege und Gesundheit an der Fachhochschule Bielefeld ein neuer Studiengang mit ca. 60 Studenten, die im Rahmen der Veranstaltung „Einführung in das wissenschaftliche Arbeiten" zu einem Projekt mit dem Titel „Studien-Journal" eingeladen wurden. Die Aufgabe bestand darin, die ersten Tage, Wochen und Monate des ersten Semesters in Form eines Tagebuches nach bestimmten Kriterien zu reflektieren. Die Kriterien richteten sich nach den chronologischen Schritten des wissenschaftlichen Arbeitens, welche auch Grundlage dieses Buches sind: Lernen, Recherchieren, Lesen, Schreiben und Reden.

Obwohl sich leider nur 10 % des Jahrgangs am Projekt beteiligten (der überschaubare Rücklauf ist vielleicht auch ein Indiz für die Tatsache, daß Studenten im ersten Semester aufgrund der vielfältigen Anforderungen, denen sie ausgesetzt sind, kaum Zeit für zusätzliche Aktivitäten haben), waren die Befunde so interessant, daß es sich anbot, den studentischen „Journalismus" über einen längeren Zeitraum zu begleiten. So wurden die schriftlichen Tagebuch-Notizen durch mündliche Interviews ergänzt, in denen sich auch erste Hausarbeits- und Prüfungs-Erfahrungen widerspiegeln.

Auf den nächsten Seiten dokumentieren wir einige Tagebuch-Zitate im Original, um auf dieser Basis im weiteren Verlauf des Buches die Praxis des wissenschaftlichen Arbeitens aus studentischer Perspektive stets anwendungs- und problemorientiert zu beleuchten. Da die Zitate von real existierenden Studentinnen stammen, werden sie auch mit (Code-)Namen genannt, so daß individuelle Entwicklungsverläufe sichtbar werden. Die Tatsache, daß es sich ausschließlich um weibliche Personen handelt, überrascht prinzipiell wenig, da die Frauen-Quote in den untersuchten Studiengängen bei etwa 80 % liegt. Dennoch ist es auffällig, daß kein einziger Mann am Studien-Journal teilnahm, was vielleicht auch als ein Beleg dafür gewertet werden kann, daß verbale Intelligenz tendenziell eine weibliche Domäne ist.

Die nachfolgend vorgestellten sechs Studentinnen, die alle zwischen 20 und 30 Jahre alt sind, haben vor dem Studium eine Berufsausbildung im sozialen Bereich (z. B. als Krankenschwester, Hebamme oder Physiotherapeutin) absolviert. Es handelt sich um

- die individualistische Anne,
- die optimistische Beate,
- die impulsive Christine,
- die zweifelnde Diana,
- die gewissenhafte Eva
- und um die fleißige Finja.

Das erste Semester an einer Hochschule im Leben von sechs Studentinnen

Aller Anfang ist schwer: Vom ersten Tag an berichten die Studentinnen von diversen Eindrücken, die mit dem neuen Lebensabschnitt bei allen Beteiligten einhergehen. Eine besondere Bedeutung hat der erste Tag, der mit vielen Gefühlen verbunden ist.

- Bildung von Gemeinschaften

Vom ersten Tag an ist es für das psychische Wohlbefinden wichtig, nicht allein zu bleiben, sondern Anschluß zu suchen. Positive Erfahrungen macht z. B. Beate: „Mein erster Tag an der FH war gar nicht so schlimm wie befürchtet. Durch die Einteilung in Tutoren-Gruppen lernt man die anderen Anfänger schnell kennen." Nicht nur die Kommilitonen, auch die Tutoren übernehmen oft eine wertvolle Mentoren-Funktion, wie Christine feststellt: „Die Tutorinnen sind süß, sie haben uns heute Süßigkeiten mitgebracht und geben sich wirklich Mühe mit uns – Danke!" Eine weitere Notiz kurze Zeit später offenbart, daß Christine in dieser Beziehung wirklich Glück gehabt hat: „Unsere Mentorinnen standen heute einfach bei mir vor der Tür und wollten mich auf einen netten Plausch in die Kneipe abholen. Das hat mich gefreut!" Es gibt auch außerhalb der Hochschule viele Möglichkeiten, die Zeit gemeinsam zu verbringen. Ein Beispiel nennt Eva: „Meine Kommilitonen lerne ich jetzt besser kennen, wir gehen zusammen zum Hochschulsport oder treffen uns abends, um noch zusammen loszugehen."

- „Studentenleben"

Ein erfolgreiches Hochschulstudium setzt eine gute Balance zwischen Studienzeit und Freizeit voraus. Am Anfang des Studiums ist das Bedürfnis oft groß, sich lustvoll in den neuen Lebensabschnitt zu stürzen. Wie das in der Praxis läuft, erzählt Beate: „So langsam beginnt das Studentenleben, um das ich früher meine Freundinnen manchmal beneidet habe. Da wir bisher nur nachmittags Vorlesungen haben, ist bei mir momentan Gammelleben angesagt: Lange ausschlafen, die Zeit totschlagen bis mittags, dann ein paar Stunden in der Hochschule und den Abend gemütlich im Irish Pub ausklingen lassen." Wer hart arbeitet, sollte auch intensiv feiern können. Doch das ist nicht immer so einfach, wie Diana findet: „Heute Abend war eine gemeinsame Feier aller Erstsemestler. Leider fiel die überhaupt nicht so aus, wie ich mir das vorgestellt hatte. Es waren nur wenige da, und einige sind auch kurz nach Beginn gleich wieder gegangen." Zum Studentenleben gehören natürlich auch grundlegende physische Bedürfnisse. Selbst wenn eine Massen-Mensa kein Luxus-Restaurant sein kann, hat sie ihre Vorteile, wie Christine bemerkt: „Wir waren heute in der Mensa, lecker ist etwas anderes. Aber es ist ziemlich bequem, wenn man nicht selber kochen und abwaschen muß."

- Umgang mit Einsamkeit

Gefühle von Einsamkeit insbesondere an den ersten Tagen sind keine Seltenheit. So notiert z. B. Anne bereits an ihrem ersten Studientag: „Mein erster Tag an der FH – irgendwie scheinen sich schon alle zu kennen!" Wenige Tage später bemerkt sie: „Mir scheint, daß sich schon in der ersten Woche Trüppchen gebildet haben." Und wer nicht ständig präsent ist, verliert schnell den Anschluß: „Ich bin eine Woche nicht da gewesen. Ein paar Kommilitonen scheinen genervt von mir bzw. sauer zu sein, was mir die Studienlust etwas trübt." Besonders an den großen Massenuniversitäten ist die Gefahr der Einsamkeit gewaltig. Fachhochschulen sind demgegenüber oft überschaubarer, wie Eva feststellt: „Der Vorteil an der FH ist einfach, daß die Anzahl der Studenten nicht so groß ist und man so eine bessere Übersicht behält."

- Umgang mit Zweifeln

Wenn man bedenkt, mit welch einschneidenden Veränderungen die Entscheidung eines Studiums oft verbunden ist, sind gewisse Zweifel gerade in den ersten Tagen oft ganz normal. Christine gibt einen Einblick in ihre neuen Erfahrungswelten: „Mein erster Tag an der FH – nicht nur die FH ist neu, auch die Stadt, die Leute, die Lebensarten, die Gewohnheiten. Jetzt wohne ich hier und habe meinen Freund zu Hause gelassen. War das die richtige Entscheidung?" Ähnlich ergeht es Diana: „Es kommen immer Zweifel, das Richtige getan zu haben, sich für ein Studium zu entscheiden. Nach den beiden ersten Veranstaltungen frage ich mich, was ich hier überhaupt tue?" Manchmal hilft es, sich selbst zu bestätigen. Ein Beispiel dafür gibt Beate, wenn sie schreibt: „Nach einer Woche habe ich meine Entscheidung, dieses Studium zu beginnen, noch nicht bereut."

- Umgang mit Angst

Neben Zweifeln tauchen natürlich auch Ängste und Sorgen auf, oft finanzieller Natur. Ein Beispiel hierfür gibt Diana: „Es gibt so viele neue Eindrücke, spannend, aber auch besorgniserregend. Leider habe ich noch keinen Job, was sich wohl in der nächsten Zeit nicht ändern wird. Ich mache mir Sorgen, mein Studium nicht finanzieren zu können – Existenzängste." Finanzielle Ängste sind nur ein Beispiel von vielen, wenn auch manchmal diejenigen, die am meisten zu schaffen machen. Doch auch soziale Ängste sind nicht zu unterschätzen. Finja hilft in diesem Zusammenhang „die Erkenntnis, daß alle sich ein bißchen unsicher fühlen. Doch langsam lichtet sich auch das Chaos um SWS, V, Ü etc." Neue „Sprachen" wollen gelernt sein. Und manchmal ist es auch sinnvoll, die „Spiele" zu durchschauen. Hierzu bemerkt Finja: „Die beruhigen Worte von Professor X, daß an einer Hochschule auch geblufft wird, helfen, die Dinge etwas gelassener zu sehen."

- Orientierungssuche

Studienanfänge sind nicht selten auch mit Ortswechseln verbunden. Vielen Studenten
fällt es nicht leicht, den Verlust der alten Heimat zu verkraften. Christine notiert z. B.
nach wenigen Tagen in ihr Journal: „Ich versuche, mich langsam einzuleben in dieser
Stadt. Werde ich sie jemals meine Stadt nennen? Wahrscheinlich nicht." Doch oft ist
es nur eine Frage der Zeit, bis man sich zumindest akklimatisieren konnte. So macht
Christine schon nach wenigen Wochen positive Erfahrungen: „Meine Ortskenntnisse
sind schon so weit fortgeschritten, daß ich keinen Stadtplan mehr brauche – cool!"

- Umgang mit Zeit

Nach vier Wochen trifft Anne eine weise Entscheidung: „Ich habe heute beschlossen,
meinen Job zu kündigen. Irgendwie ist das nicht zu schaffen. Denn bei meinen zeit-
aufwendigen Musikaktivitäten bleibt kaum Zeit zum Lernen. Und ich möchte schon
vernünftig studieren können."

Lernen

Unterscheidet sich das Lernen an Hochschulen vom Lernen an früheren Schulen und
Ausbildungen? Die Autorinnen unseres Studien-Journals bejahen diese Frage mit zu-
nehmender Studiendauer immer stärker.

- Einsames Lernen

Wissenschaft ist zunächst einmal eine einsame Angelegenheit. Vieles kann einem
niemand abnehmen. So hat Anne schon im ersten Semester die Erfahrung gemacht,
daß sie „am besten allein lernen kann". In der Tat ist es sicherlich erfolgreicher, allein
zu lernen, wenn man erfolgreiche Lernstrategien gefunden hat, als sich in schlechten
Gruppen zu ärgern, weil man über- oder unterfordert ist.

- Gemeinsames Lernen

Nach wenigen Tagen macht Anne eine bedeutsame Beobachtung: „Gruppenarbeiten
scheinen hier die Lieblingsmethode zu sein. Na ja, Pädagogen." Während Anne dem
„Teamwork" eher skeptisch gegenübersteht, hat Beate weniger Berührungsängste:
„Die Gruppenarbeiten sind nicht schlecht. Vieles wird einem da erst richtig klar."
Auch für Eva überwiegt der Nutzen des gemeinsamen Lernens: „Wir haben kleine
Lerngruppen gebildet, in denen man die Lerninhalte gut nacharbeiten kann. Sie bringen für alle Beteiligten einen Gewinn." Der Gewinn hat meist zwei gute Seiten: In
einem guten Team mit eingespielter Arbeitsteilung ist die Lerneffizienz oft höher,
und darüber hinaus macht es auch mehr Spaß, gemeinsam statt einsam zu lernen.

- Lerntechniken

Eine der wichtigsten Erkenntnisse besteht darin, zu erkennen, daß wissenschaftliches Arbeiten die Fähigkeit verlangt, effektiv lernen zu können. Im Grunde geht es darum, das Lernen zu lernen („learning to learn"). Zumindest den Schritt der Diagnose hat Diana schon nach wenigen Wochen vollzogen: „Ich habe inzwischen gemerkt, daß meine alten Lernstrategien nicht mehr funktionieren. Früher konnte ich vieles einfach Auswendiglernen." Doch um auch komplexe Zusammenhänge zu verstehen, bedarf es anderer Methoden. Diana geht in dieser Hinsicht sehr selbstreflexiv mit sich um: „Heute habe ich gemerkt, wie groß die Unterschiede zwischen Theorie und Praxis sind. Lernen, Zuhören und vor allem Sitzen müssen wieder trainiert werden. Meine Tätigkeiten als Studentin sind meilenweit von meiner bisherigen Arbeit auf der Station entfernt."

- Entspannungstechniken

Kein Mensch kann sich ununterbrochen nur mit Wissenschaft auseinandersetzen. Um so wichtiger scheint es, persönliche Wege der Entspannung zu finden, damit Erfahrungen vermieden werden, wie sie Diana schon nach kurzer Zeit macht: „Ich kann es kaum glauben: Nach drei Unterrichtseinheiten habe ich einen Kopf, als wenn es sechs Einheiten gewesen wären." Kurze Zeit später notiert sie erneut: „Kopfweh: Mein Kopf ist bereits so voll, daß ich gar keine Lust habe, noch irgendetwas aufzubereiten. Vorlesungen sind nicht mein Ding. Man wird vollgetextet und soll gleichzeitig auf das Skript schauen und parallel dazu schreiben. Irgendwo sagen die meisten Dozenten sowieso das, was auf den Folien steht. Also konzentriere ich mich lieber auf das Zuhören, um das Wichtigste später zusammenzufassen." Fragen der Entspannung betreffen nicht nur das „wie?", sondern auch das „wann?". Jeder Mensch sollte für sich herausfinden, zu welcher Zeit er am besten arbeiten kann, um sich nicht quälen zu müssen. Bei Diana scheint es eindeutig zu sein: „Abends mag ich nichts mehr arbeiten, obwohl mich mein schlechtes Gewissen immer wieder plagt, es irgendwann nicht mehr aufarbeiten zu können. Das bereitet mir Sorgen, da ich danach strebe, gut mitzukommen, um mit mir zufrieden sein zu können."

Recherchieren

Wer wissenschaftlich arbeiten möchte, muß sich mit einigen klassischen und modernen Medien vertraut machen. Auf der Suche nach wissenschaftlicher Literatur ist es zunächst zwingend, sich in Bibliotheken zurechtzufinden. Gleichzeitig nimmt die Rolle moderner Medien wie Computer bzw. Internet immer mehr zu. Unabhängig davon, wie groß die Vorerfahrungen der Studenten sind, ist es möglich, sich mit Hilfe entsprechender Einführungsangebote relativ schnell einzuarbeiten, wie die Aufzeichnungen unserer Studentinnen belegen.

- Arbeiten in der Bibliothek

Wer sich zum ersten Mal in einer wissenschaftlichen Bibliothek aufhält, ist oft von der großen Auswahl an Büchern und Zeitschriften beeindruckt. Spätestens bei den ersten Recherche-Versuchen wird vielen Studenten die scheinbare Unendlichkeit wissenschaftlicher Informationen bewußt. So berichtet z. B. Beate: „Heute haben wir zum ersten Mal eine Internet-Recherche versucht. Die Zeitschriften sind ziemlich umfangreich. Jetzt können wir mit unserer Projektarbeit so richtig beginnen." Nicht alle Studenten sind für die Einführungskurse dankbar. Wieder einmal ist es Christine, die ein wenig opponiert: „Es ist ja nett, daß wir in alles eingeführt werden, auch in die Literaturrecherche. Aber macht es uns nicht zu mündigeren Studenten, wenn wir uns so etwas selbst erarbeiten?"

- Arbeiten mit dem Computer

Während viele von den heute an Hochschulen lehrenden Professoren noch ohne Computer studiert haben, kommen heutige Studenten wohl in keinem Studienfach mehr ohne EDV-Kenntnisse aus. Viele von ihnen bringen bereits Vorkenntnisse mit, die sie in der Schule, in der Ausbildung oder privat erworben haben. Dennoch gibt es einige, für die das Arbeiten mit dem PC eine gewaltige Umstellung ist. Im Studien-Journal finden sich beide Fraktionen wieder.

Eher zu den „Anfängern" gehört Beate. Sie erlebt die Fortbildungsangebote als sehr hilfreich und freut sich über kleine Fortschritte: „Die ersten Schritte am Computer sind mir ganz gut gelungen. Ich freunde mich langsam mit Computern an. Ich weiß jetzt, wie das Gerät funktioniert, und was bits und bytes sind." Auch Diana fällt das Arbeiten mit dem Computer schwer. Sie kann sich nicht so leicht damit anfreunden: „Es ist immer wieder komisch, welch unangenehmes Gefühl sich einschleicht, wenn ich das Thema Computer höre. Zwar kann ich ganz gut mit Word umgehen, aber mit dem Internet habe ich noch relativ wenige Erfahrungen. Beim Umgang mit einem Computer bin ich mir meiner Kontrolle nicht sicher, auch wenn ich eines Tages eine Top-Anwenderin sein sollte."

Zu den „Profis" zählt Anne. So hat sie in den angebotenen Einführungskursen „wenig Neues" gelernt. Während Anne diese Erfahrung aber insofern positiv bewertet, daß sie persönliche Stärken identifiziert und sich nicht überall als unvollkommen erlebt, regt sich Christine sowohl über Dozenten als auch über ihre Kommilitonen auf: „In der ersten Woche lernen wir, wie man einen Computer zum Laufen bringt – Spitze! Ich habe ja auch noch nie einen Computer gesehen. Und Internet? Nein, wir leben im 21. Jahrhundert, Wahnsinn! Doch die hinter mir raffen es nicht, ich werde verrückt!"

Am besten geht es denjenigen, die bereits auf einem relativ hohen Niveau einsteigen können und Gefallen an der persönlichen Weiterentwicklung finden, wie z. B. Eva: „Der Computer ist für mich zwar kein Fremdwort, doch meine Kenntnisse lassen sich noch ausbauen. Prima finde ich, daß wir einen kostenlosen Internet-Zugang haben.

Positiv bewerte ich außerdem, daß viele EDV-Kurse angeboten werden, die mich schon viel weitergebracht und dazu geführt haben, daß ich mich manchmal abends an den Computer setze, um bestimmte Dinge noch einmal auszuprobieren oder zu vertiefen, was ich vor dem Studium wohl nicht gemacht hätte."

Lesen

Die in der Bibliothek oder im Internet entdeckte Literatur will verarbeitet werden, was mit dem Lesen beginnt. Hier geht es zunächst einmal um die quantitative Frage, wie möglichst viel Literatur in möglichst kurzer Zeit gelesen werden kann. Eng damit verbunden ist die qualitative Frage, wie es möglich ist, das Gelesene möglichst prägnant zusammenzufassen und möglicherweise auch optisch aufzubereiten bzw. zu visualisieren. Wie die Studien-Journale offenbaren, stellen sich entsprechende Fragen bereits in den ersten Wochen.

- Flottes Lesen lernen

Studienanfänger erleben oft in kürzester Zeit eine gewisse Ohnmacht angesichts der reichhaltigen Leseangebote. Anne beschleicht eine Ahnung: „Wir werden mit Papier zugeschmissen, und ich werde das Gefühl nicht los, daß ich das alles gar nicht lesen kann, werde, muß." Nach einem Semester bilanziert sie etwas ernüchtert: „Das Lesen fällt mir schwer, ich brauche oft mehrere Anläufe." Andere rebellieren gegen das (Vor-)Lesen an sich, wie z. B. Christine: „Studenten müssen viel lesen, sagt man. Das setzt voraus, daß wir lesen können. Wir können lesen. Also muß uns niemand Folien vorlesen." Diana dagegen liest grundsätzlich gerne, was allerdings manchmal dazu führt, daß sie sich beim Lesen „verliert". Hier können Lesetechniken eine Hilfe sein, wie Eva antizipiert: „Das wissenschaftliche Arbeiten ist für mich eine gewaltige Umstellung. Inzwischen ist mir auch klar geworden, daß ich erstmal bestimmte Lesetechniken erlernen muß, um nicht zu viel Zeit für das Lesen zu verschwenden, denn vieles ist zwar interessant, doch nicht alles ist für mich momentan so wichtig."

- Exzerpieren lernen

Die Kunst, ökonomisch mit Texten umzugehen, zeigt sich in der Fähigkeit, Texte zu exzerpieren bzw. zusammenzufassen. Voraussetzung dafür ist natürlich ein schnelles Verständnis. In diesem Kontext notiert Anne in ihrem zweiten Studienmonat: „Heute hatten wir einen Text als Hausaufgabe zu lesen. Wissenschaftliche Texte sind schon etwas Eigenes. Aber man hat ja ein Wörterbuch und einen Mund, um Fragen zu stellen." Wer exzerpieren gelernt hat, kann sich auch leichter vor Papierbergen schützen, um Erfahrungen zu vermeiden, wie sie Anne befürchtet: „Ich steige aus dem Kopierwahn aus, bevor ich meine Wohnung noch mit nicht brauchbaren Kopierkarten tapezieren kann."

- Visualisieren lernen

Ein wichtiger Schritt besteht darin, die Erkenntnisse der wissenschaftlichen Lektüre so aufzubereiten, daß sie bildlich präsentiert werden können. Heutzutage gibt es sehr schöne Möglichkeiten professioneller Veranschaulichung bzw. Visualisierung. Eine Variante sind Präsentationen mit dem „Powerpoint"-Programm. Beate berichtet begeistert von ihren ersten Erfahrungen nach wenigen Wochen: „Heute hatte ich meinen ersten Kontakt mit Powerpoint. Das ist ja eigentlich gar nicht so schwer. Man kann damit wirklich tolle Sachen präsentieren." Kreative Visualisierung setzt jedoch keinen Computer voraus, wie wir später noch sehen werden.

Schreiben

Wissenschaftliches Schreiben beginnt bei „kleinen" Hausarbeiten und mündet eines Tages in einer „großen" Examensarbeit. Dabei besteht die Kunst des Schreibens aus der Pflicht des korrekten und der Kür des kreativen Schreibens.

- Korrektes Schreiben

Die Frage des Schreibens beginnt bereits beim Mitschreiben. Von Anfang an ist es unerläßlich, gewisse Dinge zu notieren. Aus der Angst heraus, etwas zu verpassen, schreiben manche Studenten zunächst lieber zu viel als zu wenig mit, was Anne aufstößt: „Irgendwie sind hier alle ziemlich übereifrig und schreiben permanent mit, obwohl es doch nachher Kopien gibt."

Zu den wichtigsten Dingen des wissenschaftlichen Schreibens gehört zweifellos das Zitieren. Hier empfiehlt sich schon in den ersten Tagen besondere Aufmerksamkeit. Gelassen bis fahrlässig sinniert Christine zu diesem Thema: „Bis wir das Zitieren in der Praxis brauchen, habe ich es sowieso wieder vergessen. In nächster Zeit schreiben wir auch keine Hausarbeit."

Die fleißige Finja nimmt sich dagegen viel Zeit für das Lernen des Zitierens, selbst wenn es auch ihr ziemlich schwer fällt: „Den Rest des Nachmittags habe ich mich mit dem Zitieren herumgeschlagen und gelernt, wie und wo man Quellen angibt. Der Kopf hat geraucht, und ich bin froh, daß bis zur Diplomarbeit noch viel Zeit ist."

Obwohl die Diplomarbeit als Höhepunkt und Abschluß des Studiums noch ein paar Jahre auf sich warten läßt, beschäftigen sich einige Studenten schon sehr früh mit ihr, meist mit gemischten Gefühlen. Exemplarisch notiert Beate: „Irgendwie scheinen alle Angst vor der Diplomarbeit zu haben, was vielleicht auch daran liegt, daß wir heute das Zitieren gelernt haben, was für mich momentan noch ziemlich verworren ist, aber nichts, was man nicht hinbekommen könnte."

- Kreatives Schreiben

Aufbauend auf dem korrekten wissenschaftlichen Schreiben gilt es auch die Kunst des kreativen Schreibens zu lernen bzw. nicht zu verlernen. Hierbei geht es vor allem um die Freude am Spiel mit der Sprache, was vielen Studenten anfangs nicht leicht fällt, wie z. B. Eva beschreibt: „Das Schreiben ist für mich ein neuer Aspekt. Mein Abitur ist schon etwas länger her, so daß ich erst wieder mehr ins Schreiben kommen muß." Eva arbeitet gewissenhaft an ihren Schreibkünsten, wie einer weiteren Aufzeichnung wenige Tage später zu entnehmen ist: „Das Schreiben fällt mir immer noch schwer. Heute mußte ich diverse Versuche starten, um einen vernünftigen Text zu formulieren, der nicht direkt aus einem Buch abgeschrieben wirkt. Die Zeit ist dabei sehr schnell vergangen." Doch schon bald stellen sich auch erste ermutigende Erfolgserlebnisse ein – so schreibt Eva mit einem gewissen Stolz: „Heute haben wir unsere Ausarbeitungen in der Gruppe besprochen. Die anderen Gruppenmitglieder fanden meine Texte gar nicht so schlecht, was mich erfreut. Die Überarbeitung kann also erfolgen."

Reden

Kommunikation ist eine der wichtigsten Schlüsselqualifikationen nicht nur im Studium, sondern auch im späteren Berufsleben. Schließlich wollen die produzierten Texte auch vermittelt werden. Spätestens sobald die ersten mündlichen Prüfungen anstehen, wird vielen Studenten die immense Bedeutung der kommunikativen Kompetenzen bewußt.

- Reden im Studium

Das Reden beginnt mit dem Fragen. Haben wir nicht alle schon in der Grundschule einmal den Spruch gehört, mit dem sich Christine Mut macht: „Wer, wie, was, wieso, weshalb, warum, wer nicht fragt, bleibt dumm."

Glücklich kann sich schätzen, wer bereits über gute kommunikative Kompetenzen vor dem Studium verfügt. Besonders begünstigt ist z. B. Anne, die nebenbei in einer Band singt: „Ich finde es klasse, hier regelmäßig vor einer Gruppe zu stehen und so das freie Reden üben zu können."

Auch im Studium gilt: Übung macht den Meister! Eva erkennt: „Auch das Reden will geübt sein. Ich kann mich zwar vor einer größeren Gruppe präsentieren und einen Vortrag halten, doch mein Redestil ist noch erheblich verbesserungswürdig. Dennoch hat sich mein Rhetorikkurs am Beginn des Semesters gelohnt."

• Reden in Prüfungen

Grundsätzlich ist es sicherlich hilfreich, die diversen Redeanlässe im Studium zu suchen und zu nutzen. Dennoch bietet die Erfahrung keine Gewähr dafür, auch in der
spezifischen Situation einer mündlichen Prüfung zu bestehen. Symptomatisch dafür
steht die Sängerin Anne: „Wenn ich mit meiner Band vor 500 oder 800 Menschen
auftrete, bin ich weniger nervös, als wenn ich allein in einer Prüfung sitze."

Das Thema Prüfungen begegnet den Studenten natürlich auch in schriftlicher Form.
Diana ist z. B. gleich im ersten Semester in einer Klausur durchgefallen, was bei ihr
grundsätzliche Gefühle aufwirft: „Ich habe manchmal Angst, nicht mehr mitzukommen bzw. meinen hohen Ansprüchen nicht zu genügen." Ähnlich „pusht" sich Finja
auf: „Mir geht zur Zeit so viel durch den Kopf, daß es mir ein Rätsel ist, wie ich die
Prüfungen schaffen soll. Aber es wird sich schon alles finden, und ich bin nicht die
erste, die da durch muß". Um mit den teilweise diffusen Ängsten besser umgehen zu
können, lohnt es sich, Strategien gegen Lampenfieber zu entwickeln und zu testen.

Fazit

Die Frage, wie die sechs Studentinnen ihr erstes Studien-Semester bilanzieren, hängt
nicht nur von ihren objektiven Erfahrungen ab, sondern auch von ihren subjektiven
Einstellungen, letztlich von ihrer Persönlichkeit. So sind die letzten Aufzeichnungen
unserer „Journalistinnen" folgerichtig. Prototypisch stellt sich die impulsive Christine
die ungeduldige Frage: „Was ich mich die ganze Zeit frage: wann fängt das Studium
denn mal so richtig an?"

Die zweifelnde Diana beschäftigen dagegen grundlegende Gedanken: „An manchen
Tagen würde ich am liebsten aussteigen!" Trotz dieser Momente gelingt ihr die Kur-
ve: „Da ich zum Pessimismus neige, muß ich mich ein bißchen motivieren. Die ganzen Strapazen und der große Aufwand, vom Süden in den Norden zu ziehen, müssen
sich doch lohnen. Deshalb sollte ich auf jeden Fall das Studium fortführen und ab-
schließen. Denn am Ende kann ich mächtig stolz auf mich sein, wieder eine weitere
Station auf meinem Lebensweg bewältigt zu haben." Die Vision von Diana möge als
ein vorbildliches Leitmotiv für alle Studenten dienen, die nicht aufgeben.

Am Ende der Reise durch die Welt des wissenschaftlichen Arbeitens ziehen die Autoren des Buches ein Fazit. Es besteht aus einer Zusammenfassung aller Kapitel, der sie
den Titel „Zehn Gebote für das Studium" geben. In diese Empfehlungen fließen auch
die Erfahrungen ein, die die Autoren selbst während der Beschäftigung mit diesem
Thema nicht nur beim Schreiben an diesem Buch, sondern auch im Laufe ihrer lang-
jährigen wissenschaftlichen Sozialisation gemacht haben.

2. GRUNDLAGEN

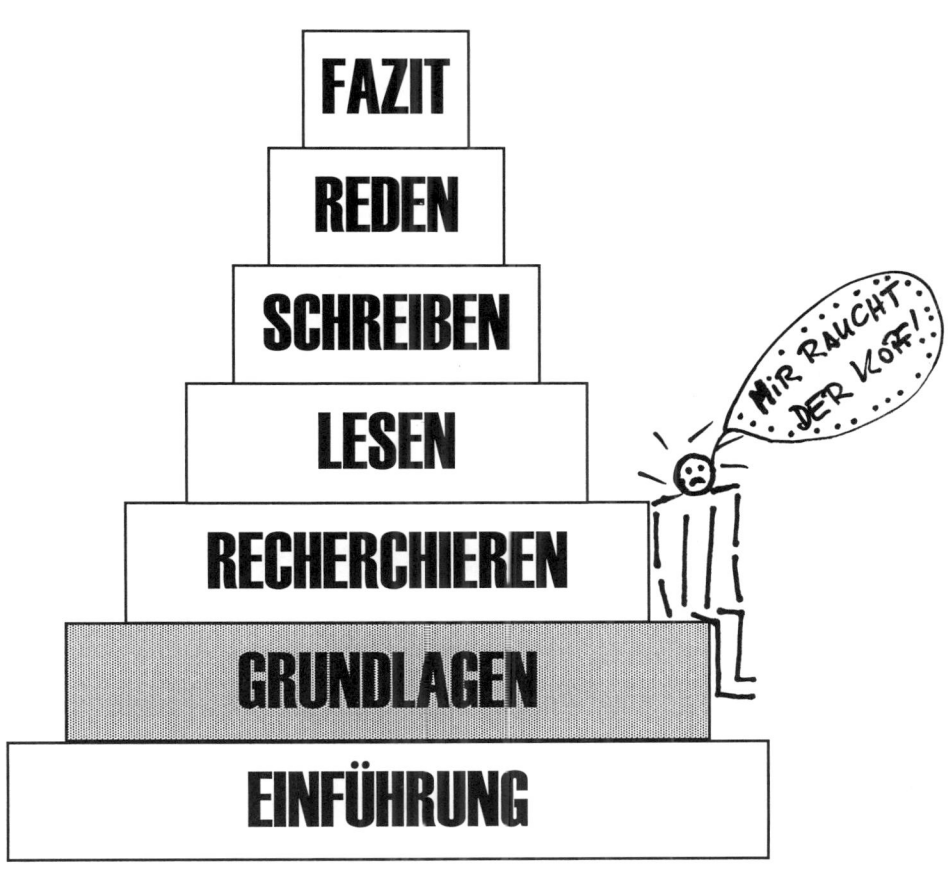

2. Grundlagen

Grundlegungen werden in zwei Bereichen vorgenommen. Einerseits sind dies Ausführungen zur Wissenschaftlichkeit des wissenschaftlichen Arbeitens an sich. Andererseits kommen psychologische Aspekte zur Sprache.

2.1 Wissenschaftliches Arbeiten

Die Grundlegungen zum wissenschaftlichen Arbeiten zielen ab auf die Verdeutlichung dessen, was Wissenschaft bedeutet (vgl. 2.1.1), *worin* überhaupt ein Beitrag zur Weiterentwicklung der Wissenschaft besteht, was insbesondere in den Zielen zum Ausdruck kommt (vgl. 2.1.2), und *wie* ein Beitrag zur Wissenschaft geleistet werden kann. Letzteres weist daraufhin, daß dies planvoll geschehen sollte. Dementsprechend finden sich in den Abschnitten 2.1.3 sowie 2.1.4 Hinweise zu den Stufen und zur Zeitplanung beim wissenschaftlichen Arbeiten sowie zu Arbeitstechniken.

2.1.1 Wissenschaft

Der Übergang von der Schule zur Hochschule zeigt sich an den für die betreffenden Einrichtungen spezifischen Zielen des Lernens und den Erwartungen der Lehrenden. Während in der Schule das *passiv-rezeptive Lernen* im Vordergrund steht, wird an der Hochschule das *aktiv-kreative Lernen und Arbeiten* stärker als bisher in den Mittelpunkt gerückt. In bestimmten Bereichen nahezu jeder Wissenschaftsdisziplin – der sogenannten Propädeutik – ist selbst an der Hochschule passiv-rezeptives Lernen notwendig, um sich erforderliches Grundwissen anzueignen. In der Schule herrschen Erwartungen im Hinblick auf das „Nachbeten" des Stoffes vor. An der Hochschule wird von dieser Stufe des Lernens auf die Stufe der Selbsterarbeitung von Inhalten übergegangen, um aufbauend auf einer solchen Wissensbasis Problemlösungskompetenzen zu erwerben. Letztere stellen sich dar in der Fähigkeit der Erkenntnis und Gewichtung relevanter Probleme des Wissenschaftsbereiches sowie in der Erarbeitung und Bewertung alternativer Lösungswege.[1]

Diese neue Qualität des Lernens unterstützt einen wesentlichen Aspekt von Wissenschaft. Nach Hülshoff und Kaldewey[2] besteht ein erstes Verständnis von Wissenschaft darin, daß *Wissenschaft als Tätigkeit* anzusehen ist. Wissenschaft als Tätigkeit ist dabei der systematische und methodische Prozeß der Erkenntnisgewinnung. Zwei weitere Sichtweisen von Wissenschaft sind *Wissenschaft als Ergebnis* dieser Tätigkeit sowie die *Wissenschaft als Institution*, in welcher bspw. an Hochschulen oder Forschungseinrichtungen diese Tätigkeit – also der Prozeß der Erkenntnisgewinnung – erbracht wird. Wissenschaft als Ergebnis der Tätigkeit umfaßt die Gesamtheit des

---

[1] Vgl. Burchardt (1996), S. 20 f.

[2] Vgl. Hülshoff und Kaldewey (1993), S. 69.

Wissens, „das durch Forschung, Lehre und Literatur überliefert ist und als solches sich vom Alltagswissen, Meinen und Fürwahrhalten abhebt"[3].

Dieses „Abheben", also die Unterschiede zwischen einem wissenschaftlichen und einem journalistischen Text, lassen sich an verschiedenen Merkmalen verdeutlichen. Grundlegend sind es die unterschiedlichen Ziele, die mit beiden verfolgt werden. Während ein journalistischer Text der Information oder Unterhaltung dient, ist es das Ziel eines wissenschaftlichen Textes, einen Beitrag zur Gewinnung neuer theoretischer, empirischer oder methodischer Erkenntnisse einer Wissenschaft (vgl. vertiefend Abschnitt 2.1.2) zu gewinnen. Dies drückt sich u. a. in der verwendeten Sprache aus. Zur Unterhaltung kann nur etwas beitragen, was in der Sprache der zu Unterhaltenden geschrieben wurde. Eine möglichst breite Leserschaft wird erreicht, wenn ein Text in Alltagssprache abgefaßt ist. Ein wissenschaftlicher Text richtet sich an einen deutlich engeren Leserkreis – nämlich nur an die Vertreter der entsprechenden Wissenschaft. Das Vermitteln neuer Erkenntnisse gelingt effektiv, indem direkt auf die Wissenschaftssprache zurückgegriffen wird. Nichtvertretern dieser Wissenschaft werden entsprechende Texte als schwer- bis unverständlich, weil bspw. mit Fremdwörtern gespickt, wahrnehmen. Um etwas in einem journalistischen Text zu belegen, wird oftmals auf Hörensagen, eine einzelne Meinung, auf etwas halbwegs Vergleichbares oder gar auf eine nicht überprüfte Behauptung zurückgegriffen. Die Aussagen in einem wissenschaftlichen Text sind nach wissenschaftlichen Maßstäben „methodisch sauber" geschlußfolgert, hergeleitet oder bewiesen. Quellenangaben sind in wissenschaftlichen Texten notwendige Bestandteile. Im journalistischen Bereich sind die Quellen die bestgehütetsten Geheimnisse. Zudem kann sich die Motivation zur Wahl eines bestimmten Themas bei einem journalistischen Text z. B. aus der damit erreichbaren Auflagestärke ableiten. Bei einem wissenschaftlichen Beitrag kann dies u. a. einer bisher noch nicht geschlossenen Erkenntnislücke im Zusammenhang mit einer wissenschaftlichen Qualifikation (Promotion oder Habilitation) geschuldet sein.
Zugegeben, diese Beschreibungen klingen sehr im Stile eines Schwarz-Weiß- oder Gut-und-Böse-Denkens. Es kann davon ausgegangen werden, daß dies lediglich die beiden Extrema sind, zwischen denen eine Fülle von Texten stehen, die sowohl Merkmale des einen wie auch des anderen aufweisen, wie bspw. Texte klassischer Wissenschaftsjournale, wie Spektrum der Wissenschaft, oder seriöser Nachrichtenmagazine, wie SPIEGEL, FOCUS oder STERN. In jedem Falle tragen diese Beschreibungen dazu bei, die Merkmale eines wissenschaftlichen Ergebnisses möglichst verständlich herauszuarbeiten.

---

[3] Hülshoff und Kaldewey (1993), S. 69.

Aufgabe 1: Wissenschaftliche versus journalistische Texte

Stellen Sie tabellarisch die wesentlichen Unterscheidungsmerkmale eines wissenschaftlichen Textes auf der einen und eines journalistischen Textes auf der anderen Seite zusammen, indem Sie dazu die vorhergehenden Ausführungen nutzen.

Lösung:

Merkmale	Wissenschaftlicher Text	Journalistischer Text
Inhaltliche Ziele	Erkenntnisgewinnung	Information, Unterhaltung
Übergreifendes Ziel	wissenschaftliche Qualifikation	wirtschaftlicher Erfolg
Quellenarbeit	detaillierte Quellenangabe	keine Quellenpreisgabe
Ableiten von Aussagen	nach wissenschaftlichen Regeln	i. d. R. nicht nachprüfbar
Verständlichkeit	Wissenschaftssprache	Alltagssprache

Tabelle 1: Merkmale wissenschaftlicher und journalistischer Texte

---

Die *Wissenschaft als Tätigkeit*, die sich in den Stufen Recherchieren, Lesen, Schreiben sowie Präsentieren abbilden läßt, zu vermitteln, ist das Anliegen dieses Bandes. Am Ende dieser Tätigkeit steht neues Wissen in Form einer schriftlichen Arbeit (wie z. B. Haus-, Seminar-, Bachelor- oder Diplomarbeit) oder einer mündlichen Leistung, wie bspw. ein gehaltenes Referat. Bevor jedoch diese Tätigkeit in den Mittelpunkt der Betrachtung rückt, sei zunächst kurz noch auf den anderen Aspekte der Wissenschaft als Institution aufmerksam gemacht.

Wie bereits in unserem „Studien-Journal" (vgl. Kapitel 1) deutlich wurde, schürt eine neue Umgebung – auf Grund ihrer auf den ersten Blick unverständlichen Symbole – Ängste. Die Hochschule lebt durch ihre der Wissenschaft verpflichteten Sprache. Die Hochschulsprache zeigt sich in bestimmten Bezeichnungen oder Begriffen für Einrichtungen, Personen oder Veranstaltungen. Die Tabelle 2 stellt in Anlehnung an Rückriem und Stary 2001 einen kleinen Auszug zusammen. Erklärungen weiterer Einrichtungen, Personen und Veranstaltungen finden sich u. a. in den Studien- sowie Prüfungsordnung des betreffenden Studienganges, in der Grundordnung der Hochschule oder im Hochschulgesetz des Landes.

Begriff	Erläuterung
	Fachbereich	Organisationseinheit einer Hochschule, die für eine Wissenschafts-disziplin und die entsprechenden Studiengänge steht.
	Fachbereichsrat	In allen Angelegenheiten der Forschung und Lehre beschließendes Gremium im Fachbereich (zusammengesetzt: aus Vertretern der Professoren, der Studenten sowie der wissenschaftlichen und sonstigen Mitarbeiter am Fachbereich).
Einrichtungen	Prüfungsamt	In Sachen Prüfungsverwaltung agierende Abteilung der Hochschulverwaltung.
	Dekanat	Büro des Dekans.
	Fachschaft, -srat	Studentenschaft eines Fachbereichs und ihre gewählte Vertretung.
	Rektor	Oberster und aus dem Kreis der Professoren gewählter Repräsentant der Hochschule.
Personen	Dekan	Aus der Gruppe der Professoren gewählter Vorsitzender des Fachbereichsrates und zuständig für die Geschäftsführung und Vertretung des Fachbereiches nach außen.
	Professor	… vom Ministerium an die Hochschule berufen, um dort selbständig zu lehren und zu forschen.
	Tutor	Student höherer Semester, der zur Unterstützung der Lehre eingesetzt wird.
	Vorlesungen (V)	Vortrag eines Professors, der im Sinne des passiv-rezeptiven Lernens in ein Stoffgebiet einführt.
	Seminaristischer Unterricht (SU)	Lehrveranstaltung, die neben Phasen des passiv-rezeptiven Lernens auch Anteile des aktiv-kreativen Lernens aufweist.
Veranstaltungen	Übungen (Ü)	… dienen der Wiederholung des Vorlesungsstoffes und zeichnen sich durch eine aktive Beteiligung der Studenten aus.
	Praktika (P)	Mehrwöchige bis einsemestrige praxiorientierte Phase des Studiums, in der Regel im entsprechenden Berufs- und Arbeitsfeld.
	Seminar (S)	Höchste Form einer wissenschaftlichen Lehrveranstaltung, die bestehend aus Referats- und Diskussionsanteilen durch Studenten bestimmt ist.
	SWS	Abkürzung für Semesterwochenstunde und gibt Auskunft über die Anzahl der Veranstaltungsstunden pro Woche in der Vorlesungszeit eines Semesters

Tabelle 2: Ausgewählte Strukturelemente der Hochschule

2.1.2   Ziele einer wissenschaftlichen Arbeit

Ziel einer jeden Wissenschaft ist die Gewinnung von Erkenntnissen. Diese Erkenntnisse einer jeden Wissenschaft erstrecken sich über die Bereiche 1) Theorien, 2) Empirie und 3) Methoden. Ein Ziel einer wissenschaftlichen Arbeit besteht demnach darin, einen Beitrag zur Theorie, zur Empirie oder zur Methode leisten zu wollen.

Theorie

Theorien oder *Modelle* tragen dazu bei, daß die Fülle vorhandener oder weiterhin wachsender Datenbestände eine allgemeingültige Ordnung erhält. Ein Ziel des wissenschaftlichen Arbeitens ist also die Suche nach und die Etablierung der gefundenen Ordnung.[4] Modelle lassen je nach Aussagezweck in die Modellkategorien Beschreibungs-, Erklärungs- oder Entscheidungsmodelle unterteilen.

Ein *Beschreibungsmodell* ist die einfachste Form der theoretischen Abbildung der Wirklichkeit. Es rührt i. d. R. aus einer bloßen Beobachtung. In einem solchen Modell wird dargestellt, *was* geschieht. Ein *Erklärungsmodell* stellt eine Steigerungsstufe der Erkenntnis dar. Die Ergebnisse der Beobachtung werden durch Analyseergebnisse ergänzt. Somit gelingt es modellhaft abzubilden – zu erklären –, *warum* etwas geschieht. Im Rahmen eines *Entscheidungsmodells* werden Handlungsmöglichkeiten oder Entscheidungsempfehlungen aufgezeigt. Dies geschieht erfahrungsgemäß auf der Basis der Erkenntnisse aus einem Erklärungsmodell.

Beispielhaft seien die drei Modellkategorien an den Herangehensweise an die Betrachtung der Kosten der Beschaffungspolitik eines Unternehmens verdeutlicht. Soll dargestellt werden, was geschieht, also ein Beschreibungsmodell erstellt werden, kommt man zu dem Schluß, daß sich die Kosten der Beschaffungspolitik (K_{BP}) aus den Kosten der Bestellungen (K_B) sowie aus den Kosten der Lagerhaltung (K_L) zusammensetzen:

$$K_{BP} = K_B + K_L.$$

Aus einem auf diesen Sachverhalt bezogenen Erklärungsmodell würde sich dann bspw. der Zusammenhang zwischen der bestellten und damit einzulagernden Menge an Teilen auf der einen und den Kosten der Beschaffungspolitik auf der anderen Seiten erkennen lassen. Formal ergeben sich die Kosten der Beschaffungspolitik – wie bereits gezeigt – aus der Summe der Bestandteile der Kosten der Bestellungen sowie der Kosten der Lagerhaltung. Die Kosten der Bestellungen sind die Summe aus den bestellfixen Kosten (K_{Bfix}), also den Kosten, die bei jeder Bestellung und unabhängig von der Bestellmenge anfallen, und den bestellvariablen Kosten (Kosten, die in Abhängigkeit der bestellten Menge anfallen). Letztere sind das Produkt aus der Höhe der Kosten je bestelltes Teil (k_{Bvar}) und der Bestellmenge (BM). Die Kosten der Lagerhaltung setzen sich dann analog ebenfalls aus einem fixen und einem variablen Bestandteil zusammen. Neben den fixen Kosten der Lagerhaltung (K_{Lfix}) schlagen in Abhängigkeit von der einzulagernden Menge die variablen Lagerhaltungskosten zu Buche. Letztere sind das Produkt aus dem durchschnittlichen Lagerbestandes (Ø LB) und den Lagerkostensatz (k_{Lvar}), also den Kosten der Lagerung eines Teiles. In einer Formel (hier Kostenfunktion) stellt sich dieser Zusammenhang wie folgt dar:

---

4 Vgl. Haefner 2000, S. 51.

$$K_{BP} = \underbrace{K_{Bfix} + (k_{Bvar} \cdot BM)}_{} + \underbrace{K_{Lfix} + (k_{Lvar} \cdot \emptyset\, LB)}_{},$$

$$K_{BP} = \qquad K_B \qquad + \qquad K_L.$$

Ziel eines Entscheidungsmodells wäre eine Hilfestellung, auf deren Basis es bspw. gelingt, diejenige Bestellmenge zu ermitteln, die die geringsten Bestell- und Lagerhaltungskosten zur Folge hätte. Formal wird dies durch das Ableiten der Kostenfunktion nach der Bestellmenge erreicht.

Empirie

In der Praxis erhobene Daten sind notwendig, um eine These bestätigen oder verwerfen zu können. Im Bestätigungsfall lassen sich auf diesem Wege Theorien oder Modelle entwickeln oder überprüfen, aus denen dann wiederum Handlungsempfehlungen für die in der Praxis tätigen Akteure abgeleitet werden können. Die Beschäftigung mit der Empirie dient also weniger einem Selbstzweck. Mit Blick auf die Originalität einer wissenschaftlichen Arbeit ist eine eigene Erhebung von empirischen Daten an nichts zu überbieten.[5] Weitere Möglichkeiten der Einbindung empirischer Daten ist die Nutzung fremder Erhebungsergebnisse. Techniken der Erhebung empirischer Daten sind u. a. die direkte Beobachtung, leitfadengestützte Interviews, Befragungen (z. B. durch den Versand von Fragebögen), Experimente oder die Analyse von vorliegenden Dokumenten (z. B. Patienten- oder Unternehmensdaten). Grundvoraussetzung für die Zuwendung derartiger Ziele bei der Abfassung schriftlicher wissenschaftlicher Arbeiten, was insbesondere in den Sozialwissenschaften beobachtet werden kann, ist ein gründliches Studium der Methoden der empirischen Sozialforschung.[6]

Methode

Das letzte Glied in einer Kette von Bereichen einer Wissenschaft sind die Methoden. Wie bereits im Abschnitt zur Empirie dargestellt, umfaßt dies u. a. die Datenerhebungsmethoden. Weiterhin können Methoden der Ableitung von wissenschaftlichen Erkenntnissen oder der Übertragung bestätigter Theorien in konkrete Handlungsempfehlungen für die Praxis sowie die Handlungsanweisungen selbst zum Forschungsgegenstand erhoben werden. Ein Beispiel für letztere Methoden ist in pädagogischen Studiengängen bspw. die Entwicklung von Schüler- oder Lehrerhandbüchern oder die Konzeption einer geschlossenen Unterrichtsreihe.

---

5   Vgl. Theisen (2002), S. 89 f.

6   Vgl. Theisen (2002), S. 89 f. Vertiefend zu Experiment sowie Erhebung von primären Daten vgl. u. a. Haefner (2000), S. 62–66.

In allen drei Bereichen besteht das Ziel einer wissenschaftlichen Arbeit entweder 1) in der systematischen Darstellung des bisherigen, 2) in der Übertragung bisheriger Erkenntnisse auf einen neuen Sachverhalt oder eine Situation oder 3) in der Ergänzung des bisherigen. Die Tabelle 3 ordnet diese drei Ziele exemplarisch unterlegt den Bereichen Theorien und Modelle, Empirie sowie Methode zu.

Beitrag zur	Inhaltliche Ziele
Theorie	• Geben eines Überblicks über theoretische Ansätze zu einem Sachverhalt. • Erstmalige Anwendung eines bekannten theoretischen Ansatzes zur Beschreibung oder Erklärung eines neuen empirischen Sachverhaltes. • Entwicklung einer neuen Theorie.
Empirie	• Ergänzung einer bisherigen empirischen Basis durch aktuelle Daten. • Erstmalige Strukturierung eines empirischen Sachverhaltes. • Erstmalige Erhebung empirischer Daten zu einer bestimmten Fragestellung.
Methode	• Geben eines Überblicks über bestehende Methoden oder Instrumente. • Erstmalige Anwendung einer bekannten Methode auf einen neuen empirischen Sachverhalt. • Etwicklung einer neuen Methode.

Tabelle 3: Inhaltliche Ziele wissenschaftlicher Arbeiten

2.1.3 Stufen einer wissenschaftlichen Arbeit

Nachdem in den vorangegangenen Abschnitten die Wissenschaft als Institution sowie als Ergebnis grundlegend betrachtet wurde, soll beginnend mit diesem Gliederungspunkt die *Wissenschaft als Tätigkeit* in den Mittelpunkt der Betrachtung rücken. Burchardt (1996) unterteilt das wissenschaftliche Herangehen an eine Aufgabe in die folgenden Stufen:[7]

- *Initial- und Zielstufe*: Aus externen (Erbringen einer Studienleistung) oder intrinsischen (Promotion oder Habilitation) Gründen beginnt die wissenschaftliche Bearbeitung eines Themas, an dessen Anfang die Zielfindung und -formulierung steht.
- *Ausführungsstufe*: Bestandteile dieser Stufe sind die Festlegung der Vorgehensweise, der Sammlung von Materialien, Erhebung von Daten, Entwicklung und Ordnung der gesammelten Daten nach zielbezogenen Kriterien, nach denen dann die Auswertung erfolgt.
- *Ergebnisstufe*: Die ausgewerteten Daten (Literatur, erhobene Daten) werden ergebnisseitig zusammengestellt oder präsentiert. In Form von Texten entsteht in dieser Stufe die schriftliche Ausfertigung einer Haus- oder Diplomarbeit.

---

[7] Vgl. Burchardt (1996), S. 20.

Übertragen auf dieses Buch zum wissenschaftlichen Arbeiten spiegeln sich diese Stufen in den Phasen Recherchieren (Kapitel 3) und Lesen (Kapitel 4) als Bestandteile der Ausführungsstufe sowie Schreiben (Kapitel 5) und Präsentieren (Kapitel 6) als Elemente der Ergebnisstufe.

Die folgende Abbildung (vgl. Abb. 1) zeigt eine detaillierte Unterteilung des wissenschaftlichen Arbeitsprozesses, die dazu dient, die bei Burchardt noch recht grob gehaltenen Stufen näher zu analysieren.

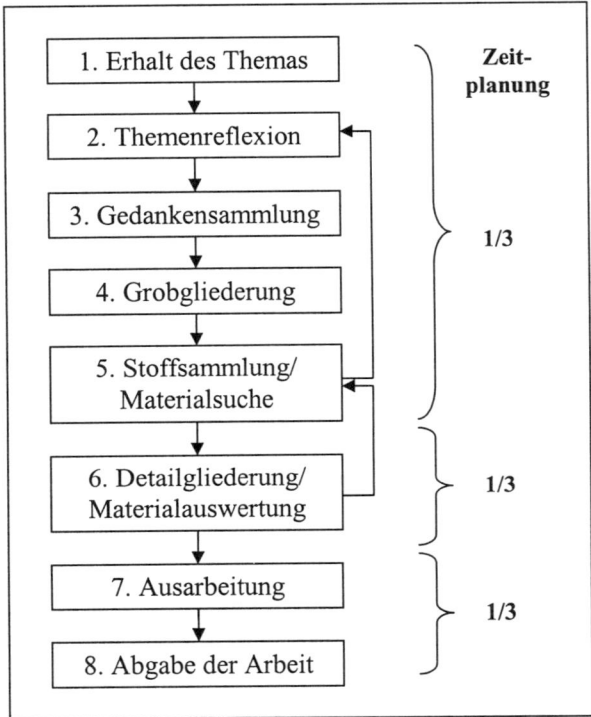

Abbildung 1: Stufen des wissenschaftlichen Arbeitens

1. Erhalt des Themas

In Anlehnung an die Initialstufe nach Burchardt (1996) beginnt jede Bearbeitung einer wissenschaftlichen Arbeit mit dem *Erhalt des Themas*. Vorgegebene Themen orientieren sich zumeist an den Forschungsinteressen des Betreuers. Je weiter fortgeschritten das Studium ist, desto empfehlenswerter ist es, sich bspw. für die Abschlußarbeit ein eigenes Thema zu suchen. Grundstein dafür können Themen von Hausarbeiten oder Referaten sein, die im Verlaufe des Studiums geschrieben oder gehalten wurden.

Bei der Formulierung eines selbst gewählten Themas sollte darauf geachtet werden, daß das Thema nicht von Beginn an zu eng eingegrenzt wird. Ein weites Thema verleiht dem Bearbeiter Sicherheit. Insbesondere bei Arbeiten, die vom Erfolg einer Erhebung empirischer Daten abhängig sind, kann sich eine enge Eingrenzung als kontraproduktiv erweisen. Ein weniger enges Thema läßt Ausgestaltungsspielräume offen. Sofern es möglich ist, wäre zudem eine nachträgliche Ergänzung eines das allgemeine Thema spezifizierenden Untertitels denkbar. Zu bedenken ist dabei auch die Wirkung des Themas einer wissenschaftlichen Arbeit, der im Titel zum Ausdruck kommt, auf den potentiellen Leser. Ein enger Titel erleichtert beim Leser zugegebenermaßen den Rechercheaufwand, was bei sehr engem Titel im Extrem dazu führen kann, daß sie in der wissenschaftlichen Öffentlichkeit u. U. überhaupt nicht wahrgenommen werden. Ein weitgefaßter Titel hingegen erhöht die Wahrscheinlichkeit der Beachtung.

Mit Blick auf wissenschaftliche Arbeiten, die als eine Studienleistung zu erbringen sind, ist die Perspektive eines Lesers dieser Arbeit irrelevant, denn diese Leistungen sind in der Form der (Wissenschafts-)Öffentlichkeit ohnehin nicht zugänglich. Relevant wird diese Frage erst, wenn Ergebnisse bspw. von Abschlußarbeiten veröffentlicht werden.

Formal wird das Thema einer Abschlußarbeit vom Vorsitzenden des Prüfungsausschusses ausgegeben. Mit einem Antragsformular beantragt der Prüfling die Zulassung zur Abschlußarbeit. Gemeinsam mit dem Betreuer wird das Thema der Abschlußarbeit fixiert. Der Antrag geht dann an den Vorsitzenden des Prüfungsausschusses, der das Thema zu den Ausgabeterminen ausgibt. Ab diesem Termin läuft die Frist.[8]

2. Themenreflexion

Nach dem Erhalt des Themas sollte sich eine gründliche *Themenreflexion* anschließen. Diese hat in zweierlei Richtungen zu erfolgen. Einerseits ist der Frage nachzugehen, worin der eigene Beitrag des Autors bei der Bearbeitung des Themas besteht. Handelt es sich also um einen Beitrag zur Theorie, Empirie oder Methode? Im weiteren Verlauf der Bearbeitung des Themas werden sich Veränderungen dahingehend ergeben, daß einzelnen Stufen eine z. T. deutlich andere Gewichtung einnehmen werden, als in der Folge hier dargestellt. So nehmen u. U. die Datenerhebung (vgl. die Punkte Materialsuche und -auswertung) und Auswertung in einzelnen Fällen einen deutlich höheren Ressourcenbedarf, wie z. B. *Geld* für das Kopieren und den Versand von Fragebögen sowie *Arbeitszeit* des Bearbeiters für das Führen, Transkribieren und Auswerten von Interviews, in Anspruch.[9]

---

8 Zu weitergehenden Details vgl. die Studien- und Prüfungsordnungen des belegten Studienganges.

9 Weitergehend zur Kostenplanung als eine der vorbereitenden Überlegungen zum Prozeß des wissenschaftlichen Arbeitens vgl. u. a. Theisen (2002), S. 13–16 m. w. N. oder Hülshoff und Kaldewey (1993), S. 193.

Andererseits – und dazu seien die Ausführungen im Punkt „1. Erhalt des Themas" erneut aufgegriffen – ist dies die Phase, in der in Abhängigkeit vom Ziel der Arbeit zu überlegen ist, ob und wenn ja inwieweit ggf. eine Themeneingrenzung zu erfolgen hat. Daß ein jedes Thema einzugrenzen ist, ist unstrittig. Diese Phase eignet sich dafür als idealer Zeitpunkt, da im Ergebnis dieser Überlegungen bereits erste Wegweisungen für die sich anschließende Gedankensammlung vorliegen. Zur weitergehenden Frage, wo die Eingrenzung dokumentiert wird, sei an dieser Stelle bereits auf die Ausführungen zu den inhaltlichen Bestandteilen einer wissenschaftlichen Arbeit im Gliederungspunkt 5.1.1.2 verwiesen.

3. Gedankensammlung

Insofern das Thema selbst gesucht und gefunden wurde, kann davon ausgegangen werden, daß in diesem Prozeß bereits erste Phasen der Themenreflexion wie auch der *Gedankensammlung* stattfanden. Anderenfalls ist dafür ausreichend Zeit *einzuplanen und auszufüllen*. Für eine Gedankensammlung werden ein leerer Zettel, ein Stift und ein „klarer Kopf" in einer ungestörten Umgebung benötigt. Das Ziel dieser Phase besteht im unstrukturierten Zusammentragen von Ideen, Hinweisen über erste bekannte Literaturstellen, mögliche Erhebungsinstrumente im Falle einer empirischen Arbeit bis hin zu Teilstrukturen oder vorliegenden empirischen Daten. Auf einer solchen Basis läßt sich dann die Grobgliederung erstellen.

4. Grobgliederung

Die *Grobgliederung* ist eine erste Strukturierung der Inhalte des zu bearbeitenden Themas, also ein erstes Ergebnis, welches die Überlegungen der Gedankensammlung verarbeitet hat. Die Grobgliederung gibt Auskunft über die Abfolge der wesentlichen Schritte der Arbeit auf der ersten und zweiten Gliederungsebene. Die Grobgliederung verdeutlicht die grobe Struktur des *Hauptteils* der Arbeit. Eingebettet zwischen der *Einführung* und dem *Schlußteil* der Arbeit wird in diesem Teil einer wissenschaftlichen Arbeit, **1)** der bisherige Stand der Wissenschaft zur gewählten Problemstellung aufgezeigt, **2)** die wissenschaftliche Argumentation (wie z. B. eine Beweisführung bei einer theoretischen Arbeit oder die Darstellung der gewählten Vorgehensweise bei einer empirischen Untersuchung) erfolgen und **3)** der theoretische Erkenntniszuwachs oder die Ergebnisse der empirischen Untersuchung präsentiert werden. Die Grobgliederung wird also aufbauend auf dieser zugrundeliegenden Struktur diese drei Punkte mit ersten Inhalten füllen.

5. Stoffbeschaffung

Mit der Grobgliederung des Themas liegt eine erste strukturierte Orientierung darüber vor, wonach im Rahmen der *Stoffbeschaffung* Ausschau zu halten ist. Die Stoffbeschaffung beinhaltet in jedem Fall die Suche nach Literatur. Unabhängig von der Zielrichtung einer wissenschaftlichen Arbeit hat stets eine Einordnung in die bisher vorliegenden wissenschaftlichen Ergebnisse (Theorien, empirischen Daten oder Methoden) zu erfolgen. Im Hinblick auf eine empirische Arbeit umfaßt die Stoffsammlung insbesondere die Überlegungen zur Herangehensweise, zum Zeitpunkt und zum Umfang der eigenen empirischen Untersuchung.

6. Detailgliederung und Materialauswertung

Auf Basis einer ersten Sichtung vorliegender Daten oder Literaturquellen kann eine Einschätzung dahingehend vorgenommen werden, inwiefern unmittelbar der Schritt der Erstellung der *Detailgliederung* bzw. im Falle einer empirischen Arbeit die Datenerhebung mit anschließender *Materialauswertung* folgen kann. Ist dies nicht möglich, sollte eine erneute Themenreflexion vorgenommen werden, um die offenbargewordene Blockade zu lösen.

Besteht dieses Problem nicht, können die Ausarbeitung der Detailgliederung und die Materialauswertung beginnen. Die Sichtung vorliegender Literaturquellen geht mit der Erstellung der Detailgliederung Hand in Hand. Beim Lesen sollte stets darauf geachtet werden, daß im Sinne eines doppelten Verweissystems 1) an der Literaturquelle zu vermerken ist, in welchem Kapitel oder Abschnitt der Arbeit die entsprechende Quelle wofür zum Einsatz gelangen soll und 2) empfiehlt es sich, unterhalb des entsprechenden Kapitels oder Abschnittes in der Detailgliederung die Literaturstelle und deren Fundort mit dem in kurzen Stichpunkten angegebenen zu nutzenden Inhalten zu notieren. Auf diese Weise ist sichergestellt, daß keine beim Lesen für die Argumentation in der eigenen Arbeit für sinnvoll erachtete Literaturstelle verlorengeht.

In einer empirischen Arbeit ist die Auswertung der erhobenen Daten die zweite Aufgabe in dieser Phase. Je nach Erhebung (schriftlicher Fragebogen, Interviews usw.) und Zielrichtung (qualitativ oder quantitativ) sollte das Auswertungsvorhaben hinsichtlich des erforderlichen Umfangs der eigenen Arbeitszeit oder des Ressourcenbedarfs hinsichtlich fremder Rechnerkapazitäten bspw. für eine Auswertung mittels SPSS, einer für die Sozialwissenschaften zugeschnittenen Software, oder fremder Arbeitszeiten für das Transkribieren von Interviews gut geplant werden. Letzteres ist oftmals auch mit einer finanziellen Gegenleistung im Sinne einer Vergütung der erbrachten Leistung gekoppelt. Ist dies nicht geschehen, kann es in dieser Phase der Erstellung einer wissenschaftlichen Arbeit zu das Gesamtvorhaben gefährdenden Verzögerungen kommen.

7. Ausarbeitung

Erst wenn alle Literaturquellen ausgewertet und in die eigenen Argumentationslinie eingebettet sind und aus der empirischen Erhebung die gewünschten Daten herausgezogen wurden, kann die *Ausarbeitung* der Arbeit beginnen. Von einer Herangehensweise, in der die Auswertung mit der Ausarbeitung gekoppelt wird, ist dringend abzuraten. Erst sollten die Daten vorliegen! Auf diese Weise besteht optimaler Schutz vor unliebsamen inhaltlichen Überraschungen derart, daß am Ende der gekoppelten Auswertung und Ausarbeitung festgestellt wird, daß das Ergebnis ja gar nicht mit dem Ziel der Arbeit in Übereinstimmung zu bringen und die Zeit abgelaufen ist.

Diese Sicherheit – und eine wissenschaftliche Arbeit am Ende eines Hochschulstudiums ist als eine weitere (in diesem Fall allerdings die letzte) Lernphase einzuschätzen – hat natürlich ihren Preis. Erfahrungsgemäß kann davon ausgegangen werden, daß insgesamt ca. 200 Seiten in den einzelnen Phasen eines solchen Gesamtprozesses der Erstellung einer wissenschaftlichen Abschlußarbeit eines Studiums beschrieben werden, bevor daraus die zur Abgabe reifen 60 Seiten einer Diplomarbeit oder 45 Seiten einer Bachelorarbeit entstehen.

8. Abgabe der Arbeit

Mit der Abgabe der Arbeit endet dieses Phasenmodell des wissenschaftlichen Arbeitens. Die Abgabe geschieht i. d. R. mit dem Versand an das oder der Übergabe der Arbeit an den Mitarbeiter im Prüfungsamt. Bevor es jedoch dazu kommt, ist die Arbeit unbedingt einem Dritten zum abschließenden Korrekturlesen vorzulegen und die Korrekturen einzuarbeiten. Dies ist insofern wichtig, da der Bearbeiter seit über zwei Monaten „an der Arbeit sitzt" und naturgemäß verbliebene Rechtschreib-, Grammatik- und Zeichensetzungsfehler nicht mehr erkennt. Sein Korrekturlesevermögen begrenzt sich nur noch auf das optische Wahrnehmen. Ein Dritter hat diesen „Knoten im Kopf" oder diese „Betriebsblindheit" nicht.

Das abschließende Ausdrucken sollte ohne Zeitdruck – also nicht in einer „Nacht-und-Nebel-Aktion" – und nicht ohne vorherige doppelte Datensicherung erfolgen. Vor dem Vervielfältigen der Arbeit ist die erforderliche Anzahl der abzugebenden Exemplare in Erfahrung zu bringen. Darüber gibt entweder die entsprechende Studien- und Prüfungsordnung oder das Prüfungsamt Auskunft. Vor dem Binden der Seiten sollte überprüft werden, ob alle Bestandteile der Arbeit (einschließlich weiterer formaler Teile, wie bspw. die Erklärung an Eides Statt) in der richtigen Reihenfolge vorliegen.[10]

Unter dem Blickwinkel der *Zeitplanung* sollten allein für die letzten drei Aufgaben zwei bis drei Tage eingeplant werden.[11] Gerade in der „heißen Phase", wenn die fertigzustellende Arbeit ihre größte Komplexität aufweist, können schnell Probleme auftreten, die sich zudem oftmals (und dann zu spät) als gravierend und in der verbleibenden Zeit als kaum reparabel herausstellen. Einschließlich der Ausarbeitung oder des Verfassens der gesamten Arbeit sind dies ein (das letzte) Drittel der verfügbaren zeitlichen Ressourcen, vgl. Abbildung 1 auf S. 22.

Das zweite (das mittlere) Drittel nimmt die Detailgliederung und Materialauswertung in Anspruch. Bei der zeitlichen Planung der Arbeitsschritte 1 bis 5, also vom Erhalt

---

[10] Vertiefend zu den formalen Bestandteilen einer wissenschaftlichen Abschlußarbeit und deren Reihenfolge vgl. Abschnitt Korrektes Schreiben im Kapitel 5 des Bandes.

[11] Ein tagesgenauer Zeitplan für den Gesamtprozeß der Erstellung einer Diplomarbeit innerhalb von drei Monaten findet sich u. a. in Lück (2003), S. 13.

des Themas über die Themenreflexion und die Gedankensammlung bis hin zur Erstellung der Grobgliederung sowie der Stoff- oder Literaturbeschaffung ist ebenfalls von einem (dem ersten) Drittel der formalen Bearbeitungszeit auszugehen. Es ist gefährlich, gerade in diesen Phasen Zeiten „einsparen" zu wollen, denn es hat sich herausgestellt, daß Zeiten, die dort nicht investiert wurden, oftmals später im doppelten Umfang benötigt wurden, um die Arbeit „zu retten". Deutlich wird dies insbesondere daran, wenn beim Schreiben bspw. festgestellt wird, daß die Gliederung nicht „rund" ist, bisher ausgegrenzte Aspekte nicht ausgegrenzt bleiben dürfen, entscheidende Literaturquellen nun ungerechtfertigterweise doch keine Berücksichtigung fanden oder der bereits angesprochene Fall des Nichtpassens von Ergebnissen einer empirischen Erhebung zum Ziel der Arbeit eintritt.

2.1.4 Arbeitsgrundlagen

Um einen wissenschaftlichen Arbeitsprozeß zum Erfolg werden zu lassen, bedarf es nicht nur eines optimal organisierten Prozesses selbst. Ein weiterer Aspekt sind die Arbeitsgrundlagen. Zu den heutigen Standardausstattungen des wissenschaftlichen Arbeitens im Rahmen eines Hochschulstudiums zählt zweifelsohne ein *Computer mit der entsprechenden Software*. Sofern die Studenten ihn ohnehin nicht schon ihr eigen nennen, besteht an der Hochschule in eigens dafür eingerichteten Rechnerräumen die Möglichkeit, Computer für die eigenen Arbeiten zu nutzen. Wichtig ist in dem Zusammenhang allerdings, die Öffnungszeiten in Erfahrung zu bringen.

Neben einem Textverarbeitungsprogramm sollten je nach Ausrichtung der Arbeit auch Graphik-, Datenbanken- und Tabellenkalkulationsprogramme, die zudem noch optimal aufeinander abgestimmt sind, sowie Software für den Zugang zum Internet auf dem Computer verfügbar sein. Zum Abspeichern von Daten, erstellter Tabellen und Graphiken oder verfaßter Texte empfiehlt es sich, zusätzlich zur eingebauten Festplatte auch mindestens ein externes Speichermedium zu nutzen. Hierfür stehen je nach Ausstattung des Computers Disketten, wiederbeschreibbare CD-ROMs, Speicherkarten oder USB-Sticks zur Verfügung. Eine kontinuierliche Datensicherung auf mehreren Medien erhöht die Sicherheit, trotz eines eingetretenen Datenverlustes ungehindert mit der Arbeit fortfahren zu können.

Aufgabe 2: EDV-Nutzung

Suchen Sie den EDV-Raum an Ihrem Fachbereich. Stellen Sie die Öffnungszeiten fest. Erkunden Sie die hardwareseitigen Ausstattung: Konfiguration (wie z. B. die Festplatten- und Arbeitsspeicherkapazität) der Computer, Verfügbarkeit von Disketten- und CD-ROM-Laufwerken sowie von peripheren Geräten wie Drucker, Scanner, Plotter usw. und die Ausstattung mit Software.

Oftmals sind auf Grund von Ressourcenschonungen die Möglichkeiten des Ausdruckkens in diesen EDV-Räumen kontingentiert und somit nur auf Antrag und ggf. mit einer studentischen Kostenübernahme verbunden. Bringen Sie die Situation an Ihrem Fachbereich in Erfahrung. Lassen Sie sich bei der Gelegenheit auch gleich als Nutzer registrieren und erfragen Sie, ob mit der Registrierung der Erhalt Zugangsberechtigungen für das Hochschul-Rechnernetz und das Internet sowie eine e mail-Adresse verbunden sind.

Neben einer solchen grundlegenden rechentechnischen Ausstattung sind insbesondere klassische Verbrauchsmaterialien in der richtigen Qualität und im ausreichenden Umfang vorzuhalten. Im einzelnen sind hier zu nennen:

- das *Papier* für die Gedankensammlung, die gesamte Entwurfs- und Auswertungsphase sowie für die Manuskripterstellung;

- die *Schreibgeräte*, mit denen nicht nur eigenen Notizen gemacht, am Manuskript gearbeitet, sondern auch Markierungen in Literaturquellen vorgenommen werden können, sowie

- diverse *sonstige Arbeitsmaterialien*[12] aus der Rubrik Bürobedarf.

---

[12] Zu einer Liste der sonstigen Arbeitsmaterialien vgl. u. a. Hülshoff und Kaldewey (1993), S. 104.

2.2 Psychologische Grundlagen

Unabhängig von der Frage, in welcher Disziplin Sie wissenschaftlich arbeiten wollen, ist es sinnvoll, sich mit einigen psychologischen Grundlagen auseinanderzusetzen, deren Kenntnis bzw. (Selbst-)Reflexion hilfreich sein können, Ihr Studium wesentlich zu erleichtern. So beginnt dieser Abschnitt mit einigen Erkenntnissen der Psychologie des Lernens (1). Anschließend geht es einerseits um den Umgang mit der Zeit (2), andererseits um den Umgang mit potentiellen Ängsten (3). Eine grundlegende Angst resultiert dabei nicht selten aus einem übertriebenen Respekt vor „der" Wissenschaft. Daher beinhaltet dieser Punkt auch einen kleinen Exkurs in „Wissenschaftstheorie", um unterschiedliche Auffassungen zum Wesen von Wissenschaft kennenzulernen. Das Kapitel schließt mit der Frage, wie die am wissenschaftlichen Prozeß beteiligten Akteure – Lernende, Lehrende und Forschende – miteinander umgehen können, damit wissenschaftliches Arbeiten ein freudiges und ethisch vertretbares Vergnügen ist (4).

2.2.1 Lernen zu lernen

Das Thema „Lernen" beschäftigte die Autorinnen unseres Studien-Journals (Kap. 1) auf vielfältige Art und Weise: Schon nach wenigen Tagen stellte sich bereits die Frage, ob man lieber einsam oder gemeinsam lernen möchte. Manche Studentinnen, wie z. B. Anne, haben die Erfahrung gemacht, „allein am besten" lernen zu können. Insofern hat für sie das einsame Lernen wahrscheinlich keine negative Bedeutung. Für andere Studentinnen, z. B. für Beate („Gruppenarbeiten sind nicht schlecht. Vieles wird einem da erst richtig klar.") oder Eva („Wir haben kleine Lerngruppen gebildet, in denen man die Lerninhalte gut nacharbeiten kann. Sie bringen für alle Beteiligten einen Gewinn.") überwiegt das positive Teamwork-Erlebnis, was sich nicht nur in den Lernergebnissen widerspiegeln kann, sondern auch manchmal soziale Gefühle von Heimat hervorruft, was wiederum die Lernmotivation beflügeln und dadurch auch die Lernergebnisse zusätzlich befördern könnte.

Um den eigenen Lernstil zu erkunden, empfiehlt es sich, schon früh Erfahrungen in einer Lerngruppe zu suchen, um für das weitere Studium einen Weg zu finden, der individuell optimale Lernerfolge ermöglicht. Entscheidend bei einer Lerngruppe ist häufig, inwiefern das Team miteinander harmoniert. Voraussetzung dafür ist ein relativ homogenes Leistungsniveau bzw. die Kooperation innerhalb des Teams. Hier kommt es auch darauf an, wie die Rollen in der Gruppe verteilt sind, so daß jedes Mitglied seine persönlichen Stärken einbringen kann. Vielleicht hat ein Mitglied besondere Fähigkeiten im Exzerpieren von Lehrbüchern (vgl. Kap. 4.2), ein anderes Mitglied verfügt über erstklassige Vorlesungs-Mitschriften, ein drittes Mitglied über kommunikative Kompetenzen, die zu wertvollen Prüfungs-Tips von Studenten aus höheren Semestern (oder sogar von Lehrenden) führen, und ein viertes Mitglied sorgt stets für gute Stimmung oder für das leibliche Wohl. Wichtig ist dabei eine flexible Rollenpraxis bzw. ein gesundes Gleichgewicht von Geben und Nehmen.

Eine der wichtigsten Kompetenzen, die das Studium erfordert, ist die Fähigkeit zu lernen. Wer das Lernen – *„learning to learn"* – gelernt hat (am besten schon in der Schule vor der Hochschule!), hat gute Voraussetzungen, die Studienzeit erfolgreich zu bestehen. Doch wie läßt sich das Lernen lernen? Auch wenn es kein Patentrezept gibt, lohnt es sich, einige Erkenntnisse der Lernpsychologie zur Kenntnis zu nehmen.

Bereits am Ende des letzten Abschnitts (Kap. 2.1.4) wurde auf Arbeitsgrundlagen eingegangen (insbesondere auf einen guten Computer), die heutzutage zu den äußeren Lernvoraussetzungen gehören. Fragen des Arbeitsplatzes sollten auch Überlegungen hinsichtlich des Arbeitsortes umfassen. Manche Menschen gehen lieber in eine Bibliothek, um in Ruhe arbeiten zu können, andere können eher in ihren eigenen vier Wänden am besten arbeiten. Das eigene Arbeitszimmer sollte zumindest mit einem großen Schreibtisch (ergonomisch empfohlene Mindestgröße: 60 · 100 cm, möglichst größer) und einem bequemen Stuhl ausgestattet sein, der keine Rückenleiden fördert. Neben diesen „Basics" ist vor allem auf eine Atmosphäre zu achten, in der Sie sich wohl fühlen und konzentriert arbeiten können (potentielle Störquellen wie z. B. Radio oder Telefon sollten aus dem engeren Arbeitsumfeld ferngehalten werden).

Die psychologischen Lernvoraussetzungen im engeren Sinne sind sehr vielschichtig. Erfahrungen zeigen, daß Erwachsene (aber auch Kinder) am besten lernen, wenn sie

- ...*wollen!* Die Lernmotivation ist oft „die" entscheidende Grundlage für eine optimale Lernleistung. „Lernlust" ist die beste Therapie gegen „Lernfrust".
- ...*müssen!* Manchmal müssen wir zu unserem „Glück" gezwungen werden. Manche Lerntypen brauchen einen gewissen Druck, um aktiv zu werden.
- ...*handeln!* Lernen mit Erfahrungs- oder Praxisbezug ist sogar noch wirksamer als Lernen am Modell. Die Erprobung in der Praxis erhöht die Sinnhaftigkeit.
- ...*in entspannter Atmosphäre lernen!* Was Menschen entspannend finden, ist zwar sehr unterschiedlich, Lernen sollte aber immer auch Spaß machen.

Um diese Empfehlungen mit Leben zu füllen, versuchen Sie einmal Ihr Studium dahingehend zu überprüfen, inwiefern diese Kriterien bei Ihnen Erfüllung finden. Wenn Sie sich z. B. für ein Lehramtsstudium entschieden haben, könnten Ihre inneren Lernvoraussetzungen wie folgt aussehen: Sie haben dieses Studium aus diversen Motiven gewählt, nicht zuletzt weil Sie gerne mit jungen Menschen zusammenarbeiten möchten. Ihre Eltern sind vielleicht auch Lehrer, doch fühlten Sie sich dadurch nicht gezwungen, denselben Beruf zu ergreifen. Ein näher kommender Prüfungstermin erhöht Ihre Lernmotivation insofern, als Sie sich „freiwillig gezwungen" fühlen, andere Freizeitaktivitäten demnächst etwas zurückzustellen. Persönliche Erfahrungen, die Sie vielleicht bei der Ausübung eines Hobbys bereits sammeln konnten (z. B. als Trainer im Sportverein), verstärken Ihre Lernmotivation zusätzlich. Und da Sie auch noch nach dem Motto „Der Weg ist das Ziel" leben, gelingt es Ihnen auch, Ihre Lernatmosphäre so angenehm wie möglich zu gestalten.

Über diese allgemeinen Empfehlungen hinaus möchten wir an dieser Stelle noch drei Dinge hervorheben, die sich beim Lernen als besonders bedeutsam erwiesen haben:

- *Ziele setzen:* Mit Hilfe von Zielsetzungen (auch von Zwischenzielen) können Sie am Ende Ihrer Lerneinheiten Ihren Lernerfolg überprüfen.
- *Pausen einlegen:* Entscheidend für Ihren Lernerfolg ist nicht die Quantität, sondern die Qualität Ihrer Lernleistung – „weniger ist manchmal mehr"!
- *Belohnungen:* Für Ihre Motivation ist es sehr wichtig, sich nach längeren Lerneinheiten „etwas Gutes zu tun" (einzige Ausnahme: verzichten Sie lieber auf mehrtägige bzw. -nächtige Feiern, wenn die nächste Prüfung schon in wenigen Tagen auf Sie wartet, und üben Sie stattdessen Belohnungsaufschub!)

Abschließend verweisen wir auf die großen interindividuellen Lernunterschiede in der Praxis: Was Person A als hilfreich erlebt, kann für Person B eher kontraproduktiv sein. Insofern ist die persönliche Selbstreflexion ein zentraler „Schlüssel" zum Erfolg.

Aufgabe 3: Reflexion individueller Lernbiographien

Sie sind eingeladen, Ihre Erfahrungen hinsichtlich folgender Fragen zu reflektieren:

(a) Erinnern Sie sich an Ihre *Kindheit:* Welche Einstellungen zum Lernen wurden Ihnen von Ihren Eltern übermittelt? Erkennen Sie in dieser „Erziehung" vielleicht einen Zusammenhang mit dem Beruf Ihrer Eltern? Welche Botschaften haben Ihnen dabei gefallen oder geholfen, welche weniger?

(b) Erinnern Sie sich an Ihre *Schulzeit:* Welche Einstellungen zum Lernen wurden Ihnen von Ihren Lehrern übermittelt? Welche Lehrer haben Sie besonders gemocht, welche weniger? Wo liegen die Ursachen dafür? (Wie) haben Sie gelernt, mit der Zeit und mit Ängsten umzugehen?

(c) Erinnern Sie sich an Ihre *Ausbildung* (natürlich nur, wenn Sie zwischen Schule und Hochschule eine Ausbildung absolviert haben): Welche Einstellungen haben Ihnen Ihre Ausbilder vermittelt? Harmonierten die Einstellungen mit Ihren bisherigen Erfahrungen?

(d) Welche Wünsche und Ängste haben Sie für das Lernen an der *Hochschule?*

Lösung:

Natürlich gibt es bei dieser Aufgabe keine „Musterlösung". Möglicherweise ist es aber hilfreich, sich mit anderen Studenten auszutauschen. Vielleicht empfiehlt sich sogar auch ein Dialog mit Personen, die Sie schon lange kennen, so daß Sie Ihre Selbsteinschätzung auch im Spiegel einer Fremd-Einschätzung reflektieren können.

2.2.2   Umgang mit Zeit

Die Frage, wie wir sinnvoll mit unserer begrenzten Zeit umgehen können, hat aus der Perspektive des wissenschaftlichen Arbeitens zwei ganz unterschiedliche Aspekte: Zum einen geht es um Dinge wie Effizienz, um Begriffe wie „Zeitökonomie" und „Zeitmanagement", zum anderen aber auch um „Muße" und „Zeitwohlstand" bzw. um ein gesundes Gleichgewicht von Arbeits- und Freizeit. Nachfolgend möchten wir beide Dimensionen kurz (Sie können sich auch mehr Zeit dafür nehmen!) beleuchten.

Bereits im Studien-Journal wurden wir Zeuge, wie sich einigen Studentinnen die Frage ihrer Zeit bereits nach wenigen Wochen stellte. So notierte Anne: „Ich habe heute beschlossen, meinen Job zu kündigen. Irgendwie ist das nicht zu schaffen." Sicherlich ist es nicht immer leicht, den klassischen Konflikt zwischen Geld und Zeit zugunsten letzterer zu entscheiden. Gleichzeitig kommen wir ziemlich schnell in philosophische Überlegungen, was wir mit unserer Lebenszeit eigentlich anfangen, wenn wir uns von den überall zu hörenden Worten „Ich habe keine Zeit" anstecken lassen. Zur Balance von Zeit und Leben könnte vielleicht folgende Statistik aufschlußreich sein:

Statistisch lebt ein Mensch in Deutschland etwa 73 Jahre wie folgt:

Geschlafen	27,0	Jahre
Gearbeitet	10,5	Jahre
Unterwegs gewesen	8,5	Jahre
Ferngesehen	7,6	Jahre
Gegessen	5,5	Jahre
Krank gewesen	2,8	Jahre
Schulzeit	2,6	Jahre
Gelesen, Radio gehört	2,3	Jahre
Geraucht	2,0	Jahre
Rasiert und geschminkt	1,5	Jahre
Gedöst, nichts getan	1,5	Jahre
Gespielt	1,0	Jahre
Eingekauft	0,8	Jahre
Sport getrieben	0,2	Jahre
Intim gewesen	0,2	Jahre

Abbildung 2: Lebenszeitliche Aktivitäten eines Durchschnittsmenschen

Nicht nur der letzte Punkt stimmt nachdenklich: Wenn wir uns bewußt machen, wie begrenzt unsere Lebenszeit ist, können wir lernen, persönliche Prioritäten zu setzen, um den Dingen, die uns besonders am Herzen liegen, etwas mehr Zeit zu schenken.

Wenn wir uns für eine wissenschaftliche Fortbildung entschieden haben, stellt sich schon bald die Frage, wie wir mit minimaler (begrenzter) Zeit maximalen Erfolg erreichen können. So verwundert es wenig, daß die Kunst des Zeitmanagements zu den wichtigsten Schlüsselkompetenzen sowohl im Studium als auch im Berufsleben gehört – insbesondere bei Personen, die auch darüber hinaus noch einige Identitäten haben (z. B. als Eltern, als Partner/in, Freund/in, Freizeitsportler/in, Musik/er etc.).

In der Literatur über „Zeitmanagement"[13] finden wir eine Fülle von Ratschlägen, wie wir unsere Zeit besser nutzen können. Zu den Kernbotschaften der Bücher gehört stets die Aufforderung, den „Zeitfressern" den Kampf anzusagen, wozu z. B. Unterbrechungen, Unentschlossenheit und die Unfähigkeit, „Nein" zu sagen, gehören.

Die Vorstellung eines effizienten und ökonomischen Umgangs mit der Zeit entspringt unserem westlichen Denken. Demgegenüber wollen wir als kleinen Gedankenanstoß Auszüge eines kulturkritischen Textes stellen. Die Authentizität des Buches vom „Papalagi"[14] (gemeint ist der „weiße" Mann aus Sicht eines Südseehäuptlings) ist zwar umstritten, dennoch könnten uns die weisen Worte bei der Suche nach Muße helfen.

„Der Papalagi ist immer unzufrieden mit seiner Zeit, und er klagt den großen Geist dafür an, daß er nicht mehr gegeben hat (...). Wenn das Zeitlärmen ertönt, klagt der Papalagi: ‚Es ist eine schwere Last, daß wieder eine Stunde herum ist.' Es macht zumeist ein trauriges Gesicht dabei, wie ein Mensch, der großes Leid zu tragen hat, obwohl gleich eine ganz neue Stunde herbeikommt (...). Es gibt Papalagi, die meinen, sie hätten nie Zeit. Sie laufen kopflos umher, wie vom Teufel Besessene, und wohin sie kommen, machen sie Unheil und Schrecken, weil sie ihre Zeit verloren haben. Diese Besessenheit ist ein schrecklicher Zustand, eine Krankheit, die kein Medizinmann heilen kann, die viele Menschen ansteckt und ins Elend bringt (...).
Oh, ihr lieben Brüder! Wir haben nie geklagt über die Zeit, wir haben sie geliebt, wie sie kam, sind ihr nie nachgerannt, haben sie nie zusammen- noch auseinanderlegen wollen. Nie ward sie uns zur Not oder zum Verdruß. Der unter uns trete hervor, der da keine Zeit hat! Ein jeder von uns hat Zeit die Menge, aber wir sind auch mit ihr zufrieden, wir brauchen nicht mehr Zeit, als wir haben, und haben doch Zeit genug. Wir wissen, daß wir immer noch früh genug zu unserem Ziele kommen und daß uns der große Geist nach seinem Willen abberuft, auch wenn wir die Zahl unserer Monde noch nicht wissen. Wir müssen den armen, verirrten Papalagi vom Wahn befreien, müssen ihm seine Zeit wiedergeben. Wir müssen ihm seine kleine, runde Zeitmaschine zerschlagen und ihm verkünden, daß von Sonnenaufgang bis -untergang viel mehr Zeit da ist, als ein Mensch gebrauchen kann."

---

[13] Vgl. z. B. Siewert (2002).

[14] Buch ohne Autor (1977), S. 61 ff.

2.2.3   Umgang mit Angst

Ein anderes weit verbreitetes und psychologisch interessantes Thema der Studien-Tagebücher waren die vielfältigen Notizen zur Beschäftigung mit Ängsten, mit denen sich Studenten beschäftigen, z. B. mit finanziellen Ängsten, Versagensängsten oder der Angst vor Einsamkeit. Viele soziale Ängste resultieren aus der Begegnung mit einer Institution, die auf den ersten Eindruck sehr einschüchternd wirken kann.

Ein Wissenschaftler, der sich wie kaum ein anderer diesen Fragen gewidmet hat, ist der Berliner Soziologe Wolf Wagner. In seinem Buch „Uni-Angst und Uni-Bluff – wie studieren und sich nicht verlieren"[15] setzt sich der Autor sehr sensibel mit der Situation der Erstsemestler auseinander: „Für sie ist alles fremd und bedrohlich an der Uni. Weil sie in dieser fremdem Welt als Gleichwertige akzeptiert sein wollen, haben sie ganz besondere Angst sich zu blamieren und bemühen sich angestrengt, sich wie ‚normale' Studierende zu verhalten." Um aus dieser Angst (lat., angustus = eng) herauszukommen, müssen in der Regel Abwehrmechanismen entwickelt werden, die sich in unbewußten Verhaltensweisen artikulieren und eine Angst machende Situation erst gar nicht entstehen lassen sollen. So passen sich viele Erstsemestler laut Wagner relativ schnell dem allgegenwärtigen „Poker-Face" ihrer Umwelt (die von höheren Semestern und Lehrenden geprägt ist) an, um ein gewisses Souveränitätsgefühl nach außen auszustrahlen, obwohl innerlich nicht selten große Unsicherheit vorherrscht. Grundsätzlich lassen sich soziale Ängste am ehesten mit sozialen Interventionen therapieren. Abgesehen von schwerwiegenden Lebenskrisen, bei denen auch in einer psychologischen Studienberatungsstelle der Gang zu professionellen Therapeuten empfohlen wird, können soziale Maßnahmen sowohl in der Suche nach Anschluß unter Studenten sein, als auch das Aufsuchen von „Vertrauensdozenten". Manche Hochschulen bieten ihren Studenten auch Mentorenprogramme an, die zu einem persönlicheren Verhältnis von Lehrenden und Lernenden beitragen können.

Schließlich sei noch eine letzte, weit verbreitete Angst zu nennen, die sich meist hinter einem (zu) großen Respekt gegenüber der Wissenschaft verbirgt. Wenn das Wissenschaftsgebäude zu einer Art Religion zu mutieren droht, wie es manchmal den Anschein hat und sich rhetorisch eher subtil mit Worten wie „*die* Wissenschaft hat festgestellt..." offenbart, dann kann es hilfreich sein, sich daran zu erinnern, daß es nicht nur viele verschiedene Wissenschaften gibt, sondern auch ganz unterschiedliche Auffassungen darüber, was unter Wissenschaft zu verstehen sei (vgl. nachfolgenden Exkurs). Angesichts der Tatsache, daß es kein zeitlos-universelles Konzept von Wissenschaft gibt, ist ein kritisch-toleranter Umgang mit unterschiedlichen Theorien und Methoden unerläßlich. Darüber hinaus sollte auch nicht vergessen werden, daß Wissenschaft im Dienste der Gesellschaft steht, die sie ernährt. Dies setzt eine gewisse ethische Sensibilität aller wissenschaftlichen Akteure voraus.

---

[15] Vgl. Wagner (1977), S. 21 ff.

Wissenschaftstheoretischer Exkurs

„Wissenschaft baut nicht auf Felsengrund. Es ist eher ein Sumpfland, über dem sich die kühne Konstruktion ihrer Theorien erhebt."[16] Was ist Wissenschaft? Mit dieser forschungsphilosophischen Frage beschäftigt sich die Wissenschaftstheorie, die Wissenschaft von der Wissenschaft. Trotz einiger ernüchternder Konsequenzen, wie die Atombombe und die Umweltzerstörung, für die sie verantwortlich gemacht wird, genießt Wissenschaft bei uns nach wie vor ein hohes Ansehen – und das, obwohl es bis heute keine einheitliche Antwort auf diese Frage gibt. Stattdessen streiten sich zahlreiche Auslegungsschulen um die Wahrheit. Drei besonders bedeutsame Wahrheitsdeutungen verdienen nachfolgend Beachtung.

Der wohl einflußreichste Wissenschaftstheoretiker war Karl Popper, der in London geadelt wurde. Das einleitende Zitat ist ein Beispiel für den Skeptizismus dieser Schule. Gesicherte Wahrheiten sind für Popper unerreichbar, weil die Möglichkeit eines Irrtums theoretisch immer bestehen bleibt. Auch nach der Beobachtung von 99 weißen Schwänen ist es nicht ausgeschlossen, eines Tages einem schwarzen Schwan zu begegnen. Ziel der Wissenschaften nach Popper sei, sich der Wahrheit im Sinne einer umfassenden Erklärung der Welt schrittweise so gut wie möglich zu nähern. Politisch plädiert Popper für eine offene Gesellschaft ohne geistige Beschränkungen.

In einem Essay zur „Struktur wissenschaftlicher Revolutionen" wies der Amerikaner Thomas Kuhn 1962 nach, daß die traditionelle Beschreibung von Wissenschaften, die von kontinuierlichen Erkenntnisfortschritten ausgehen, der historischen Wirklichkeit nicht entspricht. Weiterentwicklung ist nach Kuhn erst möglich, wenn überalterte Theorien im Zuge wissenschaftlicher Revolutionen zugunsten neuer Perspektiven (sog. „Paradigmen") aufgegeben werden. Ein neues Paradigma wäre heute z. B. eine ökologische Perspektive. Im Gegensatz zu Popper sah Kuhn keinen Grund für die Annahme, daß sich Wissenschaften einer imaginären Wahrheit nähern.

Eine noch radikalere Infragestellung wissenschaftlicher Autoritäten unternahm mit Paul Feyerabend ein Schüler Poppers. In seinem Werk „Wider den Methodenzwang" legte er 1976 eine anarchistische Erkenntnistheorie vor, mit der er die Überlegenheit von Wissenschaft gegenüber anderen Erkenntnisformen bezweifelt und methodisch für das pluralistische Prinzip des „anything goes" plädiert. Wissenschaftlich unbeliebt machte sich Feyerabend auch deshalb, da er seine eigene Zunft als „engstirnige Egomanen, interessiert an einer Verbesserung ihrer Reputation bei den Kollegen, total uninteressiert an der Wohlfahrt von Menschen, die sie nicht kennen"[17] beschimpfte.

---

[16] Vgl. Popper (1982), S. 75.

[17] Vgl. Feyerabend (1984), S. 165.

2.2.4   Umgang miteinander

Der letzte Abschnitt des Kapitels „Psychologische Grundlagen", der sich dem „Umgang miteinander" widmet, schließt nahtlos an die Ausführungen zum „Umgang mit Angst" an. Wer auf der Suche nach einem angemessenen Respekt vor der Wissenschaft ist, stößt nicht nur auf den Stellenwert von Wissenschaft an sich, sondern natürlich auch auf die Menschen, die diese Institution repräsentieren.

„Ein Gespräch zwischen Student und Professor ist eine interkulturelle Begegnung: Die Studenten kommen aus der Welt der Praxis und des gesunden Menschenverstandes, die Professoren aus der Welt der Spezialwissenschaft, in der sie oft schon 30 Jahre leben. Die Nahbegegnung mit einem Menschen, den man bisher nur aus Büchern und aus 100 Meter Entfernung im Hörsaal kennt, kann einen Studenten schon etwas zittern lassen." Mit diesen Worten beschreibt der bekannte Hamburger Kommunikationspsychologe Schulz von Thun die meist vorherrschende „Gesprächs-(un)kultur" zwischen Lehrenden und Lernenden. In der Tat sind viele Lehrende oft nur schwer zugänglich, nicht selten, weil sie ihre Forschung über die Lehre stellen. Dennoch gibt es heutzutage sicher auch Gegenbeispiele, bei denen die Studenten ihre Dozenten zu jeder Tages- und Nachtzeit in Anspruch nehmen – in der Erwartung, permanent für jede Frage zur Verfügung stehen zu müssen. Oft trifft diese Zuneigung gerade die Dozenten, die durch ihre Offenheit zu einer positiveren Kultur beitragen.

Als positive Kommunikations-Beispiele aus der Praxis seien zwei Papiere der FH Bielefeld zum Umgang von Lehrenden und Lernenden miteinander und den Umgang von Studenten untereinander zitiert. Am Fachbereich „Pflege und Gesundheit" haben die Lehrenden ein Papier entwickelt, das den Studenten eine Orientierung darüber gibt, was den Dozenten wichtig ist. Hierzu gehören die Punkte „gegenseitige Akzeptanz und Wertschätzung", „Aktionen zum Kennen lernen und zur Stärkung der Gemeinschaft fördern" (damit ist z. B. ein gemeinsames Frühstück oder Fest gemeint), „Pausen einhalten" sowie „Ordnung in den Lehrveranstaltungsräumen". Das Papier endet mit den Worten: „Auch Ihre Vorstellungen von konstruktiver Zusammenarbeit sind uns wichtig, sprechen Sie uns an!" Die Studenten gehen ihrerseits mit einem guten Beispiel voran. So wurden z. B. in einem Seminar zum Thema „Rhetorik und Gesprächsführung" im Sommersemester 2004 in der ersten Sitzung gemeinsame Spielregeln formuliert, die eine wertvolle Basis für den Umgang miteinander waren. Zu diesen „zehn Geboten" gehörten z. B. Sätze wie „Wir wollen Persönliches nicht nach außen tragen" oder „Wir wollen nicht nur nehmen, sondern auch geben".

Letztlich hat die Beschäftigung mit diesen Fragen auch ethische Tiefendimensionen. Dies kann sowohl die Lehre (z. B. in Form von „Mobbing") als auch die Forschung (z. B. bei Plagiat oder Fälschung von Forschungsergebnissen) betreffen. Entscheidend ist vor allem das individuelle und kollektive Verantwortungsbewußtsein, sich gegen Unrecht auch gegen Widerstände zu wehren und selbst ein positives Vorbild zu sein.

3. RECHERCHIEREN

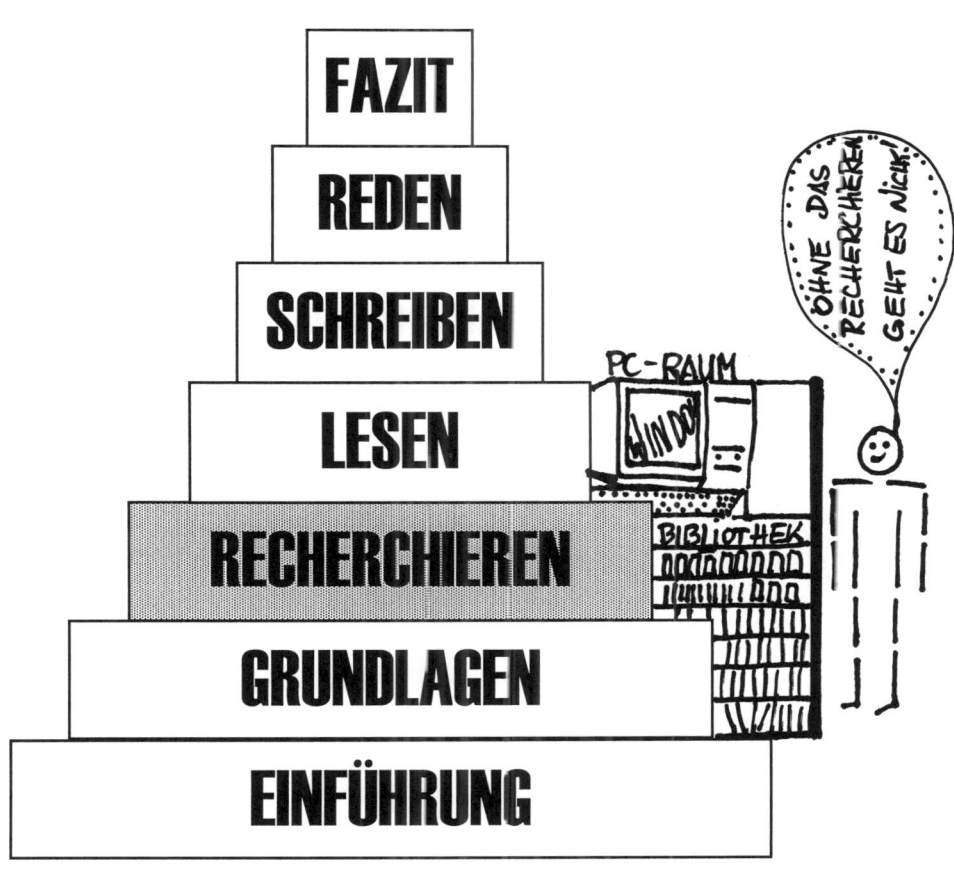

3. Recherchieren

Vor dem Schreiben kommt das Lesen und davor das Finden der lesenswerten Literaturstellen – das Recherchieren. Im folgenden wird ein Überblick gegeben über mögliche Fundorte und die unterschiedlichen Arten von Literaturstellen, einschließlich deren grundsätzlichen Nutzen für den Lesenden, und hingewiesen auf erfolgversprechende Vorgehensweisen beim Finden relevanter Literatur.

3.1 Fundorte

3.1.1 Bibliothek

Literatur findet sich traditionell in Bibliotheken. Hinsichtlich ihrer Funktion und Arbeitsweise werden Bibliotheken, wie sie insbesondere an Hochschulen zu finden sind, in verschiedene Typen unterschieden. Einerseits sind Präsenzbibliotheken von Ausleihbibliotheken und andererseits Freihandbibliotheken von geschlossenen Bibliotheken abzugrenzen. Eine Präsenzbibliothek ermöglicht das Lesen nur in den Lesesälen der Bibliothek. Im Gegensatz zur Ausleihbibliothek ist die Ausleihe der Literatur nicht bzw. nur über die Zeiten, in welchen die Bibliothek geschlossen ist (über Nacht oder über ein Wochenende), möglich. Während in einer Freihandbibliothek der Nutzer den Zugang zu den in den Regalen aufgestellten Büchern und Zeitschriften hat, ist dies bei geschlossenen Bibliotheken nur dem dafür befugten Personal möglich.[18]

Aufgabe 4: Bibliothek

Suchen Sie die Bibliothek Ihres Fachbereichs, in der die für Ihr Studium relevante Literatur zu finden ist. Stellen fest, um was für eine Bibliothek es sich handelt. Notieren Sie ggf. die Öffnungszeiten. Melden Sie sich bei der Gelegenheit auch gleich als Nutzer an. Insofern Fernleihen – also Ausleihen von Literatur aus anderen Bibliotheken – mit Kosten für das Kopieren und/oder den Versand verbunden sind, fragen Sie nach den Gebühren.

Die „Schlüssel" zu einer Bibliothek, wie es sich unschwer im Falle der Nutzung geschlossener Bibliotheken nachvollziehen läßt, sind die Kataloge. In ihnen findet sich jede in einer Bibliothek verfügbare Literaturstelle nach einem bestimmten System geordnet[19] und mit einer Signatur versehen. Anhand dieser Signatur wird der Nutzer zum Standort (Raum, Regal, Fach, Reihe usw.) des gesuchten Buches „geführt".

---

[18] Vgl. Lück (2003), S. 9.

[19] Vertiefend zur Systematisierung von Bibliothekskatalogen sei auf die regelmäßig stattfindenden Bibliotheksführungen vor Ort oder auf die schriftlichen Ausführungen von Theisen (2002), S. 41–45 oder Alsheimer (1973), S. 133, zitiert nach Weber (1994), S. 97 verwiesen.

Während diese Kataloge bisher als eine sehr umfängliche Sammlung von Karteikarten in Katalogschränken mit langen kleinen Schubfächern bekannt waren, ist die Übertragung dieser Daten in computergestützte Rechercheprogramme nahezu abgeschlossen. Oftmals sind die Bibliothekskataloge auch über das Internet online verfügbar und damit „rund um die Uhr" nutzbar. Zum Zwecke der Recherche erübrigt sich somit oftmals der Weg in die Bibliothek.

3.1.2   Internet

Ein Internet-Zugang ermöglicht nicht nur einen komfortablen Zugang zu den Rechercheprogrammen der eigenen Hochschulbibliothek. Über das Internet stehen auch weitere Möglichkeiten der Literaturrecherche bereit. Jaros-Sturhahn und Schachtner[20] unterscheiden zwei grundlegende Literaturrecherchemöglichkeiten mit dem Internet: 1) die allgemeine Informationsrecherche mit Zielrichtung Literaturquelle sowie 2) die konkrete Literaturrecherche.

Die *allgemeine Informationsrecherche* liefert neben Literaturquellen überwiegend jedoch andere Informationen zu dem bspw. in einer Suchmaschine eingegebenen Begriff. Hier wird dem Nutzer als Informationen alles breitgestellt, was bei der Suche auf Basis von Schlagworten eine Begriffsübereinstimmung erbracht hat. Allein bei der Suche nach den Schlagworten Gesundheit, Medizin oder Pflege gab es in einer Suchmaschine 1,5 Mio., 550.000 bzw. 450.000 Suchergebnisse.[21] Der Anteil mit Hinweisen auf passende Literaturstellen dürfte sich mit Sicherheit nur im Promille-Bereich bewegen. Die „restlichen" Treffer sind Hinweise auf Veranstaltungen, Produkt-, Dienstleistungs- und Firmenwerbungen oder Begriffserklärungen aus im Internet nutzbaren Lexika.

Zur *konkreten Literatursuche* sind allgemeine Internet-Suchmaschinen ungeeignet. Hier empfiehlt es sich auf spezielle Literatursuchdienste zurückzugreifen.[22] Neben den bereits angesprochenen online verfügbaren Katalogen einzelner Bibliotheken[23] bis hin zu Bibliotheksverbünden sind hier (gebührenpflichtige) Aufsatz- oder Zeitschriftensuchdienste sowie Suchmöglichkeiten in Verlagsprogrammen zu nennen.[24]

Der Zugang zu *online verfügbaren Katalogen einzelner Bibliotheken* kann über die Internet-Adresse der betreffenden Hochschule erfolgen, an welcher die Bibliothek angegliedert ist. Von der Internetseite einer jeden Hochschule läßt sich eine direkte

---

[20] Vgl. Jaros-Sturhahn und Schachtner (1996).

[21] Vgl. Burchert (2002), S. 319.

[22] Sehr gute Überblicke über die Internet-gestützte Literatursuche findet sich insbesondere in Cramme und Ritzi (2003) oder in Engel (2003).

[23] Zur elektronischen Bibliothek vgl. auch Hehl (2001).

[24] Zum Weiterlesen sei auf Jaros-Sturhahn und Schachtner (1996), S. 421 f. m. w. N. verwiesen.

Verbindung zur Bibliothek herstellen. Ein anderer Weg, eine Literaturstelle in einer Bibliothek zu finden, ist der über Bibliotheksverbünde. Die *Arbeitsgemeinschaft der Verbundsysteme* (zu finden auf der Internetseite der Deutschen Bibliothek: www.dbb.de in der Rubrik „DDB professionell") stellt die Zugriffe zu den sechs regionalen Verbundkatalogen der in der entsprechenden Region ansässigen Hochschul- und Landesbibliotheken bereit. Die nachfolgende Tabelle gibt einen Überblick über die Verbünde, die Regionen und die Internet-Adresse, unter welcher ein Verbund zum Zwecke der Literaturrecherche direkt erreicht werden kann.

Name des Verbundes	Regionen	Internet-Adresse
Gemeinsamer Bibliotheksverbund	Schleswig-Holstein, Mecklenburg-Vorpommern, Niedersachsen, Hamburg, Bremen, Sachsen-Anhalt und Thüringen	www.gbv.de
Kooperativer Bibliotheks-verbund Berlin-Brandenburg	Berlin und Brandenburg	www.kobv.de
Nordrhein-Westfälischer Bibliotheksverbund / Hochschulbibliothekszentrum des Landes Nordrhein-Westfalen	Nordrhein-Westfalen sowie die Regierungsbezirke Koblenz und Trier des Landes Rheinland-Pfalz	www.hbz-nrw.de
Hessisches Bibliotheks-Informationssystem	Hessen sowie der nördliche Teil des Regierungsbezirks Rheinhessen-Pfalz des Landes Rheinland-Pfalz	www.hebis.de
Süddeutscher Bibliotheks-verbund / Bibliotheksser-vice-Zentrum Baden-Württemberg	Baden-Württemberg, südlicher Teil des Regierungsbezirks Rheinhessen-Pfalz des Landes Rheinland-Pfalz, Saarland und Sachsen mit dem Sächsischen Bibliotheksverbund	www.bsz-bw.de
Bibliotheksverbund Bayern	Bayern	www-opac.bib-bvb.de

Tabelle 4: Bibliotheksverbünde in Deutschland[25]

Sofern dort nicht wiederum Verbünde auf einer unteren regionalen Ebene zu finden sind, wird in dem Katalog des Verbundes gesucht. Die Suchkriterien sind i. d. R. einheitlich und umfassen: Autor, Titel, Stich- oder Schlagwort. Als Ergebnis werden die gefundenen Literaturstellen und deren Standorte (die entsprechende Bibliothek) angegeben. Als sogenannter Verbund der Verbünde – vergleichbar mit einer Meta-Suchmaschine – hat sich der *Karlsruher Virtuelle Katalog* etabliert. Unter der Internet-Adresse www.easykvk.de wird eine Maske angeboten, in der nationale und internationale Verbünde sowie Einzelbibliotheken zur Suche ausgewählt werden können.

---

[25] Vgl. Die Deutsche Bibliothek (2003).

Aufsatz- und Zeitschriftensuchdienste sind Dienstleistungsangebote, die sich auf eine Recherche nach Artikeln in bestimmten Zeitschriften oder nach bereits verfaßten Studienarbeiten (wie Seminar-, Haus- oder Diplomarbeiten) in eigens dafür angelegten und ständig erweiterten Datenbanken spezialisiert haben. Die Recherche ist zumeist kostenfrei, das Herunterladen jedoch kostenpflichtig. Letzteres eröffnet mit Blick auf Studienarbeiten bspw. einem Diplomanden die Chance, nach bestandener Diplomprüfung durch das Einstellen seiner Arbeit auf solchen Seiten nicht nur die Ergebnisse der Arbeit zu veröffentlichen, sondern auch ein kleines Entgelt zu erzielen.

Das Internet löst auch die Recherche in gedruckter Version verfügbaren *Verlagsprogrammen* ab. Nahezu alle Verlage bieten auf ihren Internetseiten die Möglichkeit der Recherche an. Zur Suche wird dafür ein virtueller Katalog aller bisher im Verlag erschienenen Titel (Bücher und Periodika) bereitgestellt. Diese Möglichkeit der Recherche setzt notwendigerweise die Kenntnis der im entsprechenden Wissenschaftsgebiet führenden Verlage und deren Internetadressen voraus. Als Vorteil kann dem gegenübergestellt werden, daß sich hier stets die neuesten Ausgaben oder Auflagen – u. U. sogar schon vor ihrem Erscheinen – finden lassen. In virtuellen Bibliothekskatalogen ist dies i. d. R. auf Grund von Anschaffungs-, Katalogisierung- und Einarbeitungsfristen erst ca. ein halbes Jahr nach dem Erscheinen möglich.

3.2 Arten von Literaturquellen

Das Repertoire wissenschaftlicher Literatur ist umfangreich und zum Teil schon beträchtlichen Alters, wenngleich davon ausgegangen wird, daß ca. 90 % der gesamten wissenschaftlichen Publikationen erst in den letzten 30 Jahren entstanden sind.[26] Bereits aus diesen Angaben lassen sich erste Informationen über die Beschaffenheit und die Aktualität der Literaturquellen gewinnen. Eine Systematik, die versucht, dies zu berücksichtigen ist die nach der Einteilung der wissenschaftlichen Literatur in originäre (primäre), sekundäre und tertiäre Quellen.

3.2.1 Original- oder Primärquellen

Als *Originalquelle* wird die erstmalige Veröffentlichung einer gewonnenen neuen empirischen, theoretischen oder methodischen Erkenntnis verstanden. Sie entstammt i. d. R. „aus der Feder" des Wissenschaftlers selbst. Als Publikationsorgan der Wahl bieten sich insbesondere Zeitschriften an. Wissenschaftliche Zeitschriften weisen dafür verschiedene Vorzüge auf: 1) sie ermöglichen einen zeitnahen Abdruck, 2) die abgedruckten Manuskripte durchlaufen eine Begutachtung, was grundsätzlich die herausragende Bedeutung auf Grund der Originalität und Aktualität (bzw. allgemein

---

[26] Vgl. Haefner (2000), S. 93.

Qualität) eines Manuskriptes unterstreicht, und 3) werden auch kürzere Beiträge ver-
öffenlicht.[27]

Da sich in der Wissenschaft im Gegensatz zur Belletristik keine Tradition des Über-
setzens von Texten herausgebildet hat, sind Originalquellen oftmals auch nur in der
„Originalsprache" verfügbar. Insofern im heutigen Wissenschaftsverständnis davon
ausgegangen wird, daß nur dann eine Veröffentlichung einem Wissenschaftler das
entsprechende Renommee verleiht, wenn sie in einer wissenschaftlichen Zeitschrift
im amerikanischen Sprachraum veröffentlicht wurde und die Zeitschriften wiederum
auf den alleinigen Abdruck des Manuskriptes bestehen, ist eine Tendenz dahingehend
zu beobachten, daß selbst deutsche Wissenschaftler die originären Ergebnisse ihrer
Arbeiten in der englischen Sprache veröffentlichen.[28]

3.2.2 Sekundärquellen

Sekundäre Quellen sind solche, bei denen davon ausgegangen werden kann, daß sie
originäres Wissen in einer „verarbeiteten" Form enthalten oder wiedergeben. Beispielgebend hierfür sind die sogenannten qualifizierenden Schriften in den entsprechenden Wissenschaftsdisziplinen. Hierunter fallen insbesondere die Dissertationen
und die Habilitationen.[29] Ein wesentlicher Bestandteil einer solchen qualifizierenden
Schrift ist die Einordnung des Themas der Arbeit in den Stand der Literatur.[30] Um
dies dem Leser gut strukturiert verdeutlichen zu können, sind die bisherigen wissenschaftlichen Erkenntnisse zu dem entsprechenden Thema im vorderen Teil einer Arbeit so aufbereitet darzustellen, daß der beabsichtigte Erkenntnisgewinn offenbar
wird. Die „Verarbeitung" des originären Wissens erfolgt hier unter dem Blickwinkel
der Abgrenzung der eigenen Erkenntnisse des Autors, von denen seiner „Vorgänger".

---

[27] Dies ist im Vergleich zur Publikation von wissenschaftlichen Erkenntnissen in Buchform, also in
einer sogenannten Monographie zu sehen, welche verlagsseitig erst bei einem Umfang von mehr
als 100 Seiten wirtschaftlich interessant wird. Zudem wären mit letzterem Aufwendungen von
der Suche über die vertraglichen Vereinbarungen mit einem Verlag bis hin zur Ablieferung eines
reprofähigen Buchmanuskriptes bzw. entsprechender Datei-Vorlagen verbunden, was bei einem
kurzen oder verkürzbaren Text die Veröffentlichung in einer Zeitschrift attraktiver erscheinen
läßt.

[28] Zu einer Diskussion des Stellenwertes einer Veröffentlichung im amerikanischen Sprachraum
vgl. insbesondere Brinkmann (2003).

[29] Abschlußarbeiten im Rahmen eines wissenschaftlichen Studiums an einer Hochschule sind zwar
auch qualifizierende Schriften; sie zählen aber nur dann als wissenschaftliche Literaturquellen,
wenn sie in veröffentlichter Form einem breiten Wissenschaftspublikum zugänglich sind. Im Re-
gelfall jedoch werden sie im Bestandenfall archiviert und bestenfalls (nach ausdrücklicher Ein-
willigung des Verfassers) in der Fachbereichsbibliothek zur Einsichtnahme aufgestellt, was die
Öffentlichkeit lediglich auf die Nutzer der entsprechenden Bibliothek eingrenzt.

[30] Vertiefend hierzu und zu weiteren Merkmalen der Wissenschaft als autopoietisches System vgl.
Kieser (2002), S. 16 f. m. w. N.

3.2.3   Tertiärquellen

Bei einer *tertiären Quelle* erfolgt die Verarbeitung des originären Wissens unter einem anderen Aspekt. Im Mittelpunkt steht hier, das originäre Wissen didaktisch optimal aufzubereiten. Es handelt sich also dabei überwiegend um grundlegende Diskussionen, Erklärungen und Abgrenzungen von Begriffen, Definitionen oder Theorien. Medien, in denen eine Veröffentlichung tertiärer Quellen erfolgt, sind Lexika, Handwörterbücher, Lehrbücher oder didaktische Zeitschriften[31], die auf die Belange der Studenten ausgerichtet sind. Ziel dieser Quellen ist es, als ideales – bspw. lehrveranstaltungsbegleitendes – Material für die autodidaktischen Phasen des Studiums zur Verfügung zu stehen.[32] Dies wird insofern sichergestellt, weil neben den Erklärungen auch Hinweise auf einschlägige weiterführende Literaturquellen gegeben werden. Autoren derartiger Quellen sind Hochschullehrer und die in die Lehre eingebundenen wissenschaftlichen Mitarbeiter, die mit diesen Veröffentlichungen ihre ersten wissenschaftlichen Publikationen vorlegen.

Grundsätzlich läßt sich alles, was veröffentlicht wurde, als Literaturquelle für die eigenen wissenschaftliche Arbeit nutzen. Voraussetzung ist, daß der Verfasser sorgfältig damit umgeht und die aus der Quelle entnommenen Informationen mit dem entsprechenden Gewicht, ihrer Aussagekraft und im richtigen Kontext in die eigene Arbeit einbringt. Wichtig ist dabei insbesondere, daß klar zwischen Meinung und Wissen unterschieden und eine Meinung auch als solche und nicht als abgesichertes Wissen wiedergegeben wird.[33]

Neben der veröffentlichten Literatur gibt es auch die sogenannte „*graue Literatur*". Darunter werden insbesondere Texte von Wissenschaftlern verstanden, die noch nicht in einer Zeitschrift oder einem Buch veröffentlicht wurden. Sie stehen interessierten Lesern dennoch schon zur Verfügung. An nahezu jeder wissenschaftlichen Einrichtung (Hochschule, Fachbereich, Fakultät, Institut, Lehrstuhl...) gibt es Schriftenreihen, die als Arbeits-, Forschungs- oder Werkstattberichte gewonnene Erkenntnisse aus Theorie und Praxis erstmals in verschriftlichter Form vorstellen. Inhaltlich sind diese Schriften je nach Ziel des Verfassers den primären, sekundären oder tertiären Quellen zuzuordnen.

---

[31] Im Rahmen des Studiums der Wirtschaftswissenschaften empfehlen sich insbesondere die Zeitschriften „Wirtschaftswissenschaftliches Studium" oder „Das Wirtschaftsstudium".

[32] Zuweilen mangelt es bei veranstaltungsbegleitenden Lehrbüchern nicht nur an einer möglichen Einordnung in das betreffende Wissenschaftsgebiet, sondern auch an der Angabe von Quellen, aus denen der Autor beim Verfassen des Lehrbuches „geschöpft" wurde. Einen inzwischen emeritierten Professor danach befragt, warum in seinem 600 Seiten umfassenden Lehrbuch kaum Literaturquellen angegeben wurden, brachte sinngemäß die Antwort: „Das ist entweder banal oder von mir."

[33] Zum Spektrum zitierfähiger Quellen vgl. insbesondere die Ausführungen im Abschnitt 5.1.2.1.

3.3 Hinweise zum Vorgehen

Vor dem Einstieg in eine Recherche sollten Überlegungen in mehreren Richtungen erfolgen, vgl. Abbildung 3.

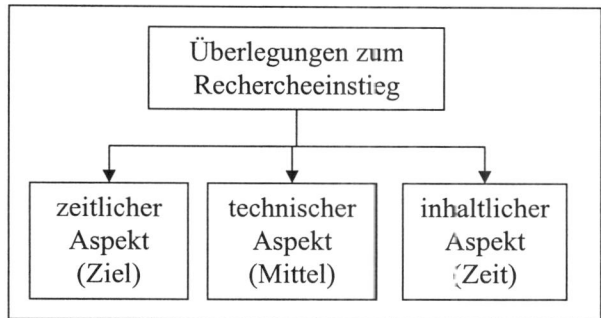

Abbildung 3: Aspekte des Rechercheeinstiegs (in Anlehnung an die Ausführungen von Corsten und Deppe (2002), S. 25–29)

3.3.1   Zeitliche Aspekte

Der *zeitliche Aspekt* eines Rechercheeinstiegs macht auf die Einordnung der Recherche in die Stufen des wissenschaftlichen Arbeitens aufmerksam. Diesen zur Folge (vgl. Abschnitt 2.1.3 weiter oben) ist die Recherche der Einstieg in die Stoffsammlung. Diesem schließt sich dann die Literatursuche und -sichtung an, die erfahrungsgemäß ein deutlich höheres Maß an Arbeitsintensität erfordert. Erfahrungsgemäß sind dies Bestandteile des ersten Drittels der Bearbeitungsdauer einer wissenschaftlichen Arbeit. Insofern sollte der Rechercheeinstieg (eine Vorleistung) je nach Art der Arbeit nicht gar zu viel Zeit in Anspruch nehmen, jedoch auch nicht „unter den Tisch fallen".

3.3.2   Technische Aspekte

Der *technische Aspekt* beschreibt, welche Quellen wann zur Hand genommen werden, um den gewünschten Erfolg zu erzielen. Dabei ist von zwei Prinzipien auszugehen: 1) *vom der tertiären zur Originalquelle* und 2) vom *Schnellballprinzip*. Ein Vorgehen von der tertiären zur Originalquelle anzustreben, ist aus verschiedenen Gründen sinnvoll. Tertiäre Quelle in Form von einschlägigen Lexika und Handwörterbüchern oder den didaktischen Zeitschriften stehen in jeder gut sortierten Bibliothek oder sind – wie im Falle der didaktischen Zeitschriften – allerorts gebührenfrei verfügbar. Damit ist sichergestellt, daß es auch unter dem zeitlichen Aspekte zügig vorangeht. Durch diese Quellen erlangt der Leser schnell einen groben Überblick über das Thema selbst. Zugleich wird er auch auf die für ein vertiefendes Weiterlesen relevante Literaturquellen hingewiesen. Diese Quellen sind oft schon Sekundärquellen, die wiederum Hinweise auf die Originalquellen beinhalten. Der Leser wird auf diese Weise durch die Literatur auf den richtigen Weg gebracht.[34] Eine Quelle gibt getreu dem Schneeballprinzip mehrere andere Quellen Preis.

Den Recherchestartpunkt bei der Originalquelle zu wählen, hätte nicht nur zur Folge, daß der Leser die mögliche Breite der Literatur nicht erfährt. Der Leser ist bereits am Ende des Weges (in der Sackgasse) angelangt. Ein zweiter Aspekt ist hier ebenfalls nicht zu vernachlässigen. Das Literaturstudium für die eigene Arbeit mit einer Originalquelle zu beginnen, kann bei einer entsprechenden Identifikation mit den in der Quelle präsentierten Überlegungen den Blick auf alternative (modernere, ältere usw.) Überlegungen oder Strukturen „versperren". Eine unvoreingenommene Einordnung der eigenen Arbeit in den bisherigen Stand der Wissenschaft gelingt dann nur noch rudimentär.

3.3.3   Inhaltliche Aspekte

Der *inhaltliche Aspekt* bei den Vorüberlegungen einer Recherche geht einher mit der Themenreflexion. Ziel einer Recherche ist es, die ursprüngliche Reflexion des Themas bestätigt zu bekommen oder verwerfen zu können. Letzteres würde dazu führen, daß entsprechend der Rückkopplungsschleife in der Abbildung 1 erneut eine Themenreflexion erfolgen und nicht in die Auswertungsphase eingetreten werden sollte. An dieser Stelle ist ggf. zu diesem (Rück-)Schritt zu ermutigen und das Thema neu zu denken. Anderenfalls würden sich beim weiteren Bearbeiten des Themas über kurz oder lang Probleme einstellen, für deren Lösung dann die Zeit fehlt.

---

[34] Vgl. Corsten und Deppe (2002), S. 31.

4. LESEN

4. Lesen

„Die guten Leutchen wissen nicht, was es einen für Zeit und Mühe gekostet, um Lesen zu lernen. Ich habe achtzig Jahre dazu gebraucht und kann jetzt noch nicht sagen, dass ich am Ziele wäre." Das Zitat von Johann Wolfgang Goethe[35] läßt uns erahnen, daß es sich beim Lesen um eine schwierige Kunst handelt. Warum widmen wir dem Thema „Lesen" ein ganzes Kapitel, wenn man Lesen schon in der Grundschule lernt?

Wie die PISA-Studie[36] gezeigt hat, ist die Lesekompetenz zumindest in deutschen Schulen leider nur mäßig ausgebildet. So führen die deutschen Schüler, die an der umfassendsten internationalen Schulstudie der Bildungsgeschichte teilnahmen (insgesamt 250.000 Teilnehmer), mit Rang 21 unter 32 Nationen das letzte Drittel an. Etwa 10 % der Deutschen mangelt es an jeglichem Textverständnis, weitere 12 % begreifen nur die elementarsten Inhalte, was einer faktischen Analphabetenquote von 22 % entspricht. Lesekompetenz wird in der PISA-Studie als die Fähigkeit verstanden, geschriebene Texte zu verstehen, sie zu nutzen und über sie zu reflektieren, um eigene Ziele zu erreichen sowie das eigene Wissen und Potential weiterzuentwickeln und am gesellschaftlichen Leben teilzunehmen. Die Befunde der PISA-Studie sind um so erschreckender, betrachtet man sie im Kontext einer weiteren Studie, in der deutsche Studenten angaben, „Lesekompetenz" unter 100 Schlüsselkompetenzen mehr als jede andere Kompetenz in unserem Bildungssystem gelernt zu haben.[37]

Sucht man nach den Ursachen der mangelnden Lesekompetenz im ehemaligen „Land der Dichter und Denker", so sind einige Forschungsergebnisse aus der Medienwelt interessant. Studien des Allensbacher Instituts für Demoskopie belegen, daß seit Anfang der 80er-Jahre der Anteil der täglichen Zeitungsleser insbesondere bei 14–29-jährigen Bundesbürgern kontinuierlich zurückgeht.[38] Sicherlich ist hierbei der massive und zunehmende Einfluß der sog. „Neuen Medien" nicht unerheblich. Ob die Telegrammstil-Kommunikation via Handy zur Ausbildung verbaler Intelligenzen beiträgt, läßt sich durchaus bezweifeln. Manche Kulturkritiker, wie der amerikanische Medienprofessor Neil Postman stellte schon vor 20 Jahren die Frage, ob wir uns „zu Tode amüsieren"[39]. So scheint die Ausbildung kritischer Medienkompetenz heutzutage unerläßlich. Unabhängig von der Wahl des Mediums beginnt die Ausbildung immer noch bei der Lesekompetenz, die in diesem Kapitel auf vielfältige und für das Studium relevante Art und Weise Grundlage ist, was nicht nur sicheres und schnelles Lesen (Kap. 4.1), sondern auch Exzerpieren (4.2) und Visualisieren (4.3) einschließt.

---

[35] Vgl. Stary und Kretschmer (1994), S. 9.

[36] Vgl. Deutsches PISA-Konsortium (2001).

[37] Vgl. Sohr (2004).

[38] Vgl. Bauer (1996) bzw. Sohr (1997).

[39] Vgl. Postman (1985).

4.1   Lesen lernen

Im ersten Drittel des Kapitels zum Thema „Lesen" geht es u. a. um folgende Fragen:
(1) Welche Arten von Texten gibt es? (2) Welche Techniken erleichtern das Lesen?
(3) Wie läßt sich die Lesegeschwindigkeit steigern? (4) Was heißt „Hodegetik"?

4.1.1   Text-Arten

Eine wichtige Frage, die man sich stets *vor* dem Lesen eines Textes stellen sollte, lautet: Um welche Art von Text handelt es sich? Wenn diese Frage beantwortet werden
kann, ergeben sich daraus in der Regel bestimmte Erwartungen an den Text, aus denen ein entsprechender Umgang mit dem Text resultiert. Wissenschaftliche Texte gehören zur Gruppe der Sachtexte. In Abhängigkeit ihrer Publikationsarten werden wissenschaftliche Texte allgemein in Primär- und Sekundärliteratur unterteilt. Während
die Primärliteratur Originalinformationen liefert, gibt die Sekundärliteratur gebündel-
te Informationen über Primärinformationen. Beispiel: Während die im Abstand von
wenigen Jahren regelmäßig veröffentlichten „Shell"-Jugendstudien als Primärliteratur
zu bezeichnen sind, handelt es sich bei Zusammenfassungen der Studien-Ergebnisse
in Fachbüchern oder Zeitschriftenartikeln um Sekundärliteratur (vgl. auch Kap. 3)

Nachfolgend ein Überblick über 30 ausgewählte Text-Arten in den Wissenschaften:

Nr.	Textsorte	Definition
1	Abstrakt	(engl.) kurze Zusammenfassung zur Vermittlung eines raschen Überblicks z. B. von Zeitschriftenartikeln
2	Annalen	(lat.) Jahrbücher, chronologische Überblicksdarstellung von historischen Verläufen
3	Apologie	(lat.) Rechtfertigung, Rede oder Schrift zur Verteidigung einer Person oder Meinung gegenüber Angriffen
4	Appendix	(lat.) Anhang eines Buches enthält Tabellen, Statistiken, Anmerkungen, Quellen, Karten etc.
5	Bericht	Berichte informieren bzw. geben darüber Rechenschaft ab, wer, was, warum, wann und wie gemacht hat.
6	Bibliographie	(grch.) Verzeichnis von Literatur-Nachweisen, unverzichtbare Werkzeuge wissenschaftlicher Arbeit
7	Brevier	(lat.) ursprünglich: Gebetstuch, Sammlung wichtiger Stellen aus den Werken eines Dichters
8	Bulletin	(frz.) ursprünglich: Tagesbericht, heute allgemein für amtliche Verlautbarung
9	Chronik	(grch.) zeitlich geordnete Darstellung von historischen Ereignissen in größeren Zeiträumen (als die Annalen)
10	Diskurs	(lat.) Abhandlung, Erörterung bzw. Auseinandersetzung um die Gültigkeit wissenschaftlicher Behauptungen

11	Dissertation	(lat.) selbständige schriftliche wissenschaftliche Arbeit über ein Thema zur Erlangung der Doktor-Würde
12	Dokumentation	(lat.) Sammlung, Erschließung und Bereitstellung von Dokumenten, z. B. Büchern oder Zeitschriften
13	Enzyklopädie	(grch.) umfassende und übersichtliche Darstellung des Wissens einer Zeit bzw. eines Fachgebietes
14	Essay	(frz.) kürzere Abhandlung über einen wissenschaftlichen Gegenstand in geistreich anspruchsvoller Form
15	Exkurs	(lat.) selbständige und in sich geschlossene kürzere Abschweifung im Text oder im Anhang
16	Expose	(frz.) kurzer Entwurf zur Erläuterung einer Situation oder eines Planes, dient als Diskussionsgrundlage
17	Festschrift	Schrift anlässlich eines bestimmten Ereignisses, z. B. als Ehrung zum Geburtstag eines Würdenträgers
18	Glosse	(grch.) „Sprache, Zunge", heute zumeist polemischer Kommentar in Tageszeitungen oder populären Journalen
19	Glossar	(grch.) alphabetisch geordnetes Begriffsverzeichnis, wie z. B. die vorliegende Tabelle
20	Handbuch	Zusammenfassung von wesentlichen Erkenntnisse einer Wissenschaft oder eines Spezialgebietes
21	Index	(lat.) Inhalts-Verzeichnis oder alphabetisches Stichwort-, Sach- und Namens-Register
22	Jahrbuch	periodisch erscheinende Veröffentlichung bestimmter Institutionen mit Aufsätzen und Forschungsberichten
23	Kommentar	(lat.) umgangssprachlich „Bemerkung", die Erläuterung eines Textes bzw. die Stellungnahme dazu
24	Monographie	(grch.) in sich geschlossene, möglichst umfassende Darstellung eines wissenschaftlichen Gegenstandes
25	Protokoll	(grch.) Niederschrift einer Verhandlung, einer Diskussion oder eines Ereignisses im Verlauf und/oder im Ergebnis
26	Referat	(lat.) schriftliche Arbeit über ein bestimmtes Thema, die mündlich vorgetragen wird
27	Reportage	Bericht in Form einer Mischung aus Tatsachen und Beurteilungen bzw. Interpretationen
28	Synopse	(grch.) Zusammenstellung, vergleichende Übersicht von mehreren Texten zu einem Gegenstand
29	These	(grch.) „Setzung", ein Satz, der des Beweises bedarf
30	Traktat	(lat.) Abhandlung über ein Problem des allgemeinen Lebens, Darstellung meist in tendenziöser Absicht

Tabelle 5: Überblick ausgewählter Text-Arten[40]

---

[40] Vgl. Stary und Kretschmer (1994), S. 20 ff.

<u>Übungs-Tip</u>: Nehmen Sie 20 Karteikarten und beschriften Sie die Vorderseite mit den Namen der Text-Arten, die Rückseite mit den entsprechenden Definitionen. Spielen Sie in Ihrer Lerngruppe (oder allein) mit den Karten, in dem Sie für jede richtige Definition einer Text-Art die entsprechende Karte „gewinnen". Wenn Sie die wichtigsten Text-Arten in der Theorie beherrschen, schauen Sie sich reale Texte an und identifizieren sie. Oder versuchen Sie eigene kurze Beispieltexte zu kreieren.

Von der Einordnung eines Textes bis zu seinem Verständnis ist es ein weiter Weg, wie die PISA-Studie zeigt. Zur Illustration der diversen Möglichkeiten, einen Satz zu verstehen, diene der Satz:[41] *„Den Nachmittag verbrachte ich mit Gartenarbeiten."* Es schließen sich einige Fragen an, z. B.: Wann ist Nachmittag? Nach dem Mittag? Vor dem Abend? An welchem Tag liegt der besagte Nachmittag? Wochentags oder am Wochenende? In welcher Jahreszeit? Wer ist das Ich? Eine Frau oder ein Mann? Was sind Gartenarbeiten? Früchte ernten? Wässern? Rasen mähen? Laub harken? Um was für einen Garten handelt es sich? Was heißt verbringen? Mit Vergnügen? Die Liste ließe sich fast beliebig fortsetzen. Was läßt sich aus dem Beispiel über den Prozeß des Lesens und Verstehens lernen? Die von einem Text ausgehenden Reize aktivieren Elemente unseres Vorwissens über die Welt. Die Wissensbestände sind in unserem Langzeitgedächtnis aktiviert. In Abhängigkeit der individuellen Ausprägung dieses Wissens führen sie zu unterschiedlichen Graden des Umgangs und der Tiefe der Verarbeitung des Leseprozesses.

Wie wir gesehen haben, zeigt sich die Verarbeitungstiefe auch in der Vielfalt der Fragen, die wir an einen Text stellen können. Eine von der Kognitionspsychologie entwickelte Strategie zum Verstehen und Verarbeiten von Texten ist die „Metakognition". Darunter versteht man das Nachdenken des Menschen über sein eigenes Denken. Zentrales Moment der metakognitiven Methode ist die Selbstbefragung. Von den Fragen, die wir stellen, hängen die Antworten ab, die wir erhalten. Ein ironisches Beispiel zu diesem Thema stammt von Memmert. Er fragt sich, was man mit einer Kartoffel alles machen kann und erhält dabei zehn verschiedene Antworten:[42]

- Wer eine Kartoffel in der Erde vergräbt, erhält eine „biologische" Antwort.
- Wer eine Kartoffel zu Boden fallen läßt, erhält eine „physikalische" Antwort.
- Wer eine Kartoffel halbiert und auf die Schnittstelle Jod träufelt, erhält eine „physikalische" Antwort.
- Wer von allen Merkmalen abstrahiert und mit Kartoffeln als Einheit operiert, erhält eine „mathematische Antwort.
- Wer nach dem Nährwert einer Kartoffel für den Menschen fragt, erhält eine „medizinische" Antwort.

---

[41] Vgl. Stary und Kretschmer (1994), S. 34.

[42] Vgl. Memmert (1991), S. 42.

- Wer nach dem Angebot und der Nachfrage für Kartoffeln fragt, erhält eine „ökonomische" Antwort.
- Wer fragt, ob es erlaubt ist, Kartoffeln zu klauen, erhält eine „juristische" Antwort.
- Wer nach der Einführung der Kartoffel in Deutschland fragt, erhält eine „historische" Antwort.
- Wer Rembrandts Kartoffelesser analysiert, enthält eine „ästhetische" Antwort.
- Und wer nach den Möglichkeiten fragt, Kartoffeln zum Essen zuzubereiten, erhält eine „kulinarische" Antwort.

Die Beispiele zeigen, daß jede Wissenschaft ihre eigenen Fragen hat. Welche Frage interessiert Sie? Die Antwort auf diese Frage kann Ihnen darüber Aufschluß geben, ob Sie das für Sie passende Studienfach gewählt haben. Unabhängig von der Wahl des Faches gibt es einige allgemeingültige Lesetechniken, die das wissenschaftliche Lesen enorm erleichtern können. Sie werden im nächsten Abschnitt vorgestellt.

4.1.2   Lesetechniken

Erinnern wir uns, was Eva in ihrem Studien-Journal schrieb: „Das wissenschaftliche Arbeiten ist für mich eine gewaltige Umstellung. Inzwischen ist mir auch klar geworden, dass ich erstmal bestimmte Lesetechniken erlernen muß, um nicht zu viel Zeit für das Lesen zu verschwenden, denn vieles ist zwar interessant, doch nicht alles ist für mich momentan so wichtig."

Lesetechniken bzw. Lesemethoden erheben den Anspruch, Rezepte zu liefern, die bei Einhaltung aller Schritte Erfolg garantieren. Da sich diese Methoden aber nicht auf ein bestimmtes Studienfach beschränken, sind ihre Handlungsempfehlungen sehr allgemein. Dies kann als Beleg dafür angesehen werden, daß zumindest einigen Schritte beim Lesen von Büchern immer sinnvoll zu sein scheinen. Zwei Methoden werden auf der nächsten Seite in einer Synopse (zum Begriff vgl. das Glossar in Kap. 4.1.1, Textsorte Nr. 28) gegenübergestellt. Es handelt sich zum einen um die „SQ3R"-Methode[43], zum anderen um die „PQ4R"-Methode[44]. Im Anschluß daran kommentieren wir den tabellarischen Vergleich mit dem Ziel, Gemeinsamkeiten und Unterschiede der beiden Methoden herauszuarbeiten. So sind wir vielleicht in der Lage, Stärken und Schwächen zu erkennen, die uns die Wahl unserer Lieblingsmethode erleichtern.

Eine erste Ahnung beschleicht uns bei den beiden Literaturhinweisen: Ein gewisser Robinson ist Autor beider Methoden, Anfang der 60er-Jahre als alleiniger Erstautor, Anfang der 70er-Jahre als Zweitautor im Team mit Thomas. Könnte es sein, daß sich die Methoden nur unwesentlich voneinander unterscheiden?

---

[43] Vgl. Robinson (1961).

[44] Vgl. Thomas und Robinson (1972).

Schritt	SQ3R-Methode	PQ4R-Methode
1	Überblick gewinnen (**Survey**): Machen Sie sich mit dem Aufbau des Buches vertraut!	Vorprüfung (**Preview**): Verschaffen Sie sich einen Überblick über die Kapitel und Abschnitte des Buches!
2	Fragen (**Question**): Stellen Sie Fragen an den Text!	Fragen (**Question**): Stellen Sie Fragen an den Text!
3	Lesen (**Read**): Achten Sie beim Lesen auf die Überschriften, suchen Sie die Hauptaussagen, achten Sie auf Fachausdrücke, Fremdwörter und Definitionen!	Lesen (**Read**): Versuchen Sie, Ihre zu jedem Abschnitt formulierten Fragen zu beantworten!
4	Rekapitulieren (**Recite**): Fertigen Sie Notizen über das Gelesene an, oder erklären Sie es einem ihrer Kommilitonen!	Nachdenken (**Reflect**): Denken Sie über das Gelesene nach, suchen Sie nach Beispielen und versuchen Sie, den Text auf bereits ihr vorhandenes Wissen zu dem Thema zu beziehen!
5	Repetieren (**Review**): Überfliegen Sie nochmals alle Überschriften der einzelnen Kapitel, versuchen Sie, sich die wichtigsten Aussagen in Erinnerung zu rufen!	Rekapitulieren (**Recite**): Versuchen Sie nach jedem Abschnitt, Ihre zuvor formulierten Fragen zu beantworten!
6		Repetieren (**Review**): Gehen Sie im Geiste noch einmal die Kapitel durch und versuchen Sie dabei, die wesentlichen Punkte wiederzugeben (beantworten Sie die Fragen, die Sie an den Text gestellt haben)!

Tabelle 6: Wissenschaftliche Lesemethoden im Vergleich

Was entnehmen wir der Synopse? Zunächst einmal scheint sich der Name der Methoden nach den englischen Abkürzungen für die einzelnen Schritte zu richten (die Autoren sind Amerikaner), also z. B. „S" für „Survey", „Q" für „Question" und „3R" für „Read-Recite-Review". Ferner sind mehr Gemeinsamkeiten als Unterschiede zu entdecken: Alle fünf Schritte der „SQ3R"-Methode finden sich auch in der „PQ4R"-Methode (wenn man den ersten Schritt als grundsätzlich gleich betrachtet), lediglich der vierte Schritt „Reflect" der „PQ4R"-Methode ist quasi zwischen den dritten und vierten Schritt der „SQ3R"-Methode noch hinzugefügt worden. Der „Mehrwert" ist eher marginal, da das Reflektieren auch in der „SQ3R"-Methode implizit enthalten ist. Kritische Geister könnten anmerken, Mister Robinson ist über zehn Jahre nach seiner „SQ3R"-Methode nicht zu revolutionär neuen Entdeckungen gekommen! Sei's drum: Seine Methoden sind eine hilfreiche und bewährte Grundlage des effektiven Lesens.

4.1.3 Schneller Lesen

In Kapitel 4.1.2 ging es um Lesemethoden zur qualitativen Verbesserung des wissenschaftlichen Arbeitens, an dieser Stelle möchten wir nun noch einige Tips anschließen, die dabei helfen können, Ihre quantitative Leseleistung zu optimieren. Die vorgestellten Lesemethoden sind insbesondere für Studienanfänger geeignet, um einen Einstieg in die Welt der Wissenschaft zu finden. Im Laufe des Studiums führen die Erfahrungen irgendwann dazu, daß diese Techniken verinnerlicht werden und die einzelnen Schritte sich im „fliegenden Wechsel" vollziehen und kaum noch bewußt wahrgenommen werden.

Diese Entwicklung liegt auch darin begründet, daß die Fülle der angebotenen Literatur bald so groß wird, daß sich zu der Frage der Lesequalität auch die Frage der Lesequantität gesellt. In diesem Zusammenhang liefert das Studien-Journal von Anne eine aufschlußreiche Reflexion: „Wir werden mit Papier zugeschmissen, und ich werde das Gefühl nicht los, daß ich das alles gar nicht lesen kann, werde, muß". Die letzten drei Worte sind interessant: Ob Anne „das alles" Lesen *muß*, können wir nicht beantworten. Wir können sie jedoch dabei unterstützen, daß sie alles lesen *kann*, um die Wahrscheinlichkeit zu erhöhen, daß sie alles lesen *wird*, wenn sie will.

Mit relativ einfachen Strategien ist es möglich, die eigene Lesegeschwindigkeit zu erhöhen. Man sollte diese Strategien kennen und sie während des gesamten Studiums trainieren, um es zur „persönlichen Meisterschaft" zu bringen (damit meinen wir die Entwicklung einer Geschwindigkeit, die den eigenen Talenten entspricht, ohne daß dieses Tempo zu einer entscheidenden Beeinträchtigung der Lesequalität führt).

Manche Prominente geben gerne mit ihrer Leseleistungsfähigkeit an: So erzählte z. B. der britische Rockstar „Sting" in einem Interview, daß er jeden Tag in zwei Minuten die Zeitung „auslesen" und hinterher die wichtigsten Dinge berichten kann. Noch imposanter mutet die Aussage des russischen Schach-Weltmeisters Garry Kasparow an, der sich in der Lage sieht, nach der einstündigen Lektüre eines „dicken Wälzers" von mehreren hundert Seiten die „Highlights" des Buches präzise wiedergeben zu können und für jede beliebige Frage aus dem Buch eine fundierte Antwort findet.

Auch wenn die Aussagen leicht übertrieben anmuten mögen, können wir den Autoren insofern glauben, als daß es tatsächlich möglich ist, die eigene Lesegeschwindigkeit erheblich zu beschleunigen und trotzdem das Wesentliche eines Textes zu erfassen. Das „Geheimnis" ist relativ einfach: „Normale" Leser hangeln sich von Wort zu Wort, „Anfänger" (also z. B. Grundschüler) sogar von Silbe zu Silbe. Der Profi jedoch ist fähig, sich von Schlüsselwort („keyword") zu Schlüsselwort zu hangeln und den Text so zu „überfliegen". Man geht heute davon aus, daß die Lesegeschwindigkeit von Erwachsenen bei der Lektüre von wissenschaftlicher Fachliteratur bei 130 bis 180 Wörtern pro Minute (W/min) liegt. Geht es vielleicht auch schneller?

Die Lesegeschwindigkeit hängt natürlich auch von der Art des Textes ab: Sie sinkt bei besonders schwierigen Texten (z. B. fremdsprachige Literatur) und steigt bei einfachen Texten (z. B. Unterhaltungsliteratur). Über das Ausmaß der Geschwindigkeitssteigerung wird allerdings gestritten: Manche Kurse versprechen bis zu 1000 W/min. Doch wer seine eigene Geschwindigkeit verdoppelt oder bis auf 500 W/min kommt, kann mit Recht stolz auf sich sein. Sie sind an dieser Stelle motiviert, eine kleine Selbsterfahrung zu versuchen? Wir bieten Ihnen zwei Übungstexte an.

Aufgabe 5: Test zur Ermittlung der Lesegeschwindigkeit

Lesen Sie einen Text über „Hermeneutik"[45] und stoppen Sie Ihre Lesezeit. Versuchen Sie, möglichst schnell zu lesen und zu verstehen, was ein hermeneutischer Zirkel ist.

„Lesen ist absichtsvolles Handeln. Wir lesen, um zu verstehen. Was aber heißt ‚verstehen'? Mit dieser Frage beschäftigt sich die Hermeneutik. Der Begriff wird im ‚Philosophischen Wörterbuch' von Georgi Schischkoff wie folgt erklärt: ‚Hermeneutik (vom grch., Hermeneutik – techne – Kunst der Auslegung, Hermes war in der grch. Mythologie der Vermittler zwischen Göttern und Menschen) ist eine spezifisch geisteswissenschaftliche Methode. Sie ist die Lehre vom Verstehen, vom Begreifen geisteswissenschaftlicher Gegenstände'. Bis ins 19. Jahrhundert war Hermeneutik vor allem eine grammatische Methode, d. h. man versuchte, aus der Bedeutung der sprachlichen Zeichen auf die Bedeutung eines Textes zu schließen. Friedrich D. Schleiermachen definiert Hermeneutik in einem weiteren Verständnis. Nach Schleiermacher bedeutet die hermeneutische Auslegung von Texten darüber hinaus, dass bei der Interpretation von Texten auch (a) die Individualität seines Autors berücksichtigt wird, und dass (b) vor allem die Textaussagen nicht nur in ihrem sprachlichen, sondern auch in ihrem historisch konkreten Lebens- und Entstehungszusammenhang betrachtet werden müssen. Aus dieser Forderung, den Text (als Einzelnes) in seinem historisch konkreten Lebenszusammenhang (also in einem Ganzen) auszulegen, erwächst ein Problem, das man den ‚hermeneutischen Zirkel' nennt. Das Problem besteht darin, dass man den (einzelnen) Text nur dann verstehen kann, wenn man den (ganzen) historisch konkreten Lebenszusammenhang, in dem er entstanden ist, versteht. Auf den Leser bezogen heißt dies: Textauslegung und Vorverständnis des Lesers bedingen sich wechselseitig. Das Vorverständnis bestimmt die Auslegung/Interpretation des Textes wie umgekehrt die Auslegung/Interpretation des Textes das Vorverständnis beeinflusst. Nach Schleiermacher besteht nun das Problem für den Leser nicht darin, aus diesem Dilemma einen Ausweg zu finden, sondern vielmehr darin, einen richtigen Einstieg in den Zirkel zu finden.

Der zweite Text trägt den Titel „Vorzüge und Nachteile eines Ideal-Berufes", ein Schulaufsatz von Günther Wallraff, den er im Alter von 15 Jahren schrieb.[46] Der Aufsatz wurde übrigens nicht bewertet – Begründung: „Thema verfehlt". Viel Spaß!

---

45 Vgl. Stary und Kretschmer (1994), S. 70.

46 Vgl. Wallraff (1959).

„Die Auswahl unter den verschiedenen Berufen scheint auf den ersten Blick äußerst vielseitig. Eine bunte Skala aller möglichen Berufssparten mit zum Teil sehr guten Aufstiegs- und Verdienstmöglichkeiten. Jedoch kein oder besser fast kein Beruf bietet die ersehnte Lebenserfüllung. Staatliche, technische und die beliebten Modeberufe mögen anfangs befriedigen, zotteln aber schnell in einen ewig gleichmäßigen, so ermüdenden Arbeitstrott über, der nicht befriedigt, sondern verdrießt. Ganz anders bei den aufopfernden, helfenden, den sozialen Berufen. Der Mensch legt sein ganzes ‚Ich' in diesen seinen Beruf hinein, nicht für sich, sondern für das Heil anderer Menschen. Können diese selbstlosen Berufe am Ende aber wirklich befriedigen? Viele Menschen ja. Aber tritt schließlich nicht doch die endgültige Einsicht mit der Verzweiflung ein. Die Lebensaufgabe ist ad absurdum geführt. Der Arzt, der Priester, der Jugendhelfer stehen vor der bedeutenden Frage: Hat das denn alles noch einen Sinn, und worin liegt der Sinn? Den Schwerkranken vor dem sicheren Tode retten, ist das gut so? Bedeutet der Tod nicht vielleicht gerade für diesen Menschen da eine lang ersehnte Erlösung? Oder der Priester: Findet er sich plötzlich überflüssig? Braucht man ihn denn wirklich? Drängt er sich nicht nur auf? Der Jugendhelfer: Der Erfolg ist spärlich. Aber ist der scheinbare Erfolg wirklich ein Erfolg? Hätten die Jugendlichen nicht vielleicht ohne seine Hilfe ebenso gut auf den rechten Weg zurückgefunden? Alles Fragen, die zweifelsohne auftreten werden und nicht mit einem Achselzucken abgetan werden können. Der Beruf, der anfänglich im Humanismus beginnt, kann schließlich aus der Erkenntnis heraus im Nihilismus enden. Dieser Gefahr aus dem Wege gehen! In eine eigene, herbeigerufene, berufenere Welt flüchten. Mag es nur in einem von hundert Fällen gelingen, der Weg soll beschritten werden. Der eigentliche Beruf ist tot. Das große Spiel des Lebens kann beginnen. Die Flucht aus der feindlichen Zeit in eine eigene, selbst errichtete Welt. Alles ist aufgelöst, heiter, leicht: Lachen, wo es einem zum Weinen zumute ist, die Weinenden zum Lachen bringen. Ein uraltes Spiel im ganz großen Zirkus: Hans-Wurst, Clown, Harlekin. Wer aber findet sich dazu schon bereit? Auch beim Spiel oder gerade beim Spiel gewinnt und verliert man, wie überall in der Welt. Aber dafür ist es auch nur ein Spiel, das große Spiel! Dennoch: Bedenken über Bedenken. Ein Spiel schon: aber um welchen Preis? Um jeden Preis: Selbstverleugnung der Person bis ins letzte hinein. Der Ausstoß aus der Gesellschaft. Lächerlichkeit. Höchstens ein mitleidiges Lächeln. Eben: das freiwillig auf sich genommene ‚nicht ernst genommen werden'. Damit verbunden: der nicht eingestandene Neid der Umwelt, der in Hass und Verfolgung seinen Ausdruck finden kann. Hier kann das Spiel ‚tödlich' enden. Die ohnehin schon fragwürdig gewordene Existenz kann ganz genommen und das Recht auf Leben abgesprochen werden. Man sieht also klar, dass das Spiel ein Spiel mit dem Feuer, ein Spiel auf Leben und Tod ist. Trotzdem aber: Wenigstens der Versuch sollte unternommen werden. Tun wir also so, als ob wir spielten, und sehen weiter. Scheinbar sind wir jetzt frei. Alle Verpflichtungen sind erloschen. Selbst schwere Schicksalsschläge sind gelungene Scherze. Eine absolute Freiheit ist das wohl auch nicht, aber wir haben den Weg dahin beschritten, und werden wir auch nie angekommen, wir sind dennoch immer unterwegs. Ferner unterstehen wir keiner offiziellen, ernst gemeinten Kritik mehr. Der Narr bleibt ein Narr und kann sich nur närrisch benehmen. Stülpen wir uns die Narrenkappe über und treten wir auf im ganzen großen Zirkus, wir Hans-Würste, Clowns und Harlekine."

Lösung:

Eine „Lösung" im Sinne einer richtigen Antwort gibt es bei dieser Aufgabe nicht. Vielmehr ging es darum, Ihre persönliche Lesegeschwindigkeit zu ermitteln. Dazu müssen Sie wissen, daß der Hermeneutik-Text 266 Worte und der Wallraff-Aufsatz 450 Worte umfaßt. Teilen Sie die Anzahl der Worte des Textes durch Ihre Lesezeit in Sekunden und multiplizieren Sie diesen Wert mit der Zahl 60, so erhalten Sie Ihre Lesegeschwindigkeit (in Wörter pro Minute). Wenn Sie diesen Test jedes Semester wiederholen, können Sie Ihre eigene Entwicklungskurve im Studium zeichnen.

4.1.4   Die Kunst der „Hodegetik"

„Hodegetik" bedeutet „Anleitung zum Studium eines Wissens- oder Arbeitsgebietes". Der Berliner Philosophie-Professor Kiesewetter schrieb vor ca. 200 Jahren ein „Lehrbuch der Hodegetik", in dem er zwei Dutzend Ratschläge zur Lektüre wissenschaftlicher Literatur gibt, von denen viele auch heute noch zeitlich aktuell erscheinen:[47]

Nr.	Lese-Empfehlung
1	Man wähle zur Lesung eines Werkes die schickliche Zeit, so wird zur Zeit der Ferien eine Lektüre vorgenommen werden können, die während der Dauer der Vorlesungen unzweckmäßig wäre.
2	Man mache sich an die Lesung eines Buches ohne vorgefaßte Meinung.
3	Man lese die Vorrede um den Gesichtspunkt zu wissen, aus welchem der Verfasser sein Werk betrachtet wissen will.
4	Man durchlaufe die Inhaltsanzeige, um mit dem ganzen und den Hauptteilen desselben oberflächig bekannt zu werden.
5	Man lese vor den einzelnen Kapiteln und Abschnitten selbst, die Inhaltsanzeige derselben und denke über diesen Inhalt nach, damit man nachher seine Gedanken mit den Behauptungen des Schriftstellers vergleichen könne.
6	Man sammle sich, ehe man zu lesen anfängt, und hüte sich während desselben vor Zerstreuung. Um gewiß zu sein, daß man mit Aufmerksamkeit liest, unterbreche man sich zuweilen und frage sich, was man gelesen hat.
7	Man lese wo möglich in einer bestimmten Rücksicht.
8	Man verweile bei den dunklen Stellen, um sie sich klar und deutlich zu machen, dazu trägt bei, daß man das Vorhergehende und das Nachfolgende mit den dunklen Seiten in Verbindung liest.
9	Man lese mit einem Bleistift in der Hand, und wenn uns das Buch selbst gehört, streiche man die Stellen an, welche merkwürdig scheinen, entweder weil sie etwas Neues enthalten, oder weil wir wichtige Folgerungen aus ihnen ableiten zu können vermuten.
10	Man unterbreche wo möglich seine Lektüre nicht mitten im Zusammenhang.

---

[47] Vgl. Kiesewetter (1811), S. 205 ff.

11	Man sage sich laut nach einem kleinen Abschnitt den Inhalt desselben kurz auf und tue dies auch nach Beendigung des ganzen Buches.
12	Man schreibe sich den Hauptinhalt des Werkes kurz nieder und füge sein Urteil hinzu. Ist das Buch unser Eigentum, so ist es am besten, dies auf dem ersten weißen Blatt desselben zu tun.
13	Man exzerpiere die vorzüglichsten Stellen, welche man nicht gern vergessen möchte und zwar auf eine solche Art, daß man dieselben leicht wiederfindet.
14	Man exzerpiere aber erst nach dem Lesen, weil sonst der Zusammenhang unterbrochen wird.
15	Man durchdenke das Gelesene, prüfe die vom Verfasser vorgetragenen Gründe und suche die obwaltenden Zweifel zu heben.
16	Man begnüge sich nicht damit, auf den Inhalt eines Werkes seine Aufmerksamkeit zu richten, sondern man bemerke auch die Form der Darstellung des Verfassers.
17	Man lese nicht zuviel auf einmal, daß man sich nicht mit einem halben Verstehen begnüge oder das Gelesene sich nicht zu eigen mache.
18	Man unterhalte sich mit seinen Freunden über das Gelesene.
19	Man lasse sich durch den schlechten Stil nicht abhalten, ein sonst wichtiges Werk zu lesen.
20	Man sei auf der Hut, sein Urteil nicht durch Machtsprüche des Verfassers bestimmen zu lassen.
21	Man lese die Schriftsteller von verschiedener Meinung über einen und denselben Gegenstand, aber nicht untereinander, sondern nacheinander.
22	Bei Rezensionen vergesse man nicht, daß der Rezensent nur ein einzelner Mensch ist, und daß derselbe auch irren kann, ferne glaube man nicht, daß eine Rezension, ja selbst ein ausführlicher Auszug das Lesen der Schrift in allen Fällen entbehrlich macht.
23	Man beharre nicht dabei, ein Buch zu Ende zu lesen, sobald man innewird, daß das darin Gesagte von keinem erheblichen Nutzen sein könne.
24	Man glaube nicht, daß eine einmalige flüchtige Lektüre von Hauptwerken einer Wissenschaft, welche mühsameres Studium erfordern, hinreichend sei, sondern lese diese Werke in größeren Zwischenräumen mehrmals.

Tabelle 7: Empfehlungen zur Lektüre wissenschaftlicher Literatur

Rückblickend muten die Ratschläge von Professor Kiesewetter fast wie ein Exzerpt des Kapitels an, teilweise finden wir sogar schon einen Ausblick auf das folgende. Gleichzeitig finden wir auch konkrete Antworten aus dem 19. Jahrhundert auf Fragen, die unsere Studentinnen des 21. Jahrhunderts im Einführungskapitel im Rahmen ihrer Tagebücher aufgeworfen haben. Angesichts der heutzutage reichhaltigen Angebote an Literatur (insbesondere im Internet-Zeitalter!) empfehlen wir abschließend, wann immer möglich stets eine bewusste Entscheidung bei der Wahl Ihrer Lektüre zu treffen. So wird aus der „Qual der Wahl" kein Lesefrust, sondern eine Leselust!

4.2   Exzerpieren

Der nächste Abschnitt umfaßt wiederum vier Teilkapitel: Zunächst geht es um die
Frage, was man unter „exzerpieren" versteht (1), anschließend werden Strategien gezeigt, wie Gelesenes festgehalten werden kann (2). Die Zusammenfassung eines Textes ist Gegenstand des darauf folgenden Teilkapitels (3), bevor es abschließend um
das Exzerpieren im engeren Sinne geht (4).

4.2.1   Warum exzerpieren?

Angenommen, Sie haben einen interessanten Text vor sich liegen, von dem Sie sich
wertvolle Erkenntnisse versprechen: Warum sollten Sie das Gelesene schriftlich festhalten? Rost[48] nennt vor allem drei Gründe: (1) Um einen Text besser zu verstehen
und das Verstandene in das eigene Wissen zu integrieren, (2) um die eigenen Lernan-
strengungen zu sichern und das Gelesene für die weitere Arbeit, z. B. für Referate,
aufbereitet zur Verfügung zu haben, und (3) um uns vor dem Vergessen zu schützen.

Ein altes chinesisches Sprichwort sagt: „Ich höre etwas und vergesse es, ich sehe etwas und erinnere mich, ich tue etwas und verstehe es." In unserem Kontext liefert uns
das Sprichwort den Hinweis, daß das Lesen eines Textes allein nicht ausreicht, wenn
wir ihn verstehen wollen. Stattdessen ist es nötig, den Text auch auszuwerten. Unter
Exzerpieren (lat., excerpere = herausnehmen) versteht man die auszugsweise Wieder-
gabe eines Textes. Diese Kunst basiert auf zwei verschiedenen Kompetenzen: Zum
einen auf der Fähigkeit, Dinge auf den Punkt bringen zu können, zum anderen auf der
alten Tugend, stets fleißig und gewissenhaft Wesentliches zusammenzutragen.

Zur Illustration möge folgende Metapher dienen: Wer bloß liest, unterscheidet sich
von dem, der Aufzeichnungen macht, wie der Schmetterling von der Biene: Beide
fliegen von Blume zu Blume, doch während der Schmetterling nichts nach Hause
trägt, bereitet die Biene in ihren Waben den Honig.

4.2.2   Gelesenes festhalten

Im Laufe Ihres Studiums werden Sie wahrscheinlich Tausende von Texten lesen.
Gleichzeitig werden Sie sich sicher nur ein Bruchteil dessen, was Sie gelesen haben,
merken können. Obwohl diese Tatsache nicht nur Nachteile hat, sind wir darauf an-
gewiesen, Wege zu finden, um die Lektüre in uns lebendig zu halten. Diese Notwendigkeit ergibt sich insbesondere angesichts einer bevorstehenden Prüfung. Mit Hilfe
von „externen Speichern" können wir unser Gedächtnis jedoch von innen nach außen
verlagern.

Würden Sie darauf verzichten, das Gelesene festzuhalten, sondern alle Texte im Ori-
ginalumfang sammeln, wäre das Chaos vorprogrammiert. Diese Erfahrung machte

---

[48] Vgl. Rost (2003), S. 88.

unsere Tagebuchschreiberin Anne bereits in den ersten Wochen ihres Studiums: „Ich steige aus dem Kopierwahn aus, bevor ich meine Wohnung noch mit nicht brauchbaren Kopierkarten tapezieren kann."

Das Kopieren an sich ist eigentlich nicht das Problem (das Kopieren von prüfungsrelevanter Pflichtlektüre spart gegenüber der ständigen Neuanschaffung von Büchern erhebliche Kosten!). Wichtig ist allerdings, aus Masse Klasse werden zu lassen, sprich, die Texte verkürzt zu übertragen, um die überschüssige Kopien möglich bald beim Altpapiercontainer abzutragen.

Wenig empfehlenswert ist es, alle Lesenotizen auf lose Blätter zu schreiben und in Ordnern abzulegen. Ein solches „System" funktioniert bestenfalls, sofern der Literaturbestand einigermaßen überschaubar ist, bei größeren Literaturmengen ist es jedoch nur eine Frage der Zeit, bis dieses System zusammenbricht. Noch weniger ratsam ist das Arbeiten mit Heften; da es noch weniger flexibel ist. Doch es gibt mindestens zwei hilfreiche Alternativen (eine klassische und eine alternative), wobei es letztlich Geschmackssache ist, welchen Weg Sie wählen. Entscheidend ist vielmehr, daß Sie überhaupt irgendein System möglichst von Studienbeginn an „kultivieren".

Als traditionelles Verfahren plädieren wir für das zeitlos aktuelle Arbeiten mit Karteikästen. Gegenüber Zetteln, Ordnern und Heftern hat die Arbeit mit Karteikarten den großen Vorteil, daß sie handlich und flexibel zu ordnen sind und einen schnellen Zugriff auf die Lesenotizen ermöglichen. Für welches Karteikarten-Format man sich entscheidet, hängt u. a. von der Menge der Informationen ab, die man auf einer Karte festhalten möchte. Innerhalb eines Karteikastens gibt es verschiedene Möglichkeiten der Ordnung. Eine Variante ist die Karteiführung nach Verfassern, eine andere die sog. Exzerpt-Kartei (hiermit ist gemeint, Exzerpte unter bestimmten Fragestellungen zu sammeln).

Im Computer-Zeitalter gibt es natürlich auch die moderne Alternative, einen „virtuellen Karteikasten" anzulegen bzw. alle relevanten Daten im PC zu verwalten. Angesichts der immer stärkeren Zunahme des wissenschaftlichen Arbeitens mit Hilfe des Internets ist es naheliegend, die gesammelten Informationen auch gleich gebündelt mit diesem elektronischen Medium aufzubereiten. Das Anlegen von entsprechenden Ordnern funktioniert grundsätzlich genauso wie mit Papier.

Obwohl vieles dafür spricht, daß wir alle in Zukunft mehr am Bildschirm lesen werden, ist es nicht zwingend, externe Speicher zu digitalisieren. Manch einer bevorzugt nach wie vor das sinnliche Erlebnis, geistige Ergüsse in der Hand zu halten. Insofern spricht einiges dafür, nicht immer dem Zeitgeist hinterherzulaufen, insbesondere für Studenten, die nicht alles mit dem Computer machen möchten.

4.2.3   Texte zusammenfassen

Nach Stary und Kretschmer[49] ist das Charakteristikum eines Textes, der mit dem Anspruch einer Zusammenfassung bearbeitet wurde, die Reduzierung auf die wichtigsten Informationen. Mit anderen Worten: Weniger ist mehr bzw. in der Kürze liegt
die Würze! Das Zusammenfassen von Texten ist sinnvoll, weil es (a) eine sehr aktive
Form der Textaneignung ist, (b) dazu zwingt, sehr „eng" am Text zu arbeiten und (c)
einen komprimierten Wissensspeicher erstellt, auf den man immer wieder zurückgreifen kann.

Zu den drei wichtigsten Methoden des Zusammenfassens gehören in der Reihenfolge
ihrer Nützlichkeit: (1.) das Exzerpieren, (2.) das Formulieren von Randbemerkungen
und (3.) das Unterstreichen. Was ist bei der Wahl der Methoden zu beachten? Wir
beginnen mit der letztgenannten – und wohl beliebtesten – Methode und münden in
den „goldenen Weg" des Exzerpierens im engeren Sinne (vgl. Kap. 4.2.4).

Die einfachste Art und Weise, in einem Text Wesentliches von Unwesentlichem zu
unterscheiden, ist das Unterstreichen von relevant erscheinenden Inhalten (alternativ,
aber ungewöhnlich, wäre auch das Durchstreichen von Unwichtigem zu nennen!).
Das Unterstreichen kostet wenig Zeit, ist fast überall anwendbar (z. B. in der U-Bahn)
und macht insbesondere mit Farbstiften Spaß. Das Unterstreichen eines Textes gibt
nicht nur subjektiv das Gefühl, angestrengt gearbeitet zu haben, sondern führt auch zu
besseren Behaltensleistungen gegenüber dem ausschließlichen Lesen eines Textes.
Doch auch das Unterstreichen will gelernt sein: Während „Profis" nach System unterstreichen (z. B. rot = wichtig, blau = Definitionen, grün = Beispiele etc.), machen
„Anfänger" häufig aus übertriebenem Respekt vor den „heiligen Schriften" den Fehler, quasi „ihren Tuschkasten auf dem Papier auszukippen" bzw. zu viel zu unterstreichen, so daß am Ende im Extremfall nur noch der nicht unterstrichene Text ins Auge
springt.

Fortgeschrittener, doch aufwendiger als das Unterstreichen ist das Formulieren von
Randbemerkungen. Auch hier empfiehlt sich ein systematisches Vorgehen. Beim Arbeiten mit Randbemerkungen gibt es die Möglichkeit, inhaltlich oder logisch zu gliedern. Im ersten Falle wird der Rand Absatz für Absatz mit Begriffen versehen, die
den Text inhaltlich erschließen. Heutzutage gibt es bereits didaktisch gut aufgemachte
Bücher, die sich dieser Methode bedienen. Beispiel: Ein Text schließt mit den Worten
„Die ‚take-home-message' unserer Ausführungen lautet: Exzerpieren ist erfolgreicher
als alle Alternativen, um einen Text nachhaltig zu erschließen". Die Randbemerkung
könnte lauten „Exzerpieren als Königsweg". Im Falle des logischen Gliederns werden
Randbemerkungen bevorzugt, welche die formale Struktur des Textes erschließen. In
unserem Beispiel könnten wir das Wort „Zusammenfassung" am Rande notieren.

---

[49] Vgl. Stary und Kretschmer (1994), S. 105.

4.2.4   Exzerpieren im engeren Sinne

Kommen wir abschließend zum Exzerpieren im engeren Sinne: Damit ist gemeint, einen Text nicht nur in („Ein-Wort-Satz-") Fragmenten wiederzugeben, sondern ihn in Auszügen so zusammenzufassen, daß die Zusammenfassung den Sinn wörtlich (in Form von Originalzitaten) oder paraphrasierend (mit eigenen Worten) widerspiegelt.

Nach Rost[50] sollten Sie grundsätzlich alle wichtigen Texte exzerpieren, auf die Sie noch einmal zurückgreifen wollen bzw. müssen (z. B für die eigene Abschlussarbeit oder zur Prüfungsvorbereitung). Es gibt zwei unterschiedliche Arten des Exzerpierens: Man exzerpiert entweder unter einer spezifischen oder unter einer allgemeinen Fragestellung.

Bei einer spezifischen Fragestellung notieren Sie die Antworten, die Sie im Text finden, auf Ihre Fragen. Wenn Sie sich z. B. die Frage stellen, welche Maßnahmen der Autor vorschlägt, um Gewalt in der Schule vorzubeugen, dann bedeutet exzerpieren, die Vorschläge (und eventuell deren Begründungen) schriftlich festzuhalten.

Eine allgemeine Fragestellung könnte z. B. lauten: Was wird in dem Text überhaupt ausgesagt? Das Exzerpieren unter einer allgemeinen Fragestellung setzt auf der Ebene des Absatzes an und wird von folgenden zwei Fragen geleitet: Wie lautet das Thema des Absatzes? Was wird über das Thema ausgesagt?

Notieren Sie Absatz für Absatz zunächst die Antwort auf die Frage nach dem Thema des Absatzes (also wovon handelt er?). Notieren Sie dann möglichst in eigenen Worten, welche Aussagen zu diesem Thema gemacht werden. Das Wichtigste wird mit eigenen Worten zusammengefaßt (paraphrasiert). Definitionen und besonders prägnante Aussagen werden i. d. R. wörtlich übernommen (zitiert). Merke: Ein Exzerpt ist dann gelungen, wenn Sie es ohne den Originaltext für die weitere Arbeit verwenden können!

Aufgabe 6: Exzerpieren üben

Auf den nächsten beiden Seiten finden Sie einen Text von Professor Lutz von Werder mit dem Titel „12 kreative Tipps für das Schreiben während des Studiums und für die Examens-, Magister-, Diplom- oder Doktorarbeit".[51] Inhaltlich gibt der Text bereits einen Ausblick auf das Kapitel „Kreatives Schreiben" (Kap. 5.2). Methodisch besteht Ihre Aufgabe darin, zu jedem der 12 Tips, die jeweils einen Absatz umfassen, eine exzerpierende Randbemerkung aufzuschreiben, die den Inhalt des Absatzes prägnant zusammenfaßt. Im Anschluß daran erhalten Sie eine „Musterlösung" des Autors.

---

50 Vgl. Rost (2003), S. 88 ff.

51 Vgl. von Werder (1992), S. 64.

- (1) Lernen Sie wissenschaftliches Schreiben durch Schreiben. Wenn Sie Schreibschwierigkeiten haben, schreiben Sie erstmal über diese Schwierigkeiten. Schreiben Sie vom ersten Tag Ihres Studiums an jeden Tag einen kleinen, nicht immer wissenschaftlichen Text, der Ihnen Spaß macht.

- (2) Führen Sie von Studienbeginn an ein Journal, in dem sich Tagebuchnotizen, Vorlesungsanmerkungen, Lesefrüchte, Gedichte, Briefe, Proteste, Gliederungen, Zitate, Ideen, Projektentwürfe mischen können. Werten Sie das Journal jedes Semester aus. Stellen Sie fest, was Sie jedes Semester gelernt haben und was Sie im nächsten Semester unbedingt noch lernen müssen.

- (3) Lernen Sie Ihre innere Sprache kennen, die Ihnen am vertrautesten ist. Mit dieser Sprache formulieren Sie Ihre Erkenntnisse, Ihre ersten Hypothesen, Ihre Ideen. Schreiben Sie von innen. Schreiben Sie innere wissenschaftliche Dialoge zuerst über Ihre Seminararbeiten, dann über Ihre Forschungsberichte, dann auch über Ihre Diplom- oder Doktorarbeit. Führen Sie diese Dialoge mit dem Forscher in Ihnen. Stellen Sie diesem Forscher alle Ihre wissenschaftlichen Fragen und lassen Sie sich von diesem Forscher seinerseits alle wichtigen Fragen zu Ihrem Arbeitsvorhaben stellen.

- (4) Bilden Sie mit Studenten eine Schreibgruppe, in der Sie alle möglichen Texte aus Journalen, inneren Dialogen, Träumen, aber auch Entwürfe von größeren Arbeiten vorlesen und besprechen.

- (5) Schreiben Sie Kurzgeschichten über Ihre Forschungserfahrungen. Erfinden Sie z. B. wissenschaftliche Tagebücher des Forschers, der in Ihrer Diplomarbeit eine zentrale Rolle spielt. Lesen Sie zu diesem Zweck erst eine Biographie dieses Forschers.

- (6) Legen Sie großen Nachdruck auf die Erforschung von Fragen, die Sie in Ihrer Doktor- oder Diplomarbeit bearbeiten wollen. Benutzen Sie zur Erforschung dieser zentralen Fragen kreative Methoden der Prewriting-Qualität wie: Cluster, Mindmap, Freie Assoziation, Free Writing. Beobachten Sie mit diesen Schreib- und Visualisierungsmethoden, wie sich die Fragen zu Ihrem Thema herausgebildet haben. Beachten Sie mit diesen Methoden auch über einige Zeit, wie sich Ihr Thema wandelt. Prüfen Sie mit diesen Methoden auch, was Sie noch nicht wissen, aber bald wissen sollten.

- (7) Legen Sie Gliederungen Ihres Themas an, indem Sie Visualisierungstechniken wie Themenbäume und Themenbüsche benutzen. Spielen Sie zur Erforschung der Struktur Ihres Themas und Ihrer Aussagen zum Thema mit folgenden zehn Gliederungsstrategien: Vom Allgemeinen zum Besonderen, Gliedern nach Gefühl, nach der Zeit, nach Ursachen und Wirkungen, nach Gleichheit und Unterschieden, nach Pro und Contra, nach dem Wechsel von Erkenntnissen, nach Teilen und Ganzem, nach logischen Modellen.

- (8) Verbinden Sie Lesen und Schreiben während Ihres ganzen Studiums. Sie können so leichter Ihre innere Sprache in Teile des wissenschaftlichen Diskurses Ihres Faches und Ihrer Diplom- oder Doktorarbeit verwandeln. Benutzen Sie das Paraphrasieren, die Imitation, die Minimisierung, die Umstellung von

Ideen, den Austausch von Schlüsselworten. Exzerpieren Sie das wichtigste Buch oder Paper des grauen Marktes zu Ihrem Thema. Drücken Sie alle gefundenen Gedanken in eigenen Worten aus. Visualisieren Sie diese Gedanken in Flußdiagrammen. Kritisieren Sie das Gelesene, wenn es Sie lockt, aber achten Sie darauf, daß Sie dabei verständlich bleiben.

- (9) Schreiben Sie Ihre Diplom- oder Doktorarbeit in „Schichten". Arbeiten Sie seit der Findung einer Gliederung immer an den Abschnitten der Arbeit, die Ihnen gerade Spaß machen. Schreiben Sie mal das Schlußkapitel Ihrer Arbeit, um zu sehen, worauf die Arbeit im Augenblick hinauslaufen soll. Diktieren Sie, wenn Sie in Schwung sind, ganze Kapitel auf Band. Setzen Sie Kontroll-Leser ein, um sich Klarheit über „rote Fäden" oder Teiltexte zu verschaffen. Lassen Sie mal einen roten Faden Ihrer Arbeit im Freundeskreis kursieren.
- (10) Führen Sie lange Gespräche über Ihr Thema mit den „Päpsten" Ihres Faches und mit Ihrem Prüfer. Schreiben Sie Briefe, gehen Sie auf Tagungen, machen Sie Telefoninterviews.
- (11) Schreiben Sie Ihre Doktorarbeit schnell, lassen Sie Ihr wissenschaftliches Über-Ich nicht überaktiv sein. Benutzen Sie für Rohentwürfe Ihre Alltagssprache. Achten Sie dann erst auf Zitate, auf Literaturübersichten, auf Orthographie, Grammatik, rhetorische Finessen, Einleitung.
- (12) Bilden Sie am Ende des Studiums eine Lesegruppe für Diplom- und Doktorarbeiten. Üben Sie dort gemeinsam das kreative Revidieren von wissenschaftlichen Texten. Fassen Sie die wichtigsten Ergebnisse Ihrer Arbeit in Graphiken, in Formeln, in mathematischen Gleichungen zusammen. Überlegen Sie, welche technische Nutzanwendung Ihre Arbeit gewinnen könnte. Strukturieren Sie Ihre Kapitel neu mit Hilfe von Mindmaps. Werten Sie auch Ihr Traumtagebuch für die Lösung zentraler Fragen und Konflikte beim Schreiben Ihrer Arbeit aus.

Lösung:

(1) Schreiben, schreiben und immer wieder schreiben
(2) Journal führen
(3) Kennenlernen der inneren Sprache
(4) Schreibgruppen bilden
(5) Biographien von Wissenschaftlern berücksichtigen
(6) Cluster, Mindmap, Free Writing
(7) Visualisierungstechniken einsetzen
(8) Paraphrasieren, Imitation, Minimisierung
(9) Diskussion der eigenen Arbeit mit anderen
(10) Diskussion mit Fachexperten
(11) Schnellschreiben
(12) Arbeitsgruppen bilden und Revision der Texte

4.3   Visualisieren

„Ein Bild sagt mehr als 1000 Worte..." – gemäß dieser Erkenntnis erschließt sich die
Notwendigkeit, Gelesenes zu veranschaulichen. In diesem Abschnitt geht es um die
Motive (1), Medien (2) und Methoden (3) der Visualisierung. Die Ausführungen mögen einen anregenden Überblick geben, um selbst die Kunst der Visualisierung zu
kultivieren. Während die meisten Medien vielen Studenten schon vor Ihrem Studium
vertraut sind, gibt es bei den Methoden der Visualisierung hilfreiche Techniken, die
erst im Studium erlernt werden. Besonders beliebt wegen ihrer kreativen Potentiale ist
dabei die sog. Mindmap-Methode.

4.3.1   Motive der Visualisierung

Warum ist es sinnvoll, Informationen zu visualisieren? Stary[52] nennt drei Gründe:

- *Motivieren:* Diverse empirische Untersuchungen der Werbepsychologie[53] über
  menschliches Wahrnehmungsverhalten belegen, daß (vor allem bewegte) Bilder unsere Aufmerksamkeit anziehen. Diesen Befund kann jeder Mensch bei
  der Lektüre einer Zeitung überprüfen. Es ist fast unmöglich, sich nur auf den
  Text zu konzentrieren und sich der „Kraft der Bilder" zu entziehen. Oft „zap-
  pen" wir von Bild zu Bild. Bei der Visualisierung von wissenschaftlichen Vorträgen ist allerdings darauf zu achten, daß die Bilder nicht die Inhalte ersetzen
  und die Präsentation zu einer „Multi-Media-Show" mutiert.

- *Das Behalten unterstützen:* Das zweite Motiv ist keine originäre Erkenntnis
  der Lern- und Gedächtnispsychologie, sondern war schon in der Antike bekannt, wie die folgenden Worte von Cicero zeigen: „Wir können uns dasjenige
  am deutlichsten vorstellen, was sich uns durch die Wahrnehmung unserer Sinne mitgeteilt und eingeprägt hat; der schärfste von all unseren Sinnen ist aber
  der Gesichtssinn. Deshalb kann man etwas am leichtesten behalten, wenn das,
  was man durch das Gehör oder durch Überlegung aufnimmt, auch noch durch
  die Vermittlung der Augen ins Bewußtsein dringt."[54]

- *Das Verstehen erleichtern:* Das dritte Motiv wird besonders deutlich, wenn wir
  Zahlen ins Bild setzen. Hierzu eignen sich sog. Zahlenbilder, wie z. B. Stab-,
  Säulen-, Balken-, Kreis-, Linien- und Flächen-Diagramme. Bei der Gestaltung
  von Zahlenbildern kommt es darauf an, den Betrachter zum Nachdenken über
  den Inhalt zu motivieren, nicht über Fragen des Layouts. Außerdem ist darauf
  zu achten, Schaubilder nicht zu Manipulationszwecken zu mißbrauchen.

---

[52] Vgl. Stary (2003), S. 255 ff.

[53] Vgl. Sohr (2003), S. 261 ff.

[54] Vgl. Yates (1991), S. 13.

4.3.2   Medien der Visualisierung

Medien sind – meist technische – Hilfsmittel, die der Visualisierung dienen. Sie sind kein Selbstzweck. Nachfolgend werden sieben wichtige Medien kritisch analysiert:

- *Kreidetafel:* Die klassische „alte" Tafel gilt im Zeitalter der „neuen" Medien manchmal als antiquiert, obwohl sie nach wie vor über viele Vorteile verfügt. Sie ist einfach zu handhaben und bietet eine große Schreibfläche, wobei die Texte leicht zu löschen sind. Sie eignet sich gut für das sukzessive Entwickeln von Sachverhalten, z. B. von mathematischen Ableitungen. Ihre Benutzung ist jedoch ziemlich zeitaufwendig und ermöglicht keinen Blickkontakt mit dem Publikum beim Anschreiben.

- *Metaplantafel:* Die weiße kunststoffbeschichtete Metaplantafel gilt als ein „jüngeres Geschwister" der meist grünen Kreidetafel. Sie wird entweder mit einem speziellen Stift beschrieben oder mit Nadeln und Karten bestückt. Ihre Vorteile sind tendenziell vergleichbar mit einer Kreidetafel. Vorteilhaft sind die vielseitigeren Gestaltungsmöglichkeiten mit bunten Karten, was allerdings den Nachteil eines meist noch zeitaufwendigeren Vorgehens mit sich bringt. So empfiehlt es sich für Vortragszwecke, die Tafel vorzubereiten und die Karten eventuell mit der nicht beschrifteten Seite anzupinnen, um sie dann nach und nach zu entfalten. Der letztgenannte Weg sollte aber für anspruchsvolle Inhalte reserviert bleiben. Für seminaristischen Unterricht und Moderationstätigkeiten bietet die Metaplantafel sich an, um das Publikum aktiv einzubeziehen (z. B. indem selbst produzierte Karten angehängt werden können).

- *Flipchart:* Eine weiterer „kleine Bruder" der Kreidetafel ist das Flipchart, ein dreibeiniger Ständer, auf dem DIN A1-Papier-Blöcke aufgehängt werden. Ein wichtiger Vorteil besteht beim Flipchart darin, daß die Produktion von Postern zuhause in aller Ruhe erstellt (und weiterverwendet) werden kann. Nachteilig ist die vergleichsweise kleine Schreibfläche sowie die Schwierigkeit, Poster zu verändern, ohne das ganze Blatt wegwerfen zu müssen.

- *Overhead-Projektor:* Besonders beliebt gerade an Hochschulen ist das Erstellen und Auflegen von Folien, da sie einfach zu handhaben sind, die Projektionsfläche manchmal das Format einer kleinen Kinoleinwand einnehmen kann und dem Vortragenden die Chance bietet, zum Publikum zu sprechen. Die gewünschte Wirkung wird jedoch manchmal verfehlt, weil die Folien häufig zu viele Informationen in zu kleiner Schrift enthalten (mindestens Schriftgröße 20!). Außerdem beherrschen nicht alle Redner die Kunst der Präsentation (vgl. auch Kap. 6.2). Auch auf wissenschaftlichen Tagungen kommunizieren manche Redner mehr mit ihrer Leinwand als mit dem Publikum, was nicht selten zu einer „Abstimmung mit den Füßen" führt.

- *Beamer/Powerpoint:* Eine moderne Variante der elektronischen Projektion ist die Präsentation mit einem „Beamer" mit Hilfe des Programms „Powerpoint". Die Vor- und Nachteile liegen in seinen vielseitigen Gestaltungsmöglichkeiten. Powerpoint lädt ein, die Text-Elemente auf einer Folie in Bewegung zu setzen, die Folie zu „animieren" und zu „dynamisieren", was oft gerade „Anfänger" dazu verführt, Texte in „dreifacher Umdrehung von unten links einfliegen" oder „zeichenweise von oben in die Folie fallen" zu lassen. Während das Programm noch vor kurzem als „neuester Schrei" galt, mit dem Redner sich auf der (technischen) Höhe der Zeit brillant zu präsentieren versuchten, wird der Einsatz heute teilweise überstrapaziert. Aufgrund der relativ leichten Lernbarkeit ist das Programm auch bei Studienanfängern sehr beliebt, wie die Tagebuch-Aufzeichnung von Beate offenbarte: „Heute hatte ich meinen ersten Kontakt mit Powerpoint. Das ist ja eigentlich gar nicht so schwer. Man kann damit wirklich tolle Sachen präsentieren."

- *Film/Video:* Ein weiteres interessantes Medium nicht nur für private Zwecke ist das Zeigen von Filmen und Videos. Hier sind die Produktionsmöglichkeiten eher begrenzt bzw. ziemlich aufwendig, auch wenn bewegte Bilder aus dem Leben sicherlich eine große Anziehungskraft ausüben können.

- *Mensch:* Last not least ist auch der Mensch als Medium nicht zu vergessen, und es ist wohl nicht verwegen, zu sagen, daß er nach wie vor das wichtigste Lehr- und Lernmedium darstellt. Seine Darstellungsmöglichkeiten sind schier unbegrenzt, was spätestens bei einem Stromausfall offenkundig wird.

Das Wissen über Medien ist noch keine Garantie für eine erfolgreiche Anwendung in der Praxis. Generell empfiehlt sich ein dosierter und abwechslungsreicher Einsatz. Die abschließende Abbildung enthält sieben wertvolle Tips von Stary[55] zur Frage der wichtigsten Voraussetzungen für einen erfolgreichen Einsatz von Projektsmedien:

1.	Blickkontakt halten!
2.	Machen Sie nicht die Folienschleuder!
3.	Denken Sie nicht: Wenn schon „Media", dann „Multimedia"!
4.	Ihr Publikum kann lesen!
5.	Folien sind kein Manuskript!
6.	Bleiben Sie mit Ihrer Folie in engem Kontakt!
7.	Infantilisieren Sie Ihr Publikum nicht (keine Aufdecktechnik)!

Abbildung 4: Empfehlungen für einen erfolgreichen Einsatz von Medien

---

[55] Vgl. Stary (2003), S. 268 ff.

4.3.3   Methoden der Visualisierung

Methoden (grch., methodos = Weg) der Visualisierung beschreiben Möglichkeiten bzw. Techniken, mit denen Sachverhalte (prinzipiell ohne Technik) veranschaulicht werden können. Um Ihre Phantasie etwas herauszufordern, stellen wir Ihnen an dieser Stelle zwei Methoden theoretisch vor, ohne die Methode beispielhaft zu illustrieren bzw. zu visualisieren. In der anschließenden Übung können Sie die Techniken selbst testen, indem Sie versuchen, den Arbeitsauftrag graphisch zu veranschaulichen. Als Musterbeispiel erhalten Sie dann visualisierte Antworten, die Ihnen als vorbildliche Vorlage für zukünftige Visualisierungen mittels der Methoden dienen. Tendenziell aktivieren die Methoden linke („Netzwerk") und rechte („Mindmap") Gehirnhälften.

- *Netzwerk-Technik:* Die Netzwerk-Technik ist eine Methode, einen Text in die Form einer schematischen Darstellung zu übertragen. Die Technik dient der Bearbeitung von Texten, in denen es um relativ eindeutige Tatbestände geht. Dabei werden Beziehungen und Zusammenhänge hervorgehoben, um sie besser zu verstehen und zu behalten. Zur praktischen Umsetzung ist es erforderlich, die zentralen Begriffe mit Vierecken oder Ovalen zu umrahmen und die Relationen zwischen den Begriffen mit Pfeilen zu kennzeichnen. Die Pfeile können auch beschriftet werden (z. B. „ist Teil von" oder „führt zu").

- *Mindmap-Methode:* Eine kreative Form der Visualisierung ist die beliebte Technik des „Mindmap(ping)", die der Engländer Tony Buzan[56] erfunden hat. Ein Mindmap ist ein Kunstwerk, bei dem der Grundgedanke bzw. die Ausgangsfrage in der Mitte eines möglichst großen Blattes notiert wird. Alle Gedanken, die uns beim Nachdenken über dieses Thema kommen, schreiben wir auf Linien, die von der Mitte abzweigen und weiter verzweigt werden können, so dass im Laufe der Zeit ein großes Spinnennetz entsteht – oder ein Baum, aus der Vogelperspektive betrachtet. Dabei sind künstlerischen Gestaltungsmöglichkeiten keine Grenzen gesetzt, vielmehr ist es ausdrücklich erwünscht, auch mit Symbolen oder Farben zu arbeiten.

Aufgabe 7: Visualisieren üben

(a) Versuchen Sie, Ihre Gedanken zum Thema „Doping" mit Hilfe der Netzwerk-Technik zu visualisieren!

(b) Kreieren Sie ein schönes „Mindmap" zu einem Thema Ihrer Wahl, z. B. zum Thema Sommer! Versuchen Sie, möglichst viele originelle Gedanken zum Thema in Form eines „Mindmap" zu Papier zu bringen und nutzen Sie alle Gestaltungsmittel (z. B. bunte Zeichnungen), die Ihnen zur Ausgestaltung Ihres Kunstwerkes einfallen!

---

[56] Vgl. Buzan (1984).

Lösung:

Auf dieser Seite sehen Sie die beiden Musterlösungen: Zum einen ein Netzwerk zum Thema Doping[57], zum anderen ein Mindmap zum Thema Sommer.[58]

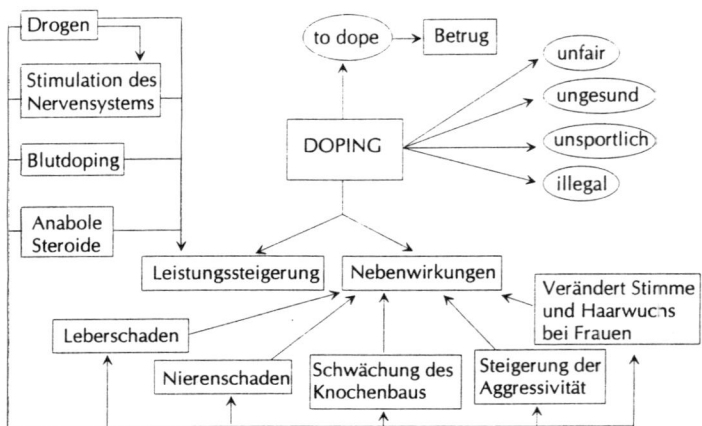

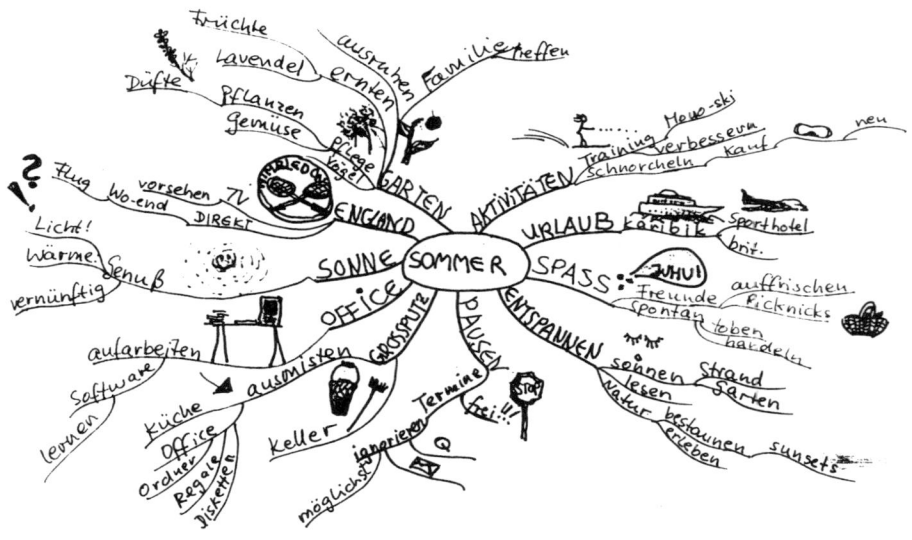

57 Vgl. Stary und Kretschmer (1994), S. 126.

58 Vgl. Beyer (1993), S. 21.

5. SCHREIBEN

5. Schreiben

Beim Schreiben einer Arbeit gibt es Formalia, deren Beachtung der Arbeit das Prädikat „wissenschaftlich" verleiht. Dies jedoch allein macht noch keinen lesenswerten Text aus. Die Kreativität des Autors ist die zweite Seite der Medaille. Beides sind die Gegenstände dieses Kapitels.

5.1 Korrektes Schreiben

Das hier als *korrektes Schreiben* bezeichnete Schreiben möchte auf die formalen Aspekte beim Verfassen einer schriftlichen wissenschaftlichen Arbeit aufmerksam machen. Gemeinhin wird dies in der Literatur auch als die Technik(en) des wissenschaftlichen Arbeitens verstanden. Im einzelnen umfaßt das korrekte Schreiben die *Fragen der Gliederung der Arbeit*, das *Zitieren genutzter Quellen* sowie den *sprachliche Stil* und die *Rechtschreibung*.

5.1.1 Gliedern

5.1.1.1 Formale Bestandteile einer Arbeit

Ziel des Gliederns ist es, einer wissenschaftlichen Arbeit eine geeignete Struktur zu geben. Eine jede Struktur bettet sich in grundlegende Formalia hinsichtlich der Bestandteile einer solchen Arbeit ein. Diese bestehen im einzelnen aus:

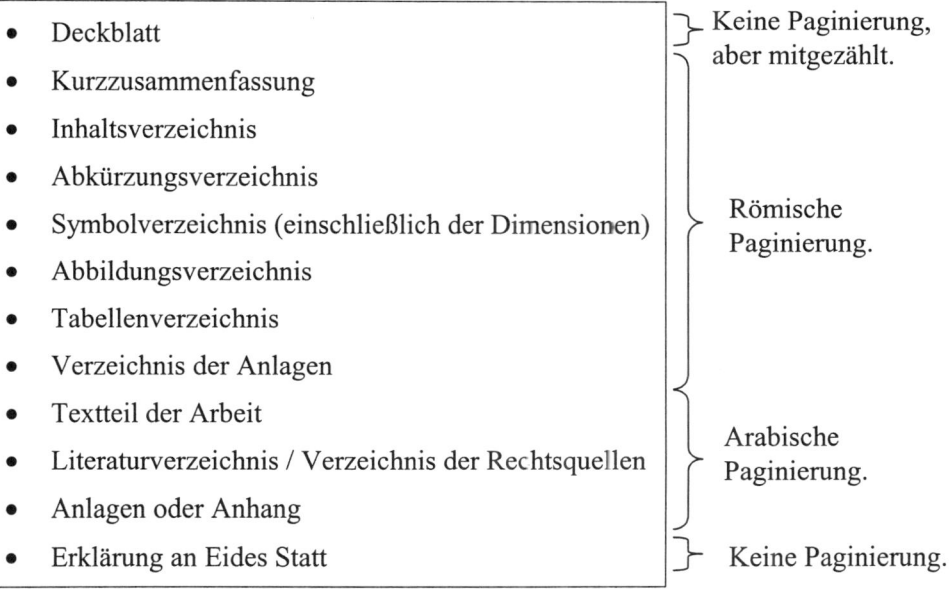

Abbildung 5: Formale Bestandteile einer Arbeit

Jede Arbeit (ähnlich einem Buch) beginnt mit einem *Deckblatt*. Auf dem Deckblatt sind alle notwendigen Daten verzeichnet, die es ermöglichen, die vorliegende Arbeit eindeutig zu charakterisieren, d. h. sie einer Hochschule, einem Fach/Studiengang, in welchem diese Arbeit verfaßt wurde, und einem Studenten (Name, Vornamen und vollständige Adresse oder die Matrikel-Nummer) zuzuordnen. Zudem enthält das Deckblatt den Titel und die Art der Arbeit, das Datum sowie den Namen des betreuenden Dozenten. Üblicherweise existieren an jeder Hochschule, in jedem Fach usw. konkrete Vorstellungen über das Aussehen eines solchen Deckblattes. Hier sei auf entsprechende Vorlagen der Einrichtung oder des Dozenten verwiesen, die u. U. sogar als – nur noch auszufüllendes – Formblatt in einer Datei vorliegen.

Dem Deckblatt folgt eine sog. *Kurzzusammenfassung*. Die Funktion dieser i. d. R. ca. 10-zeiligen Zusammenfassung besteht im wesentlichen in einer Kurzinformation an den „eiligen Leser", der sich auf dieser Basis einen Überblick über die Ziele, Herangehensweise und Ergebnisse einer Arbeit verschaffen möchte. Derartige Texte werden von Bibliotheken gern dazu verwendet, die bibliographischen Angaben der Arbeit inhaltlich zu ergänzen. Insofern – wenn überhaupt – nur Abschlußarbeiten in der Bibliothek zur Lektüre bereitstehen, ist die Kurzzusammenfassung bei Haus-, Seminaroder Projektarbeiten entbehrlich.

Eine Prüfungsleistung, wie eine Haus-, Seminar- oder Abschlußarbeit, enthält üblicherweise kein *Vor-* oder gar *Geleitwort*. Anders verhält es sich, wenn die betreffende Arbeit als Buch veröffentlicht wird. Dann können dem Leser die gewünschten Informationen (i. d. R. über die Motivation zur Arbeit[59] versehen mit einem Dank bspw. an die Betreuer gerichtet) in einer solchen Form mitgegeben werden. Die Motivation zur Erbringung einer Prüfungsleistung bedarf keiner weiteren Erwähnung. Dem Dank an die Betreuer wird gebührend Rechnung getragen, wenn ein weiteres Exemplar der Arbeit erstellt, mit einer handschriftlichen Widmung versehen und persönlich überreicht wird.

Der nächste Bestandteil einer Arbeit ist das *Inhaltsverzeichnis*.[60] Das Inhaltsverzeichnis gibt die einzelnen Teile und die Gliederung der Arbeit mit ihrem „Standort" an. Letzteres entnimmt der Leser der Angabe der Seite, auf welcher der entsprechende Teil (z. B. das Abkürzungsverzeichnis oder das Literaturverzeichnis) oder ein bestimmter Gliederungspunkt beginnt. Eine Angabe der Seiten, auf welcher ein Gliederungspunkt oder ein Verzeichnis endet ist unüblich.

---

59 Zur Motivation i. S. der Begründung des Themas vgl. die Ausführungen im Abschnitt 5.1.1.2 Inhaltliche Bestandteile einer Arbeit, in dem u. a. auch über die Funktion einer Einführung in eine wissenschaftliche Arbeit eingegangen wird.

60 An dieser Stelle sei wiederholt darauf hingewiesen, daß der vorliegende Band selbst als beispielgebend anzusehen ist. So sei im Hinblick auf die Inhalte und die Form bestimmter Verzeichnisse auf die entsprechenden Teile im Band verwiesen.

Bei der Vergabe der Seitenzahlen ist auf die unterschiedliche *Paginierung* (vgl. Abbildung 5) zu achten. Für sämtliche Bestandteile einer Arbeit, die vor dem ersten inhaltlichen Kapitel in die Arbeit eingebunden sind, werden römische Seitenzahlen vergeben. Insofern die Arbeit inhaltlich mit dem Kapitel 1 beginnt, wird der ersten Seite des ersten Kapitels stets die arabische Zahl „1" zugeordnet. Diese Paginierung setzt sich bis zum Ende der Arbeit fort. Die Erklärung an Eides Statt auf dem letzten Blatt einer Arbeit wird nicht numeriert.

Die nächsten wichtigen Informationen für den Leser sind die Erklärungen von Abkürzungen, die in der Arbeit Verwendung finden. Da sich das *Abkürzungsverzeichnis* an das Inhaltsverzeichnis anschließt, dort also erst Abkürzungen erklärt werden, sollte auf Abkürzungen im Inhaltsverzeichnis verzichtet werden. Jede Abkürzung ist zu erklären. Nicht aber alles mögliche sollte abgekürzt werden. Die Abkürzung in den Beispielen „Prävention **u.** Gesundheitsförderung" oder **P** wie Patient steht nicht nur für Faulheit, sondern auch für schlechten Stil. Ebenso reicht es nicht aus, auf sog. Dudengängige Abkürzungen zu verweisen, denn oftmals steht ein und dieselbe Abkürzung je nach Sachverhalt für unterschiedliche Inhalte. Die klare Information des Lesers ist oberstes Gebot.

Kommen in einer Arbeit mathematische Formeln oder Symbole zum Einsatz, sind diese in einem *Symbolverzeichnis* dem Leser zu erklären. Da Symbole auch für Größen (z. B. **K** wie Kosten) stehen, mit denen eine Messung erfolgt, ist die Dimension anzugeben, in der die entsprechende Größe gemessen wird. Mit Blick auf Kosten wäre eine Dimension bspw. die Währung, in der die Kosten beziffert werden ($, €
oder allgemein **GE** wie Geldeinheiten).

Die Reihe der vor dem eigentlichen Text der Arbeit aufzulistenden Verzeichnisse setzt sich mit dem *Abbildungs-* und dem *Tabellenverzeichnis* fort. In diesen Verzeichnissen wird dem Leser ein Überblick über die in der Arbeit verwandten Abbildungen und Tabellen gegeben. Dies geschieht, indem die Abbildungen oder Tabellen mit ihrer Nummer, ihrem Namen ergänzt um die Seitenzahl, auf der sie zu finden ist, aufgelistet sind, vgl. hierzu auch gleich das Abbildungs- sowie das Tabellenverzeichnis am Anfang dieses Bandes. Sobald Abbildungen oder Tabellen bspw. zur optischen Auflockerung des Textes zum Einsatz gelangen, sind entsprechende Verzeichnisse anzulegen. Für eine oder zwei Tabellen neben einem bestehenden Abbildungsverzeichnis auch ein Tabellenverzeichnis anzulegen, ist nicht notwendig, da ggf. Tabellen ja als eine Abbildung angesehen und in das Abbildungsverzeichnis integriert werden können, denn schließlich bilden Tabellen Strukturen und Inhalte ab. Sollte die Anzahl sowohl der Abbildungen als auch der Tabellen so gering sein, daß es nicht lohnt, zwei Verzeichnisse anzulegen, kann dazu übergegangen werden, beides als Darstellungen zu bezeichnen und statt dessen ein *Darstellungsverzeichnis* zu erstellen.

Das letzte der Verzeichnisse ist das *Verzeichnis der Anlagen*, sofern diese vorgesehen sind. Alternativ bietet sich auch an, das Verzeichnis der Anlagen als „Einstiegsseite" genau vor den Anlagen, also im Anschluß an das Literaturverzeichnis, zu placieren. Formal ist das Verzeichnis der Anlagen vergleichbar mit dem Abbildungs- oder Tabellenverzeichnis: Nummer der Anlage, Titel der Anlage und die Angabe der Seite, auf der die Anlage beginnt.

Nach diesen Verzeichnissen folgt nun der Textteil der Arbeit, auf den im Anschluß eingegangen wird. An den Textteil schließt sich unmittelbar das *Literaturverzeichnis* an. Das Literaturverzeichnis beinhaltet (alphabetisch nach Autoren geordnet) alle nachweislich im Text der Arbeit direkt oder indirekt genutzten Quellen. Literaturstellen, die zwar im Rahmen der Themenreflexion eine z. T. nicht unwesentliche Rolle gespielt haben, nicht jedoch beim Verfassen der Arbeit selber, haben in einem Literaturverzeichnis nichts zu suchen. Schlimmstenfalls würden sie als „Luftnummern" gewertet werden, die nur zum „Auffüllen" des Literaturverzeichnisses benötigt wurden. Als in einem Literaturverzeichnis anzugebenden Quellen zählen alle – und zwar unabhängig davon, ob auf Papier oder im Internet – veröffentlichten Texte. Jede Quelle hat die erforderlichen bibliographischen Angaben zu enthalten, die ein problemloses Auffinden der Quelle ermöglichen. An dieser Stelle sei auf den Abschnitt zum *Zitieren* (vgl. Abschnitt 5.1.2) verwiesen, welcher die Struktur von Quellenangaben zum Gegenstand hat.

Wird in der Arbeit auf rechtliche Texte (Gesetze, Verordnungen, Urteile usw.) zurückgegriffen, ist das Literaturverzeichnis um ein *Verzeichnis der Rechtsquellen* zu ergänzen. In ihm werden die genutzten Rechtsquellen vollständig und alphabetisch geordnet nach dem Titel der Rechtsquelle aufgelistet. Insofern Gesetze oder Verordnungen in amtlichen Blättern (dem Bundesgesetzblatt, den Gesetzes- und Verordnungsblättern auf Landesebene oder in Verkündungsblättern ausgewählter öffentlicher Einrichtungen mit Verordnungsbefugnis) erstmals zum Abdruck gelangen, sind stets diese mit Jahrgang, Nummer und die Seite, auf welcher der Abdruck der entsprechende Rechtsnorm beginnt, aufzuführen.[61] Sekundäre Quelle, wie das Internet (z. B. unter www.rechtliches.de), in Gesetzes-Sammlungen (z. B. Kunz (2003)) oder in Taschenbuch-Ausgaben, wie bspw. die „Beck-Texte im dtv", sind als zitierfähige Quellen für Gesetze und Verordnungen unzulässig.

Empiriegestützte oder konzeptionelle Arbeiten greifen entweder auf diverse Daten (bspw. die vollständige Auswertung einer schriftlichen Befragung oder transkribierte Interviews) zurück oder warten mit einer Reihe von das entwickelte Konzept (bspw. in Form einer Handreichung) ergänzender Materialien auf. In beiden Fällen sind diese Dinge als Bestandteile des *Anhangs* einer Arbeit anzusehen. Bei empirischen Daten

---

[61] Vgl. u. a. das Rechtsquellenverzeichnis in diesem Band.

liegt es dann im Ermessen des Verfassers, inwieweit im Anhang dokumentierte Daten in die Ergebnisauswertungen im Rahmen der Arbeit aufgegriffen werden.

Das letzte Blatt einer jeden Arbeit ist die handschriftlich unterzeichnete *Erklärung an Eides Statt*. Dieses Blatt enthält keine Seitenzahl und ist somit auch kein im Inhaltsverzeichnis zu erwähnender Bestandteil der Arbeit. Üblicherweise ist der genaue Wortlaut einer solchen Erklärung in der Prüfungsordnung des betreffenden Studienganges nachzulesen oder wird als Vorlage im Rahmen der Anmeldung der Arbeit dem Verfasser bereitgestellt. Oftmals wird diese Erklärung an Eides Statt mit zwei weiteren Punkten verbunden. Mit der Unterschrift unter der Erklärung hat der Verfasser einerseits zugleich bekanntgegeben, ob er damit (nicht) einverstanden ist, daß die Arbeit (i. d. R. betrifft dies nur die Abschlußarbeit) in der Bibliothek ausgestellt wird. Andererseits hat er damit die „Belehrung" darüber gegengezeichnet, daß er das Recht hat, seine Abschlußarbeit nach der gesetzlichen Aufbewahrungsfrist von fünf Jahren ausgehändigt zu bekommen.

Aufgabe 8: Erklärung an Eides Statt

Suchen Sie in der Prüfungsordnung Ihres Studienganges den Wortlaut der eidesstattlichen Erklärung heraus, die Sie als Verfasser einer im Rahmen Ihres Hochschulstudiums zu erstellenden Haus-, Bachelor- oder Diplomarbeit bei der Abgabe abzugeben haben.

Eine Lösung:

In der Diplom-Prüfungsordnung für den Studiengang „Berufspädagogik für Gesundheitsberufe" an der Fachhochschule Bielefeld (DPO) vom 20. August 2003 finden sich an zwei Stellen Hinweise auf den Wortlaut einer solchen Erklärung. Im § 18 Absatz 4 Satz 3 DPO wurde mit Blick auf Hausarbeiten folgendes vermerkt:

> „Bei Abgabe der Hausarbeit hat die oder der Studierende zu versichern, dass sie (ihre – Anm. d. V.) oder er seine Arbeit … selbständig angefertigt und keine anderen als die angegebenen und bei Zitaten kenntlich gemachten Hilfsmittel benutzt hat."

Für Diplomarbeiten ist der identische Wortlaut im § 30 Absatz 1 Satz 1 der DPO nachzulesen.

5.1.1.2   Inhaltliche Bestandteile einer Arbeit

Inhaltlich besteht eine wissenschaftliche Arbeit aus drei Teilen: Einführung, Hauptteil und Schluß.

Die *Einführung* in eine Arbeit hat zwei für die gesamte Arbeit wesentliche Aufgaben zu erfüllen. In ihr ist erstens das Ziel zu benennen oder besser das Problem herauszuarbeiten, welches der Autor mit seiner Arbeit lösen möchte. Zweitens hat der Autor dem Leser darzustellen, wie er die Problemlösung vorantreibt. Für die erste Aufgabe findet sich in der Literatur oft auch der Begriff *Problemstellung*, für die zweite Aufgabe auch *Gang der Untersuchung*.

Der Herausarbeitung der Notwendigkeit, dem – bereits im Titel der Arbeit angesprochenen – Problem eine Haus-, Seminar- oder gar Abschlußarbeit zu widmen, hat unter Berücksichtigung der bisher vorliegenden wissenschaftlichen Erkenntnisse zu erfolgen. Die Notwendigkeit der Zuwendung zu diesem Problem mit persönlicher Betroffenheit zu begründen, entspricht keiner wissenschaftlichen Herangehensweise. Mit der Herausarbeitung des Problems ist zugleich auch eine Eingrenzung des Themas und deren Begründung verbunden. Diese Dinge sollten auf ca. zwei bis drei Seiten in einer solchen Art und Weise erfolgen, daß der Leser Lust auf die Lektüre der gesamten Arbeit bekommt.

Der Gang der Untersuchung soll dem Leser verdeutlichen, in welchen Schritten das Problem seiner Lösung zugeführt wird. Bei stringenter Herangehensweise spiegeln sich diese Schritte in der Gliederung des Hauptteils der Arbeit. Darüber ist der Leser im Rahmen einer Einführung zu informieren. Hieraus ergibt sich im Hinblick auf den Zeitpunkt des Verfassens der Einführung die Empfehlung, die Problemstellung so früh wie möglich zu erstellen, denn nur auf deren Basis kann eine Strukturierung der Arbeit erfolgen. Nach Fertigstellung der Arbeit, also mit dem Vorliegen der Ergebnisse, sollte in jedem Falle die Einführung überprüft und ggf. korrigiert werden. Oftmals wird aus verschiedenen Gründen entweder das ursprünglich anvisierte Ziel nicht erreicht und/oder der angedachte Weg zum Ziel nicht beschritten.

Der *Hauptteil* einer Arbeit (der jedoch nicht mit dieser, sondern mit einer inhaltlichen Überschrift zu betiteln ist) richtet sich in seiner Struktur nach dem Ziel der Arbeit, also danach, ob mit der Arbeit ein Beitrag zur Theorie, Empirie oder Methode geleistet werden soll. Demgemäß sind die folgenden Ausführungen als grundlegende Empfehlungen anzusehen, die u. U. weitergehend zu untersetzen sind. Stets beginnt der Hauptteil mit einem sog. Basiskapitel. In diesem Kapitel erfolgt die Definition zentraler Begriffe, d. h. von Begriffen, die für die Arbeit von zentraler Bedeutung sind, und die Dokumentation des Standes der Forschung zum Thema der Arbeit. Dem schließt sich die wissenschaftliche Argumentation an. Je nach Ausrichtung der Arbeit besteht diese entweder in einer Beweisführung bei einer theoretischen Arbeit, in der Darstellung der gewählten Vorgehensweise bei einer empirischen Untersuchung oder in der Abarbeitung einzelner Stufen einer Konzeptentwicklung. Das dritte Kapitel ist dann der Präsentation und Diskussion der Ergebnisse zu widmen. Dies ist in Form einer Vorstellung (ausgewählter) empirischer Ergebnisse, einer Diskussion eines theoretischen Erkenntniszuwachses durch eine beispielhafte Übertragung auf einen anderen Sachverhalt oder in der Diskussion eines entwickelten Konzept vor dem Hintergrund einer ersten Evaluation denkbar.

Eine strenge Vorgabe hinsichtlich einer seitenmäßigen Gewichtung dieser drei Anteile eines Hauptteiles gibt es nicht und wäre von vornherein (also in Unkenntnis des konkreten Sachverhalts) nicht zielführend, da sonst sämtliche Anstrengungen des Verfassers einer Arbeit darauf ausgerichtet sind, diesen formalen Vorgaben zu entsprechen. Erfahrungsgemäß leidet darunter dann der Inhalt. Beim Verfassen des Textes sollte darauf geachtet werden, daß auch nur solche Dinge angesprochen werden, die zur Lösung des Problems beitragen. „Exkurse" oder „am Rande erwähntes" mögen zwar zur Illustration eines Sachverhaltes hilfreich sein, beeinträchtigen jedoch die Stringenz einer zur Problemlösung hinführenden Argumentationskette erheblich und sollte daher unterbleiben.[62]

Dem *Schlußteil* einer Arbeit können unterschiedliche Funktionen zukommen. Eine Arbeit kann entweder mit einer Zusammenfassung oder mit einem Ausblick enden. Eine Zusammenfassung stellt bspw. thesenartig die wesentlichen Ergebnisse der Arbeit zusammen. Dabei ist zu überprüfen, inwiefern das ursprüngliche Ziel mit dem Erreichten übereinstimmt. Ein Ausblick leistet dies nicht. In einem Ausblick werden ausgehend von den Ergebnissen der Arbeit bspw. Sachverhalte angesprochen, auf die sich die Problemlösungen übertragen lassen, oder in welche Richtung die Entwicklung gehen wird. Ggf. lassen sich diese Ausführungen ergänzen um das Wiederaufgreifen von in der Einführung ausgegrenzten Aspekten oder um Hinweise, in welcher Richtung an den Ergebnissen dieser Arbeit angeknüpft werden kann.

In jedem Fall ist darauf zu achten, daß die Überschrift des Schlußteils auch mit dem Inhalt des Schlußteils übereinstimmt. Enthält der Schlußteil eine Zusammenfassung, sollte auch in der Überschrift deutlich werden. Wird dem Leser ein Ausblick geboten, ist dies die Überschrift. Wird vom Verfasser beides im ca. ein- bis zweiseitigen Schlußteil der Arbeit untergebracht, wäre entweder Zusammenfassung und Ausblick oder nur Fazit die richtige Überschrift.

Der Schlußteil ist damit ähnlich der Einführung der Meta-Ebene einer Arbeit zuzuordnen und von entscheidender Bedeutung, wenn sich der Leser einen schnellen und kompetenten Einblick in die gesamte Arbeit verschaffen möchte. Daher sind beide Teile mit besonderer Sorgfalt zu bearbeiten und aufeinander abzustimmen.

---

[62] Vertiefend hierzu vgl. Corsten und Deppe (2002), S. 75 f. Zu einer gegenteiligen Auffassung vgl. Theisen (2002), S. 169 f.

5.1.1.3   Gliederungsformen und -hinweise

Die Gliederung vervollständigt beim Leser neben der Einführung und dem Schlußteil der Arbeit den „ersten Eindruck". Insofern ist ein großes Augenmerk auf eine klare Gliederung zu legen. Für die Gestaltung einer Gliederung stehen unterschiedliche Gliederungsformen zur Verfügung. Hinsichtlich der äußeren Erscheinung einer Gliederung wird von *Gliederungsprinzipien* gesprochen, während mit der Art und Weise der Numerierung von Gliederungspunkten die *Gliederungsordnung* gemeint ist.[63] Als Gliederungsprinzipien haben sich das Linienprinzip und das Abstufungsprinzip durchgesetzt, vgl. hierzu auch die Tabelle 8. Beim Linienprinzip werden alle Gliederungspunkte, unabhängig von der Gliederungsebene, gerade untereinander am linken Textrand ausgerichtet. Das Abstufungsprinzip hat seinen Namen daher, weil jede tiefere Gliederungsebene eingerückt wird und sich so über die Gliederungsebene ein Stufenbild ergibt.

		Gliederungsordnung	
		Numerische Ordnung	Alpha-numerische Ordnung
Gliederungsprinzip	Linienprinzip	1. ..... 1.1 ..... 1.2 ..... 2. ..... 2.1 ..... 2.2 ..... 2.2.1 ..... 2.2.2 ..... 2.2.2.1 ..... 2.2.2.2 ..... 2.3 ..... 3.	A. ..... I. ..... II. ..... B. ..... I. ..... II. ..... 1. ..... 2. ..... a) ..... b) ..... 3. ..... C. .....

	Abstufungsprinzip	1. .....
		   1.1 .....
		   1.2 .....
		 2.
		   2.1 .....
		   2.2 .....
		     2.2.1 .....
		     2.2.2 .....
		       2.2.2.1 .....
		       2.2.2.2 .....
		   2.3 .....
		 3.
			A. .....
			   I. .....
			   II. .....
			 B. .....
			   I. .....
			   II. .....
			     1. .....
			     2. .....
			       a) .....
			       b) .....
			     3. .....
			 C. .....

Tabelle 8: Gliederungsformen

---

[63] Vgl. auch Corsten und Deppe (2002), S. 51.

Gliederungsordnungen bringen zum Ausdruck, in welcher Form die Gliederungspunkte unterschiedlicher Ebenen angegeben werden. Erfolgt dies ausschließlich unter
der Verwendung von arabischen Zahlen, so findet die numerische Ordnung Anwendung. Wechseln sich hingegen arabische mit römischen Zahlen und ggf. sogar mit
Groß- und Kleinbuchstaben ab, wird von der alpha-numerischen Gliederungsordnung
gesprochen, vgl. ebenfalls Tabelle 8.

Aufgabe 9:   Erstellen einer Gliederung

Ein Text gliedert sich in vier Kapitel. Das erste und letzte Kapitel wird nicht untergliedert. Die Kapitel 2 und 3 sind mit jeweils drei Unterkapiteln versehen. Die zweiten dieser Unterkapitel in beiden Kapiteln setzen sich aus ebenfalls drei Abschnitten
zusammen. Entwerfen Sie dazu eine mögliche Gliederung.

Mögliche Lösungen:

1.		1.		A.		A.	
2.		2.		B.		B.	
2.1			2.1	I.			I.
2.2			2.2	II.			II.
2.2.1				2.2.1	1.			1.
2.2.2				2.2.2	2.			2.
2.2.3				2.2.3	3.			3.
2.3			2.3	III.		III.	
3.		3.		C.	C.		
3.1			3.1	I.			I.
3.2			3.2	II.			II.
3.2.1				3.2.1	1.			1.
3.2.2				3.2.2	2.			2.
3.2.3				3.2.3	3.			3.
3.3			3.3	III.		III.	
4.		4.		D.	D.		

Tabelle 9: Lösungen zur Gliederungsaufgabe

Welche der Gliederungsformen gewählt werden, liegt im Ermessen des Verfassers
einer Arbeit. Das optische Empfinden entscheidet insbesondere bei der Wahl des
Gliederungsprinzips. Insofern je nach Art der Arbeit die Anzahl der Gliederungsebenen überschaubar sind, vgl. Tabelle 11, besteht auch nicht die „Gefahr" einer zu umfangreichen Abstufung. Die Wahl der Gliederungsordnung ruht schon eher auf
Zweckmäßigkeitsüberlegungen. Eine einzelne Zahl oder ein einzelner Buchstabe vor

einer Überschrift kann beim Leser zu Orientierungsschwierigkeiten dahingehend führen, daß er nicht sofort erkennen kann, in welches nächsthöhere Kapitel sich der aktuelle Abschnitt einordnet. Zudem können bei diesem Ordnungsprinzip (vgl. die Lösung
zur Gliederungsaufgabe) einzelne Zahlen und Buchstaben öfters auftreten.

Bei der numerischen Gliederungsordnung ist zwar durch die Angabe aller Gliederungsebenen in jedem Gliederungspunkt stets die „vollständige Information" verfügbar. Zu viele Zahlen in einer Reihe (vier und aufwärts) führen jedoch zum Verlust des
Informationsgehaltes. Eine Lösung für dieses Dilemma stellt ein Mix aus der numerischen und alpha-numerischen Ordnung dar. Sobald in einer numerisch geordneten
Gliederung die vierte Ebene erreicht wird, bietet es sich an, die erste Gliederungsebene durch eine römische Zahl zu ersetzen. Die römische Zahl steht dann nur auf der
ersten Ebene vor der Überschrift. Ab der zweiten Ebene (und tiefer) wird die römische Zahl getreu der alpha-numerischen Ordnung nicht mehr mitgeführt. Auf der
vierten Gliederungsebene stehen somit nur drei Zahlen vor der Überschrift, obwohl
bereits die vierte Ebene erreicht ist. Aus bspw. 4.3.1.3 wird auf diese Weise ein 3.1.3
im Kapitel IV.

Welche Regeln sind darüber hinaus beim Erstellen einer Gliederung zu beachten?

1) Wer „A" sagt, muß auch „B" sagen!

Übertragen auf das Gliedern eines Textes bedeutet dies, daß eine nächsttiefere Gliederungsebene aus mindestens zwei Punkten besteht. Eine nächsttiefere Ebene, die nur
aus einem Punkt besteht, ist keine wirkliche Untergliederung. Wenn bspw. ein Kapitel
2 mit einem Punkt (also 2.1) untergliedert wird und sich dann bereits das Kapitel 3
anschließt, so entspricht der Punkt 2.1 inhaltlich dem Kapitel 2 und sollte gliede-
rungslogisch entfallen.

2) Keine thematischen Vortexte vor der nächsttieferen Gliederungsebene!

Wenn aus einer Gliederung ersichtlich wird, daß der erste Abschnitt der nächsttiefe-
ren Gliederungsebene erst Seiten später folgt, dann deutet dies auf einen mit thematischen Inhalten gefüllten Text zwischen zwei Gliederungsebenen (einen sog. Vortext)
hin. Insofern ein Gliederungspunkt untergliedert wurde, bilden die Inhalte der Unter-
abschnitte den Inhalt des entsprechenden Gliederungspunkt. Vortexte dienen lediglich
der Information des Lesers darüber, welche Struktur das nun folgende Kapitel aufweist.

Oftmals kommen seitenlange Vortexte zum Einsatz, wenn ein Kapitel mit genau
einem Abschnitt untergliedert wurde. Dann jedoch besteht das betreffende Kapitel
eigentlich aus zwei Abschnitten, nämlich aus den thematischen Inhalten des Vortextes
und dem bisher einzigen Unterabschnitt. Die folgende Tabelle verdeutlich dies und
die Lösung dieses Gliederungsproblems an einem Ausriß aus einem Inhaltsverzeichnis.

Problem		Lösung	
Inhaltsverzeichnis		Inhaltsverzeichnis	
	Seite		Seite
1.	1	1.	1
2.	3	2.	3
2.1	5	2.1	3
3.	7	2.2	5
		3.	7

Tabelle 10: Vortexte und ihre gliederungstechnische Vermeidung

3) Eine ausgewogene Gliederungstiefe und -breite anstreben!

Eine Gliederung sollte nicht zu tief und nicht zu breit angelegt sein. Eine Gliederung ist zu tief, wenn sie zu viele Gliederungsebenen beinhaltet. Wird auf das Anlegen nächsttieferer Gliederungsebenen verzichtet, droht die Gliederung zu flach und damit zu breit zu werden. Ob und wenn ja wie ein Kapitel zu untergliedern ist, ergibt sich aus dem Inhalt. Daher können an dieser Stelle nur grundlegende (also themenunabhängige) Empfehlungen gegeben werden. Eine Faustregel lautet bspw., daß pro ca. 40 Seiten Text eine Seite Gliederung vorzusehen ist.

Aus dieser Regel folgen unter Berücksichtigung der bisherigen Empfehlungen hinsichtlich der inhaltlichen Grundstruktur einer Arbeit, vgl. die Ausführungen zu den inhaltlichen Bestandteilen einer Arbeit im Gliederungspunkt 5.1.1.2, und der daraus resultierenden Anzahl von Kapiteln auf der ersten und bereits zweiten Gliederungsebene die in der Tabelle 11 zusammengestellten Hinweise über den Seitenumfang einer Gliederung und die Anzahl von Gliederungsebenen. Diese Hinweise sind auf die entsprechende Art einer wissenschaftlichen Arbeit ausgerichtet.

Art der Arbeit	Umfang der Arbeit	Umfang der Gliederung	Anzahl der Gliederungsebenen
Haus- oder Seminararbeit	15	1 Seite[64]	3
Bachelorarbeit	45	1–2 Seiten	3–4
Diplomarbeit	60	max. 2 Seiten	max. 5

Tabelle 11: Empfehlungen zur Gliederung

---

[64] Bei einer 15seitigen Arbeit wird eine Gliederung erfahrungsgemäß keine ganze Seite einnehmen. Hier ist Seite als Blatt zu verstehen, denn ein Inhaltsverzeichnis steht allein auf einem Blatt.

5.1.2   Zitieren

„Viel von dem, was man in einer Ausarbeitung von sich gibt, ist nicht Ergebnis eigenen Nachdenkens. Wer immer eine Anleihe bei anderen aufnimmt, muß den Leuten,
deren Gedanken, Konzepte, Modelle, Verfahren, Meßtechniken etc. er sich zu eigen
macht, Gerechtigkeit widerfahren lassen. Sie besitzen das geistige Eigentum daran. Es
sind, kurz gesagt, die Quellen offenzulegen. Sich nicht daran halten, heißt mogeln."[65]

Daß fremdes Wissen in die eigene Ausarbeitung einfließt, liegt auf der Hand. Wie
ordnungsgemäß[66] mit fremden Wissen umzugehen ist, sowie wie und wo die Angabe
der Quelle dieses Wissens erfolgt, ist Gegenstand der folgenden Ausführungen.

5.1.2.1   Zitierfähigkeit von Quellen

Die Frage, was als fremdes Wissen anzusehen und somit im Rahmen einer wissenschaftlichen Arbeit mit einer Quellenangabe zu versehen ist, beschäftigt nicht nur Gerichte.[67] Sogar im Rahmen von Rezensionen wird bisweilen auf Plagiate aufmerksam
gemacht. Im Heft 4 der Zeitschrift für Betriebswirtschaft des Jahrgangs 1996 hat z. B.
Glaser[68] eine solche Besprechung eines Werkes von Burger[69] vorgelegt.

Neben der Verpflichtung zur Quellenangabe stellt sich oft die Frage der Zitierwürdigkeit oder was als nicht zitiernotwendiges Allgemeinwissen anzusehen ist. In Anlehnung an die Ausführungen zu diesem Thema im Gliederungspunkt 3.2 Arten von
Literaturquellen wird hier die Meinung vertreten, daß alles, was veröffentlicht wurde
und die Kriterien der Zitierfähigkeit erfüllt, als Quellen herangezogen werden kann.
Als Kriterien der Zitierfähigkeit seien hier insbesondere das Vorhandensein der bibliographischen Angaben und das Wiederauffinden der Quelle durch andere angesehen, was also eine Nachprüfbarkeit der Aussagen ermöglicht.

Die als sog. Publikumszeitschriften eingestuften Druckerzeugnisse werden zuweilen
sowohl seitens einzelner Autoren als auch von Gerichten als nicht zitierfähig eingestuft.[70] Oftmals ist es jedoch der Publikumscharakter von Zeitschriften, der in so-

---

[65] Dichtl (1996), S. 218.

[66] Nicht nur, wie bereits in den Ausführungen zur Erklärung an Eides Statt verdeutlicht, wird in den
Prüfungsordnungen von der Verpflichtung zur Angabe von Hilfsmitteln (hier die Quellen fremden Wissens) gesprochen, auch in den §§ 51, 63 UrhG finden sich entsprechende Forderungen.

[67] Beispielhaft hierzu vgl. Theisen (2002), S. 141.

[68] Vgl. Glaser (1996).

[69] Vgl. Burger (1995).

[70] Zu diesbezüglichen Urteilen und beispielhaften Listen von nicht zitierfähigen Publikumszeitschriften und Tageszeitungen vgl. u. a. Theisen (2002), S. 141 sowie Corsten und Deppe (2002),
S. 61.

zialwissenschaftlichen Forschungsarbeiten das zu untersuchende empirische Erkenntnisobjekt darstellt. Eine Analyse z. B. zum Thema: „Die Pflege in der Karikatur" sollte gerade auf entsprechende Zeitungen, Zeitschriften und Magazine zurückgreifen.

Als nicht zitierfähig gelten Haus-, Seminar- oder Abschlußarbeiten, die als Prüfungsleistungen im Rahmen des Studiums erstellt wurden. Diese Arbeiten sind i. d. R. nicht öffentlich zugänglich und zudem auch nur über den Archivierungszeitraum von fünf verfügbar, womit die Kriterien der Zitierfähigkeit nicht erfüllt sind. Ebenfalls wird nichts zitiert, was als Allgemeinwissen gilt und jedem Konversationslexikon entnommen werden kann. Die Lexika sind dann jedoch als Quellen anzugeben, wenn hingegen der Wandel von Begrifflichkeiten im Zeitverlauf an nacheinanderfolgenden Auflagen des entsprechenden Werkes verdeutlicht werden soll.

Als grundsätzlich zitierfähige Quellen verbleiben Bücher, Aufsätze, Artikel, Rechtsnormen, Inhalte des Internets und die „graue Literatur". (Ausführlich dazu vgl. die Ausführungen zur Zitiertechnik und der dortigen Ausführungen zu den Quellen und die Abbildung 6.)

5.1.2.2 Zitiergrundsätze

Becker sieht drei Grundsätze, denen jedes Zitat gerecht werden sollte:[71]

- Grundsatz der Unmittelbarkeit: Das Zitat ist der Primärquelle zu entnehmen.
- Grundsatz der Zweckmäßigkeit: Das Zitat sollte nur das enthalten, was der zitierte Verfasser mit dem Zitat belegen möchte.
- Grundsatz der Vollständigkeit: Die Quellenangaben sollten ausreichend und eindeutig sein, um ein Wiederauffinden zu ermöglichen.

Zu ergänzen sind diese Grundsätze um den:

- Grundsatz der Einheitlichkeit: Die Quellenangaben haben über die gesamte Arbeit hinweg einheitlich zu erfolgen.

Zum Grundsatz der Unmittelbarkeit

Fremdes Wissen sollte grundsätzlich stets aus der Primärquelle übernommen werden. Liegt diese nicht im Original vor, ist auf die Quelle zurückzugreifen, in welcher die Primärquelle genutzt wurde. Letzteres wird in der eigenen Arbeit dadurch zum Ausdruck gebracht, daß sowohl die Originalquelle als auch die Quelle angegeben wird, in der die Originalquelle gefunden wurde:

<Originalquelle> zitiert nach <Sekundärquelle>.

---

[71] Vgl. Becker (1994), S. 35.

Zum Grundsatz der Zweckmäßigkeit

Zweckmäßigkeitsgesichtspunkte hat der Verfasser mit Blick auf seine Argumentationskette, die er dem Leser seiner Arbeit anbieten möchte, zu berücksichtigen. Der Leser liest die Arbeit des Verfassers, in der dieser eine fremde Aussage in Form eines Zitates sowohl inhaltlich als auch sprachlich optimal eingebunden hat. Dementsprechend sind Anpassungen in zweierlei Hinsicht sinnvoll, wenn nicht sogar erforderlich.

- *Inhaltliche Anpassungen* bedeuten, daß das (in diesem Fall wörtlich zu übernehmende) Wissen von überflüssigen Inhalten befreit wird. Dies wird in der Übernahme durch sog. Auslassungspunkte kenntlich gemacht.

Beispiel:

Ursprünglich: „Die Erfolge der modernen Medizin haben demgegenüber der Überzeugung Vorschub geleistet, beinahe jedermann könne bei entsprechendem Aufwand von Mitteln einen beinahe beliebig guten Gesundheitszustand erreichen."[72]

Übernommen: „Die Erfolge der ... Medizin haben ... der Überzeugung Vorschub geleistet, beinahe jedermann könne ... einen ... beliebig guten Gesundheitszustand erreichen."[73]

- *Sprachliche Anpassungen* sind erforderlich, wenn bspw. fremdes Wissen wörtlich in die eigene Satzkonstruktion zu integrieren ist. So ist oftmals die ursprüngliche Position des Verbs der Konstruktion des neuen Satzes anzupassen. Dort, wo das Verb entnommen wurde, sind Auslassungspunkte zu setzen; an der nun passenden Stelle ist das Verb – in Klammern gesetzt – einzufügen. Die Klammer bringt zum Ausdruck, daß dies eine Veränderung gegenüber dem Original darstellt. Eine weitaus weniger aufwendigere und u. U. sprachlich sogar bessere Alternative hierzu wäre, das Wissen nicht wörtlich, sondern sinngemäß zu übernehmen.

Beispiel:

Ursprünglich: „Stärker noch als die Krankenhauslandschaft ist der Reha-Markt in Bewegung."[74]

Wörtlich in eigenen Satz übernommen: Adomeit et al. stellten im Jahre 2001 fest, daß „... stärker noch als die Krankenhauslandschaft ... der Reha-Markt in Bewegung (ist)"[75].

Sinngemäße Übernahme: Der Reha-Markt weist eine höhere Dynamik auf als der Krankenhaussektor.[76]

---

[72] Breyer, Zweifel, Kifmann (2003), S. 71.

[73] Breyer, Zweifel, Kifmann (2003), S. 71.

[74] Adomeit et al. (2001), S. 209.

[75] Adomeit et al. (2001), S. 209.

Zum Grundsatz der Vollständigkeit

Während sich die Zweckmäßigkeit auf das zu übernehmende Wissen bezog, zielt der Grundsatz der Vollständigkeit auf die Angabe der Quelle des Wissens. Die Angabe der Quelle erfolgt unmittelbar an der Stelle, an welcher das fremde Wissen in den eigenen Text integriert wurde. Um den Leser in seinem Lesefluß möglichst nicht zu stören, empfiehlt es sich, die Quellenangabe in einer möglichst kurzen Form vorzunehmen. Ein weiterer Grund, warum dies im Textteil so gehandhabt werden sollte, ist die Tatsache, daß die Angabe einer Quelle im Literaturverzeichnis stets vollständig (also in einer Langform) zu erfolgen hat. Dementsprechend muß aber die kurze Quellenangabe im Textteil vollständig genug sein, um eindeutig auf die richtige Quelle in ihrer Langform im Literaturverzeichnis zu verweisen.

Sofern die Quelle kein eigenständiges Buch oder eine Internet-Seite ist, sollte zudem daran gedacht werden, daß die betreffende Quelle (wie z. B. ein Aufsatz in einem Buch oder einer Zeitschrift) Bestandteil eines Publikationsmediums (in dem Falle das Buch oder die Zeitschrift) ist. Es sind also sowohl die eigentliche Quelle als auch deren Rahmen anzugeben. Was eine Kurzform einer Quellenangabe zu enthalten hat und wann – mit Blick auf das Literaturverzeichnis – eine Quellenangabe als vollständig angesehen werden kann, ist Gegenstand der folgenden Ausführungen zu den Zitiertechniken.

Zum Grundsatz der Einheitlichkeit

Einheitlichkeit ist das oberste Gebot. Eine einmal eingeführte Verfahrensweise beim Zitieren sollte über die gesamte Arbeit hinweg beibehalten werden. Welche Alternativen bei der Wahl einer einheitlichen Verfahrensweise, wie z. B. der Ort der Quellenangabe (im Text oder in einer Fußnote) oder Art der Quellenangabe (Kurz- oder Langform der Quellenangabe) zur Auswahl steht, wird im folgenden Abschnitt erläutert.

5.1.2.3 Zitiertechnik

Techniken zur Übernahme fremden Wissens und zur Angabe der Quelle dieses Wissens gibt es viele. Im folgenden wird ein Einblick in die grundlegenden Alternativen gegeben, an Beispielen vertieft und an Aufgaben geübt. Begonnen wird mit den Möglichkeiten der Übernahme von Wissen im Sinne einer Integration in den eigenen Text. Dem schließen sich Einblicke in das Offenlegen der Informationen über die Quelle, aus der das Wissen stammt, an. Dabei erfolgt dies untergliedert danach, wo die Informationen anzugeben sind. Einerseits ist dies im Textteil unmittelbar an der Stelle, an der das fremde Wissen einfließt. Andererseits ist dies das Literaturverzeichnis, welches als „Quellenverzeichnis" dem Leser die vollständigen Informationen aller nachweislich genutzten Quellen dokumentiert.

---

[76] Vgl. Adomeit et al. (2001), S. 209.

Direktes versus indirektes Zitat

Wie bereits aus den Ausführungen zur sprachlichen Anpassung im Rahmen des Grundsatzes der Zweckmäßigkeit deutlich wurde, sind *wörtliche* und *sinngemäße* Zitate zu unterscheiden. Die wörtliche Übernahme fremden Wissens wird auch als *direktes* Zitat bezeichnet. Je nach Umfang des wörtlich übernommenen Wissens liegt es im Ermessen des Verfassers, ob er diese Passagen in seinen Textfluß aufnimmt oder ob die entsprechende Passage in einem separaten Absatz links und rechts eingerückt sowie ggf. sogar noch in einer kleineren Schriftgröße dem Leser zur Kenntnis gegeben wird.

Das *indirekte* Zitat steht für die sinngemäße Übernahme. Wird etwas wörtlich übernommen, so ist dies in Anführungszeichen zu setzen, denn es sind ja die Aussagen eines anderen. Demgemäß wird im Rahmen der Quellenangabe unmittelbar der andere benannt. Bei einem indirekten Zitat erfolgt demgegenüber ein vergleichender Hinweis auf den Ursprung des Wissens. Die Angabe der Quelle im Textteil beginnt also mit einem „Vgl." oder „In Anlehnung an…".

Quellenangabe im oder am Text

Mit Blick auf die erste Information über die Quelle des Wissens, die bekanntlich unmittelbar in der Nähe des integrierten Wissens erfolgen sollte, werden zwei grundsätzlich Alternativen unterschieden:

- Eine Variante besteht darin, *die Quellenangabe in einer Klammer nach dem fremden Wissen unmittelbar in den Fließtext* einzubauen. Der Vorteil wäre, der Leser erhält die Information unmittelbar (wörtlich betrachtet) im Anschluß an das fremde Wissen. Als nachteilig ist anzumerken, daß dadurch der Lesefluß z. T. erheblich beeinträchtig wird, denn der Leser hält im Prinzip nur nach der Stelle Ausschau, an der die Quellenangabe endet, also die Klammer wieder geschlossen wird, damit er dort weiterlesen kann.

- Die zweite Variante wäre, *die Quellenangaben in einer Fußnote am unteren Seitenrand* zu präsentieren. Insofern die Quellenangabe eine „Randinformation" darstellt, gehört sie eigentlich auch an den Rand. Dort behindert sie nicht den Lesefluß des Lesers und steht dennoch für den Bedarfsfall an Ort und Stelle zur Verfügung. Im Text würde im Anschluß an das fremde Wissen eine Fußnotenzahl vergeben werden, die auf die entsprechende Fußnote am unteren Seitenrand verweist. Dort sind dann die Quellenangaben nachzulesen.

Ein Beispiel soll dies verdeutlichen helfen. Hierzu sei auf einen Satz aus einem Buch[77] zurückgegriffen, welches bereits die Klammer-Variante als Ort der Quellenangabe präferiert:

---

[77] Vgl. Beckenbach (1991), S. 126.

Eine Reihe von empirischen Forschungen zum Arbeiterbewußtsein nach 1975 beziehen sich auf begrenzte Fragen wie etwa auf Einstellungsveränderungen in der Wirtschaftskrise (Bierbaum, Bischoff, Eppenstein, Herkommer, Maldaner, Martin 1977); auf subjektive Aspekte des Leistungsprinzips (L. Hack, Brose, Czasny, I. Hack, Hager, Moser, Viesel 1979) oder auf soziale Deutungsmuster von Betriebsräten im Weiterbildungszusammenhang (Dybowski und Thomssen 1977).

Die Quellenangaben in den Klammern in Fußnoten verwandelt führen zu folgendem deutlich entschlackten Textbild und Fußnotenteil:

Text:

Eine Reihe von empirischen Forschungen zum Arbeiterbewußtsein nach 1975 beziehen sich auf begrenzte Fragen wie etwa auf Einstellungsveränderungen in der Wirtschaftskrise[1]; auf subjektive Aspekte des Leistungsprinzips[2] oder auf soziale Deutungsmuster von Betriebsräten im Weiterbildungszusammenhang[3].

Fußnotenteil:

---

[1] Vgl. Bierbaum, Bischoff, Eppenstein, Herkommer, Maldaner, Martin 1977.
[2] Vgl. L. Hack, Brose, Czasny, I. Hack, Hager, Moser, Viesel 1979.
[3] Vgl. Dybowski, Thomssen 1977.

Dabei ist zu beachten, daß jede Fußnote als ein eigenständiger Satz mit einem Großbuchstaben am Satzanfang und einem Punkt für das Satzende anzusehen ist. Endet eine Fußnote auf Grund einer am Ende stehenden Abkürzung mit einem Punkt der Abkürzung, so übernimmt dieser Punkt zugleich die Funktion des Satzpunktes.

Beispiel:

Falsch: [1] Vgl. Schmidt (1999), S. 8 f..

Richtig: [1] Vgl. Schmidt (1999), S. 8 f.

Einschlägige Textverarbeitungsprogramme unterstützen die Arbeit mit Fußnoten, indem eine entsprechende Fußnoten-Funktion bereitgehalten wird. Dort können auch Einstellungen hinsichtlich der Numerierung der Fußnoten vorgenommen werden. Alternativ bieten sich an: 1) ein Durchnumerieren von der ersten bis zu letzten Fußnote über den gesamten Text hinweg oder 2) ein seitenweises Durchnumerieren, d. h. die jeweils erste Fußnote auf der entsprechenden Seite erhält die Nummer 1. Ein Durchnumerieren über den gesamten Text hinweg bietet sich entweder bei kleinen Texten oder im fortgeschrittenen Schreibstadium an. Ist die Schreibroutine noch nicht vollständig zur Entfaltung gekommen, und jedes Korrekturlesen bringt eine Reihe von Nacharbeiten mit sich, sollte die Wahl auf das seitenweise Durchnumerieren fallen.

Kurz- versus Langform der Quellenangabe

Grundsätzlich wird sowohl die *Kurz-* als auch die *Langform* einer Quellenangabe in jeder Arbeit zu finden sein. Im oder am Text empfiehlt es sich insbesondere aus Schreibeffizienzgründen die Quelle in einer kürzeren als der Langform, wie sie für das Literaturverzeichnis unverzichtbar ist, anzugeben. Wenn alle notwendigen Informationen zu einer Quelle angegeben werden, entspricht dies einer Langform der Quellenangabe oder dem *Vollbeleg*. Als Kurzform oder *Kurzbeleg* hingegen wird jede Verfahrensweise bezeichnet, die dem Leser weniger Informationen als in der Langform einer Quellenangabe anbietet. Insofern gibt es also eine „kürzeste" Kurzform und erweiterte Kurzformen.

Die kürzeste Form einer Quellenangabe besteht aus folgenden Bestandteilen:

Name des Autors (Jahr), Seite.

Beispiel: Müller (1999), S. 14.

Jede Quellenangabe beginnt mit dem Namen des Autors, der zitiert wird. Als Name wird der Nachname verwendet. Da ein Autor u. U. mehrere Texte verfaßt haben kann, ist es notwendig zur ersten schnellen Differenzierung ein weiteres Kriterium hinzuzuziehen. I. d. R. ist dies das Erscheinungsjahr des entsprechenden Textes. Um die Jahreszahl besser vom Namen abzusetzen, wird sie in eine Klammer gesetzt. Nach einem Komma folgt die Angabe der Seite, von der das Wissen stammt. Die Angabe der Seitenzahl wird im oder am Text vorgenommen, um seitengenau den Ursprung des Wissens zu dokumentieren. Im Literaturverzeichnis wird demgegenüber nicht die entsprechende Seite, sondern das gesamte Werk (Buch, Aufsatz…) angegeben.

Besonderheiten

1) Mehrere Autoren mit dem gleichen Namen.

Bei mehreren Autoren mit dem gleichen Nachnamen wird dieser in der Kurzform bei jedem der gleichnamigen Autoren um das Kürzel des Vornamen ergänzt.

Beispiel: Müller, H. (1999), S. 14.

2) Mehrere Texte eines Autors in einem Jahr.

Werden von einem Autor mehrere Texte aus demselben Erscheinungsjahr verwendet, erfolgt eine Differenzierung dieser Quellen in der Kurzform durch die Einfügung von kleinen Buchstaben hinter der Jahreszahl.

Beispiel: Müller (1999 a), S. 14.

Dabei wird erst bei der zweiten Quelle eines Jahres mit der Vergabe der Buchstaben begonnen. Die erste Quelle bleibt ohne ergänzten Buchstaben stehen. Die zweite Quelle erhält das kleine „a" usw. Bei dieser Regelung wird davon ausgegangen, daß erst im Schreibprozeß eine zweite Quelle im selben Jahr gefunden und verarbeitet wird. Da die erste Quelle bereits verarbeitet wurde, wird diese nicht mehr korrigiert, sondern in der bisherigen Art und Weise bis zum Ende der Arbeit so beibehalten.

3) Die zitierte Quelle erstreckt sich über mehrere Seiten.

Erstreckt sich die Quelle im Original über genau zwei Seiten, reicht es aus, die Seite anzugeben, auf der die zitierte Textpassage beginnt, und die Seitenzahl um ein „f." wie „und die folgende Seite" zu ergänzen.

Beispiel: Der zitierte Text in der Quelle von Müller findet sich auf den Seiten 14 und 15, so lautet der Kurzbeleg:

Müller (1999), S. 14 f.

Erstreckt sich die Quelle im Original über mehr als nur zwei Seiten, so ist die Angabe der ersten Seiten um ein „ff." wie „und die fortlaufend folgenden Seiten" zu ergänzen.

Beispiel: Der zitierte Text in der Quelle von Müller findet sich auf den Seiten 14 bis 19, so lautet der Kurzbeleg:

Müller (1999), S. 14 ff.

Als nachteilig ist hier jedoch anzumerken, daß es nun im Ermessen des Lesers liegt, wie weit er ggf. im Original beginnend auf der angegebenen Seite lesen soll, was den Eindruck einer präzisen Quellenangabe trüben könnte.

4) Mehrere Autoren als Verfasser eines Textes.

Wurde ein zu zitierender Text von mehreren Autoren verfaßt, erfolgt die Angabe der Autorennamen bei:

- zwei Autoren: Müller und Schmidt (2000), S. 14.
- drei Autoren: Müller, Schmidt und Lehmann (2000), S. 34.
- mehr als drei Autoren: Müller et al. (2001), S. 55.

Erweiterte Kurzbelege können bspw. generell das Kürzel des Vornamens, den Titel der Quelle oder auch nur ein prägnantes Schlagwort aus dem Titel der Quelle aufweisen. In jedem Falle ist jedoch vom Grundsatz der Einheitlichkeit auszugehen und eine einmal eingeführte Verfahrensweise bis zum Schluß der Arbeit beizubehalten.

Vollbelege von Quellen finden sich im *Literaturverzeichnis*. Die Kurzform einer Quellenangabe im oder am Text sollte so beschaffen sein, daß dem Leser das Auffinden des Vollbelegs im Literaturverzeichnis möglich wird. Dies hat zur Folge, daß die Bestandteile des Kurzbeleges einer Quelle in jedem Falle auch im Vollbeleg, idealerweise am Anfang des Vollbeleges, wiederzufinden sind. Die Bestandteile eines Vollbeleges sind:

Name, Vorname (Jahr): Titel der Quelle. Bibliographische Angaben.

Der Vollbeleg beginnt mit dem Nachnamen des Verfassers der Quelle. Dem schließt sich der Vorname in ausgeschriebener oder abgekürzter Form (Einheitlichkeit beachten!) an. In einer Klammer nach dem Namen wird das Erscheinungsjahr des Textes angegeben. Nach einem Doppelpunkt wird der Titel der Quelle, ggf. ergänzt um den Untertitel benannt. Die Titelangabe endet mit einem Punkt. Dann folgen die bibliographischen Angaben der betreffenden Quelle.

Im folgenden wird an Beispielen für mögliche Quellen und deren Vollbelegen dargestellt, welche Bestandteile die bibliographischen Angaben aufweisen. Sie richten sich insbesondere nach der Art der Literaturquelle, die mit den bibliographischen Angaben beschrieben werden sollen.

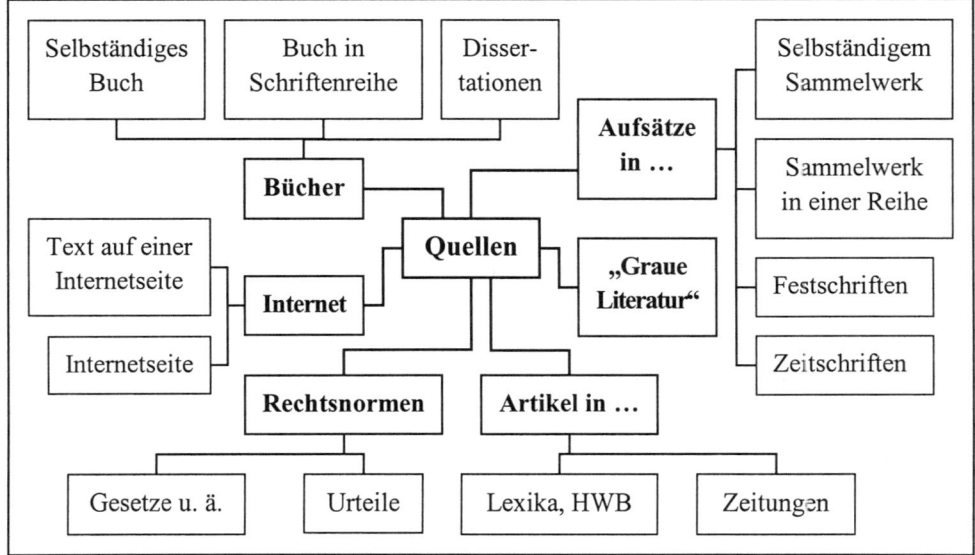

Abbildung 6: Spektrum möglicher Quellen

1. Bücher

Bücher können entweder als eigenständiges Buch oder als ein Buch in einer Schriften- oder Buchreihe in Erscheinung treten. Ein besonderes Buch ist eine Dissertation. Sofern sie nicht als ein eigenständiges Buch oder in einer Reihe erschien, kann sie auch im sog. Eigenverlag[78] herausgegeben werden. Da diese Exemplare dann nur in ausgewählten Bibliotheken verfügbar und nicht über den Buchhandel beziehbar sind, ist im Rahmen der Nennung der bibliographischen Angaben des Buches auf diesen besonderen Charakter hinzuweisen.

Vollbeleg eines selbständigen Buches

Name, Vorname (Jahr): Titel des Buches. Nummer der Auflage, Verlagsort.

Beispiel: Müller, H. (1999): Alter und Pflege. 2. Auflage, Köln.

Sofern ein Buch bereits in einer höheren Auflage als der ersten erschienen ist (bspw. bei Standardlehrbüchern), ist diese Angabe erforderlich, da es ja auch durchaus vorkommen kann, daß sich der Autor einer Arbeit auf eine bestimmte der bereist vorliegenden Auflagen bezieht. Zudem ist der Verlagsort anzugeben. Eine Angabe des Verlages ist i. d. R. überflüssig Ein sich im entsprechenden Wissenschaftsbereich kundiger Leser kann sich aus dem Verlagsort den Namen des Verlages erschließen. Hat der Verlag seinen Sitz in bis zu drei Städten, wie z. B. der Springer-Verlag, dann werden diese in der vom Verlag vorgegebenen Reihenfolge benannt. Sind es mehr als drei Verlagsorte, wird der erste Verlagsort bekanntgegeben und um „et al." ergänzt.

Vollbeleg eines Buches in einer Schriftenreihe

Name, Vorname (Jahr): Titel des Buches. Name der Schriftenreihe, hrsg. von Name, Vorname des Herausgebers der Schriftenreihe, Nummer des Bandes in der Reihe, Verlagsort.

Beispiel: Müller, H. (1999): Alter und Pflege. Beiträge zur Pflege, hrsg. von Pfeiffer, P., Band 5, Köln.

Bei einem Buch in einer Schriftenreihe sind zusätzlich der Name der Schriftenreihe und deren Herausgeber sowie (sofern eine Durchnumerierung der Bände erfolgt) die Nummer des Bandes anzugeben.

---

[78] Grundsätzlich wird von einem Doktoranden erwartet, daß er nach der erfolgreichen Promotion seine Doktorarbeit veröffentlicht. Diese Veröffentlichung erfolgt in der Mehrheit der Fälle in einem Verlag. Zulässig ist allerdings auch, eine geforderte Anzahl an Exemplaren einer Doktorarbeit im Eigenverlag herzustellen, also kopieren und binden zu lassen. Neuerdings gibt es auch die Möglichkeit der ausschließlichen Veröffentlichung einer Doktorarbeit durch Einstellung in das Internet.

Vollbeleg einer Dissertation

Name, Vorname (Jahr): Titel des Buches. Dissertation, Verlagsort.

Beispiel: Müller, H. (1999): Alter und Pflege. Dissertation, Köln.

2. Aufsätze

Aufsätze als Quellen finden sich entweder in Büchern oder in (wissenschaftlichen) Zeitschriften. Bücher, die nur Aufsätze unterschiedlicher Autoren enthalten, werden Sammelwerke genannt. Im Vergleich zu Büchern ist hier wiederum in eigenständige Sammelwerke oder in Sammelwerke zu unterscheiden, die in einer Reihe erschienen sind. Ein besonderes Sammelwerk ist die Festschrift, mit welcher sich die wissenschaftlichen Schüler und Freunde bspw. anläßlich eines runden Geburtstages mit einem Aufsatz bei ihrem „Lehrer"[79] bedanken wollen. Ähnlich einer Dissertation ist im Rahmen der Nennung der bibliographischen Angaben des Buches auf diesen besonderen Charakter hinzuweisen. Aufsätze in Zeitschriften sind i. d. R. aktueller als die in Büchern und sind somit oft „die erste Wahl". Welche Zeitschriften, die in der entsprechenden Wissenschaftsdisziplin namhaften sind, erfährt der Verfasser einer Arbeit im Verlauf seines Studiums der betreffenden Disziplin oder des Wissenschaftsbereiches.

Vollbeleg eines Aufsatzes in einem eigenständigen Sammelwerk

Name, Vorname (Jahr): Titel des Aufsatzes. In: Name, Vorname des Herausgebers des Sammelwerkes (Hrsg.): Titel des Sammelwerkes, ggf. Auflage, Verlagsort, Nummer der ersten und letzten Seite des Aufsatzes in diesem Sammelwerk.

Beispiel: Müller, H. (1999): Alter und Pflege. In: Schmidt, L. (Hrsg.): Probleme des Alterns. 4. Auflage, Köln, S. 10–32.

Vollbeleg eines Aufsatzes in einem Sammelwerk in einer Reihe

Name, Vorname (Jahr): Titel des Aufsatzes. In: Name, Vorname des Herausgebers des Sammelwerkes (Hrsg.): Titel des Sammelwerkes, Name der Reihe, hrsg. von: Name, Vorname des Reihenherausgebers, ggf. Auflage, Verlagsort, Nummer der ersten und letzten Seite des Aufsatzes in diesem Sammelwerk.

Beispiel: Müller, H. (1999): Alter und Pflege. In: Schmidt, L. (Hrsg.): Probleme des Alterns, Beiträge zur Pflegewissenschaft, hrsg. von Ott, H., 4. Auflage, Köln, S. 10–32.

---

[79] Weitaus weniger häufig sind Festschriften anläßlich eines Gründungsjubiläums einer Institution.

Vollbeleg eines Aufsatzes in einer Festschrift

Name, Vorname (Jahr): Titel des Aufsatzes. In: Name, Vorname des Herausgebers des Sammelwerkes (Hrsg.): Titel des Sammelwerkes, Festschrift zum XX. Geburtstag von Vorname und Name des Jubilars, Verlagsort, Nummer der ersten und letzten Seite des Aufsatzes in diesem Sammelwerk.

Beispiel: Müller, H. (1999): Alter und Pflege. In: Lawin, U. (Hrsg.): Pflege als Beruf, Festschrift zum 80. Geburtstag von Harald Ruma, Köln, S. 10–32.

Vollbeleg eines Aufsatzes in einer Zeitschrift

Name, Vorname (Jahr): Titel des Aufsatzes. In: Name der Zeitschrift, Nummer des Jahrgangs, Nummer des Heftes im entsprechenden Jahr, Nummer der ersten und letzten Seite des Aufsatzes in dieser Ausgabe der Zeitschrift.

Beispiel: Müller, H. (1999): Alter und Pflege. In: Pflege und Wissen, 35. Jg., Heft 2, S. 10–32.

3. Artikel

Artikel sind weitaus weniger umfangreich oder weniger wissenschaftlich stringent als Aufsätze. Ersteres gilt bspw. für Artikel aus Lexika oder Handwörterbüchern (HWB), die im Rahmen der Auseinandersetzung mit einem Thema als Tertiärquelle zum Einsatz gelangen. Weniger wissenschaftlich stringent, aber zur empirischen Untermauerung der Bearbeitung eines Themas notwendig, sind Artikel aus Zeitungen.

Vollbeleg eines Artikels in einer Zeitung

Name, Vorname (Jahr): Titel des Aufsatzes. In: Name der Zeitung mit Datum der Ausgabe, Nummer des Jahrganges, Nummer der Ausgabe, Nummer der Seite.

Beispiel: Müller, H. (1999): Alter und Pflege. In: Die Zeit vom 16. August 1999, 75. Jg., (187), S. 14.

Vollbeleg eines Artikels in einem Lexikon oder Handwörterbuch

Name, Vorname (Jahr): Titel des Aufsatzes. In: Name, Vorname des Herausgebers des Lexikons (Hrsg.): Titel des Sammelwerkes, ggf. Auflage, Verlagsort, Nummer der ersten und letzten Seite (oder Spalte) des Aufsatzes in diesem Lexikon.

Beispiel: Müller, H. (1999): Begriff Alter. In: Schmidt, L. (Hrsg.): Lexikon der Altenpflege. 4. Auflage, Köln, S. 10–12.

In einem Lexikon finden sich bei einer zweispaltigen Textgestaltung statt Seitenzahlen oft auch die Angaben der Nummern der Spalten, die im gesamten Lexikon durchnumeriert sind. In dem Fall sind dann statt Seiten (S. …) die Spalten (Sp. …) anzugeben.

4. Rechtsnormen

Rechtsnormen als Quellen wissenschaftlicher Arbeiten finden sich in Form von Gesetzen, Verordnungen usw. oder in Urteilen und deren Begründungen. Wie bereits in den Ausführungen zu den formalen Bestandteilen einer Arbeit sind diese Quellen in einem sog. Rechtsquellenverzeichnis zusammenzustellen.

Vollbeleg eines Gesetzes

Name des Gesetzes, Datum der Verabschiedung. In: Publikationsorgan des entsprechenden Gesetzeserlassers, Jahr der Ausgabe, Nummer der ersten Seite des Gesetzesabdrucks, Datum möglicher letzter Änderungen o. ä. mit Datum und Publikationsorgan, Jahr der Ausgabe, Nummer der ersten Seite des Gesetzesabdrucks.

Beispiel: Gesetz über Urheberrecht und verwandte Schutzrechte vom 9. September 1965. In: BGBl. Teil I, 1965, S. 1273, zuletzt geändert durch Art. 1 G vom 10. September 2003. In: BGBl. Teil I, 2003, S. 1774.

Vollbeleg eines Urteils

Kürzel des Gerichtes, Urteil vom: Datum, Aktenzeichen, Fundstelle mit Titel, Nummer des Jahrgangs, Nummer der ersten und letzten Seite des Urteils.

Beispiel: Niedersächsisches FG, Urteil vom 22. Oktober 1986, V 260, 207/83, EFG 35 (1987), S. 341–342.

Urteile von Gerichten werden i. d. R. in einer das Rechtsgebiet betreffenden juristischen Zeitschrift veröffentlicht. Die Titel dieser Zeitschriften werden abgekürzt. Die Abkürzungen lassen sich der entsprechenden Zeitschrift entnehmen. Im Beispiel handelt es sich bei EFG um die Zeitschrift „Entscheidungen der Finanzgerichte".

5. Internet

Das *Internet* als Quelle stellt lediglich ein anderes Medium der Veröffentlichung von Texten dar. Im Internet kann dabei entweder auf in sich geschlossene Texte, die auf einer bestimmten Seite abrufbar sind, oder auf einzelne Internet-Seiten als Quellen Bezug genommen werden.

Vollbeleg eines geschlossenen Textes auf einer Internet-Seite

Name, Vorname (Jahr aus dem Datum der letzten Änderung): Titel des Aufsatzes. In: Name, Vorname des Verantwortlichen für die Internet-Seite (Hrsg.): Titel der Internet-Seite. Unter: Vollständige Adresse der Internet-Seite, Letzte Änderung: Datum, Datum des Abrufs: Datum.

Beispiel: Müller, H. (1999): Pflege im Alter. In: Pflegebüro Schmidt (Hrsg.): Pflegemanagement. Unter: http://www.pflegebuero-online.de/..... Letzte Änderung: 2. November 2000; Datum des Abrufs: 12. Juli 2004.

Bei Internet-Angaben ist es wichtig, sowohl das Datum der letzteren Änderung als auch das Datum des Abrufes anzugeben. Da i. d. R. nicht nachvollzogen werden kann, wann der zu zitierende Text auf die Seite gestellt wurde, sollte für das Erscheinungsjahr des Textes die Jahreszahl aus dem Datum der letzten Änderung übernommen werden. Das Datum des Abrufes „schützt" den Nutzer davor, daß u. U. bei einem späteren Nachsehen auf der entsprechenden Seite der zitierte Text nicht mehr gefunden wird. Hier wird zugleich ein entscheidender Nachteil bei der Nutzung von Internetquellen deutlich. Findet sich die Quelle nicht mehr, geht der Quellennachweis nicht auf.

Im Prinzip sind Veränderungen oder Korrekturen auf Internet-Seiten mit einer neuen Auflage eines Buches vergleichbar. Beides ist jedoch insofern nicht vergleichbar, da die älteren Auflagen eines Buches nach wie vor verfügbar sind. Ein alter Inhalt einer Internet-Seite wird demgegenüber ersatzlos durch einen neuen Inhalt ersetzt.

Vollbeleg einer Internet-Seite

Name, Vorname des Verantwortlichen für die Internet-Seite (Jahr): Titel der Internet-Seite. Unter: Vollständige Adresse der Internet-Seite, Letzte Änderung: Datum, Datum des Abrufs: Datum.

Beispiel: Pflegebüro Schmidt (2000): Pflegemanagement. Unter: http://www.pflegebuero-online.de/..... Letzte Änderung: 2. November 2000; Datum des Abrufs: 12. Juli 2004.

6. Graue Literatur

Letztendlich ist noch die „*graue Literatur*" anzusprechen, die als Quelle für die eigene wissenschaftliche Arbeit herangezogen werden kann. Zitiertechnisch sind diese Quelle, wie (kleine) Bücher in einer Schriftenreihe zu behandeln:

Name, Vorname (Jahr): Titel des Bandes. Name der Schriftenreihe, Name, Vorname des Herausgebers der Schriftenreihe, Nummer des Bandes in der Reihe, Verlagsort.

Beispiel: Schneider, U. (1998): Der Arzt als Agent des Patienten. Zur Übertragung der Principal-Agent-Theorie auf die Arzt-Patient-Beziehung. Wissenschaftliche Diskussionspapiere der Rechts- und Staatswissenschaftlichen Fakultät der Ernst-Moritz-Arndt-Universität Greifswald, Nr. 2/1998, Greifswald.

Fehlende Daten

Je nach Art der Literaturquelle können durchaus einmal wichtige Informationen über die Quelle fehlen. Bei einer fehlenden Angabe des Verfassers eines Artikels wird im Kurz- und Vollbeleg mit dem Ersatz „o. V." (ohne Verfasserangabe) an Stelle eines Namens gearbeitet. Fehlt die Angabe des Verlagsortes, so läßt sich dies durch „o. O." (ohne Ortsangabe) ersetzen. Für eine fehlende Jahresangabe steht dann „o. J." (ohne Jahresangabe).

Aufgabe 10: Zitieren von Quellen

Fall: Selbständiges Buch

Erstellen Sie den Kurzbeleg für ein direktes Zitat von der S. 79 der folgenden Quelle und den Vollbeleg, also den Eintrag dieser Quelle im Literaturverzeichnis.

Yvonne Sturm

Klinische Urteilsbildung

Interindividuelle Unterschiede bei der
diagnostischen Informationsintegration

Roland Asanger Verlag Heidelberg 1990

---

4   Allgemeine Diskussion und Ausblick

Im folgenden werden die Befunde der vorliegenden Untersuchungen unter verschiedenen Aspekten diskutiert. Zunächst erfolgt eine Interpretation der Ergebnisse im Hinblick auf die modelltheoretischen Beiträge zur allgemeinen Ausgangsfragestellung (4.1). Im Anschluß daran wird die Bedeutung der Reliabilität für die Urteilsbildung diskutiert (4.2). Schließlich erfolgt ein Ausblick auf weitere Forschungsperspektiven zum Problembereich klinischer Eindrucksbildung (4.3).

4.1   Modelltheoretische Interpretation der Ergebnisse

Mit den Untersuchungen dieser Arbeit sollten widersprüchliche Befunde von Brehmer et al. (1976, 1980) zur klinisch-medizinischen Informationsintegration vergleichend geprüft werden. Es wurde durch Replikationen und Extensionen von Brehmers und Andersons Experimente die Frage untersucht, ob der Integrationsprozeß mit linearen oder non-linearen Modellen beschreibbar ist und ob die damit zu erfassenden Urteilsstrategien von der Aufgabenstellung abhängig sind. Die Ergebnisse der vorliegenden Studien zeigen, daß weder Brehmers noch Ancersons Urteilsmodelle den klinischen Urteilsprozeß allgemeingültig beschreiben können, sondern daß sie vielmehr ergänzend aufeinander bezogen werden müssen. Neben systematischen interindividuellen Unterschieden in der Verarbeitung von Merkmalen, gibt es zumindest bei einem Teil der Urteiler intraindividuelle Veränderungen der Integrationsstrategien, die einerseits von der Art des Stimulusmaterials und andererseits vom Komplexitätsgrad der Aufgabenstellung abhängen. Insofern legen diese Befunde eine differenzierte Modellbildung von Urteilsprozessen nahe.

Zur befriedigenden Beschreibung der tatsächlich verwendeten unterschiedlichen Urteilsregeln müssen sowohl lineare als auch konfigurale Modelle herangezogen werden. Bei den Urteilsstrategien, die durch lineare Modelle beschrieben werden, handelt es sich um lineare Mittelungsmodelle. Demgegenüber ging Brehmer bei der Interpretation stets von additiven Modellen aus, die zwar varianzanalytisch nicht von Mittelungsmodellen unterschieden werden können, jedoch qualitativ unterschiedlich komplex sind. Anderson betont gerade diesen komplexen gestalthaften Charakter der Mittelungsmodelle wie folgt:

"Psychologically, adding and averaging are quite different. In a strict adding model, the informational stimuli can be completely independent in their action. In contrast, averaging always implies some degree of cognitive interaction because the weight of any one informational stimulus necessarily depends on all the others." (Anderson, 1971, S.175f.)

Dabei geht Anderson davon aus, daß insbesondere die klinische Urteilsbildung typischerweise durch Mittelungsmodelle charakterisiert wird:

"...there is considerable evidence that this class of tasks obeys an averaging model, not the linear regression model assumed in approaches based on Brunswik's formulation." (Anderson, 1982, S.292.)

79

Kurzbeleg: Sturm (1990), S. 79.

Vollbeleg:

Sturm, Y. (1990): Klinische Urteilsbildung. Interindividuelle Unterschiede bei der
        diagnostischen Informationsintegration. Heidelberg.

Fall: Buch in einer Schriftenreihe

Erstellen Sie den Kurzbeleg für ein indirektes Zitat von der S. 15 der folgenden Quelle und den Vollbeleg, also den Eintrag dieser Quelle im Literaturverzeichnis.

Soziale Ordnungspolitik

Wissenschaftliche Beiträge zur politischen Entscheidung aus der Arbeitsgemeinschaft Soziale Ordnungspolitik

Wiss. Koordination Prof. Dr. Ph. Herder-Dorneich

Günter Buttler, Philipp Herder-Dorneich, Friedrich Fürstenberg, Helmut Klages, Hans Günther Schlotter, Karl Oettle, Helmut Winterstein

Wege aus dem Pflegenotstand

Ordnungspolitische Prinzipien einer Reform der Pflegesicherung alter Menschen

Redaktion: Dipl.-Volksw. K. H. Schönbach

Nomos Verlagsgesellschaft
Baden-Baden

1985

Kurzbeleg: Vgl. Buttler et al. (1985), S. 15.

Vollbeleg:

Buttler, G. et al. (1985): Wege aus dem Pflegenotstand. Ordnungspolitische Prinzipien einer Reform der Pflegesicherung alter Menschen. Wissenschaftliche Beiträge zur politischen Entscheidung aus der Arbeitsgemeinschaft Soziale Ordnungspolitik, hrsg. von Herder-Dorneich, Ph., Baden-Baden.

Fall: Aufsatz in einem Sammelwerk

Beziehen Sie sich im Kurzbeleg auf die Abbildung 2 auf der Seite 37, und erstellen Sie den Vollbeleg, also den Eintrag dieser Quelle im Literaturverzeichnis.

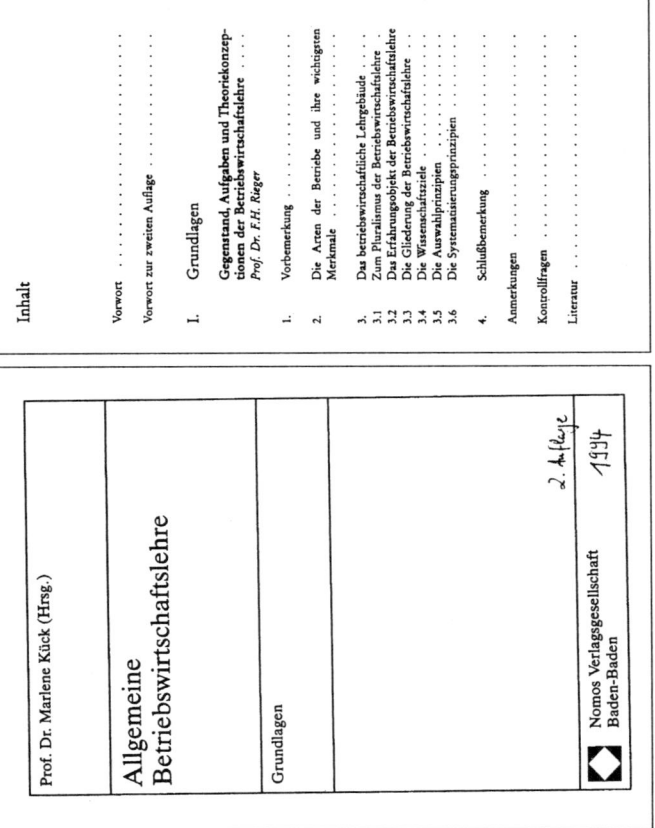

Kurzbeleg: Vgl. Rieger (1994), S. 37, Abbildung 2.

Vollbeleg:

Rieger, F.-H. (1994): Gegenstand, Aufgaben und Theoriekonzeptionen der Betriebswirtschaftslehre. In: Kück, M. (Hrsg.): Allgemeine Betriebswirtschaftslehre. Grundlagen. 2. Auflage, Baden-Baden, S. 11–44.

Fall: Aufsatz in einer Zeitschrift

Lehnen Sie sich im Kurzbeleg an eine Definition auf S. 479 an, und erstellen Sie den Vollbeleg, also den Eintrag dieser Quelle im Literaturverzeichnis.

Kurzbeleg: In Anlehnung an Kröger (1999), S. 479.

Vollbeleg:

Kröger, J. (1999): Der Krankenhausbetriebsvergleich als Führungsinstrument im Krankenhaus. In: Betriebswirtschaftliche Forschung und Praxis, 51. Jg., Heft 5, S. 477–486.

Fall: Internet-Seite

Zitieren Sie diese Internet-Seite, und geben Sie den Vollbeleg an.

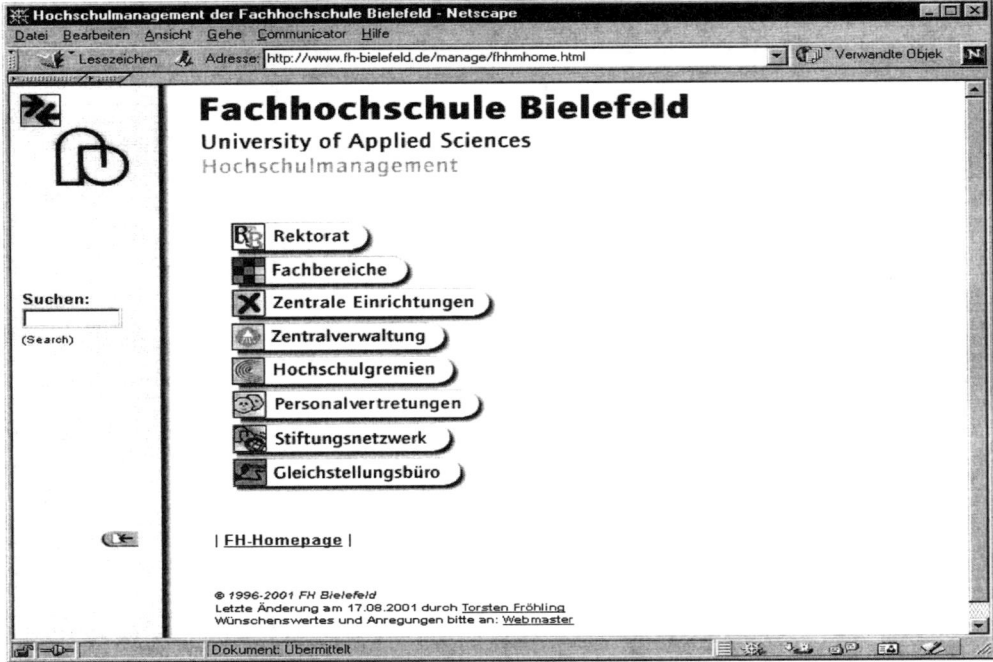

Kurzbeleg: Vgl. FH Bielefeld (2001).

Vollbeleg:

FH Bielefeld (2001): Fachhochschule Bielefeld. Unter: http://fh-bielefeld.de/manage/
      fhhmhome.html. Letzte Änderung: 17. September 2001. Abruf: 29. September
      2001.

5.1.3 Sprache

Der letzte Abschnitt in den Ausführungen zum korrekten Schreiben greift Regelungen der Sprache und damit der Schreibweise auf. In diesem Zusammenhang kommt die Sprache unweigerlich auf die Rechtschreibung.

In schriftlichen Arbeiten an Hochschulen gelten die Regelungen zur Orthographie, Grammatik und Zeichensetzung der deutschen Sprache. Die von der Kultusministerkonferenz verabschiedete „Rechtschreibreform 1996" wurde nach ersten Protesten zum 1. August 1998 u. a. in den Hochschulen der Länder eingeführt. Die letztendliche Umsetzung soll zum 1. Juli 2005 erfolgen. Auf Grund der Unvereinbarkeit der dort getroffenen Regelungen mit der gelebten deutschen Sprache regt sich auch weiterhin der Protest.[80] Zeitungen, die sich anfangs der Umstellung angeschlossen hatten, wie z. B. die „Frankfurter Allgemeine Zeitung", reaktivieren die traditionelle Rechtschreibung, wie auch der Axel Springer-Verlag und Spiegel dies mit ihrer Erklärung vom 6. August 2004 beabsichtigen. Es gibt aber auch wissenschaftliche Zeitschriften, die erst gar nicht auf die „reformierte" Rechtschreibung einschwenkten, wie z. B. die „Betriebswirtschaftliche Forschung und Praxis".

Insofern hier noch keine Klarheit besteht,[81] haben wir uns dahingehend zur Klarheit entschlossen und diesen Band in der bewährten Rechtschreibung vorgelegt. Im Hinblick auf das Erstellen einer schriftlichen wissenschaftlichen Arbeit sollte jeder Verfasser eine klare Position beziehen und sich für die eine oder andere Form der Rechtschreibung entscheiden. Mit Sicherheit führt die bewährte Rechtschreibung zu weitaus weniger Fehler, was sich positiv in der Bewertung auswirkt. Ein Mix aus beiden, was einer Uneinheitlichkeit in der Rechtschreibung entspricht, sollte tunlichst vermieden werden. In einer Arbeit vorgelegte Rechtschreib- oder Zeichensetzungsfehler können nicht mit dem derzeit schwebenden Stand der „Rechtschreibreform" entschuldigt werden. Es sollte zur Angewohnheit und nicht zur Last werden, den DUDEN in der bevorzugten Version am (Schreib-)Arbeitsplatz stets zur Hand zu haben und auch zu nehmen. Im folgenden daher zu einigen grundlegenden sprachlichen Aspekten beim Schreiben von Texten.

Kommata sind keine Flecken zwischen zwei Wörtern! Sie dienen der Satzkonstruktion und können u. U. sogar – wenn auch nicht bei einem Verfasser eines Textes – über Leben und Tod entscheiden, wie eine „lasche" Kommasetzung im folgenden Satz, der eine schriftliche Botschaft an einen Vollstrecker darstellt, verdeutlichen hilft:

---

[80] Zu regelmäßigen Berichterstattungen über die Proteste gegen die „neue" Rechtschreibung vgl. u. a. die Zeitung „Deutsche Sprachwelt" hrsg. vom Verein für Sprachpflege e. V. mit Sitz in Erlangen.

[81] Die 306. Kultusministerkonferenz hat am 4. Juni 2004 beschlossen, am ursprünglichen Fahrplan festzuhalten und statt für Einheitlichkeit für eine Zunahme der Verwirrung gesorgt, da zukünftig in vielen Fällen einfach die bisherige und die „reformierte" Schreibweise als zulässig erklärt wurden. Vgl. Langhans (2004).

Hängt ihn nicht begnadigt.

Das Komma vor dem „nicht" würde zum Tode führen. Das Komma nach dem „nicht" ließe den Angeklagten mit dem Leben davonkommen.

Andere beliebte Unsicherheiten, insbesondere verursacht durch die „reformierte" Rechtschreibung zeigen sich zunehmend bei der *Getrennt-* oder *Zusammen-* sowie der *Groß-* oder *Kleinschreibung*. Alles, was bisher schiefgegangen ist, muß in Zukunft schief gehen. Slltet scih lttezenldcih die Fgare, burahcen wir üebhrpaut enie Rthcecirbenug, wnen dcoh Wrtöer acuh dnan labesr snid, bei dneen nur der etsre und lztete Bstubahce an der rgitcehin Sllete sehetn?

Strittig ist neben der Anwendung der Rechtschreibung bspw. die Frage der *Perspektive*, die einer Arbeit zugrunde gelegt wird. Grundsätzlich, vgl. weitergehend auch die Ausführungen im Abschnitt 5.2, erübrigt es sich, darauf hinzuweisen, daß „ich" oder „der Autor" etwas so schreibt.[82] Alles, was nicht mit einer Quellenangabe versehen wurde, stammt von dem, der die entsprechende Arbeit erstellt hat.

Bei der Verwendung von *Fremdwörtern* oder *Fachbegriffen* sollte unbedingt deren inhaltliche Bedeutung gegenwärtig sein, um bspw. eine „weltweite Globalisierung" als die Lösung für die Probleme der Weltwirtschaft darzustellen. *Umgangssprachliche Wendungen, phrasenhafte Umschreibungen, Superlative* oder *gewagte Gleichnisse* dienen kaum einer besseren Verdeutlichung, wie folgende Beispiele belegen sollen: „Selbst Schweigen als besondere Form des Nicht-Sprechens..." Oder, wenn „es ... ein Überangebot auf dem Markt (gibt), aber zu wenig Nachfrage" oder „jeder Mensch ... Personen (kennt), die immer hinter einer Front leben", dann ist „maximalste" Vorsicht geboten.

Ein weiterer Aspekt des korrekten Schreibens ist die Entscheidung über die zu verwendende *geschlechtliche Form* von Personen, Berufen oder Funktionen. In Zeiten, in denen die Frauenförderung durch die Gleichstellung abgelöst wurde, neigen Verfasser von Texten dazu, entweder zwanghaft zweigeschlechtliche Bezeichnungen (Patienten und Patientinnen, PatientInnen) oder eine neutrale Partizipialform (Studierende) zu wählen. Beides ist zwar „p. c.", zeugt zugleich aber auch von schlechtem Stil und hat nichts mit der Wissenschaftlichkeit von Texten gemein. Die demgemäß am Anfang von Texten oder Arbeiten – zumeist in der ersten Fußnote – vorgenommene Entschuldigung dafür, daß aus Gründen der besseren Lesbarkeit auf zweigeschlechtliche Bezeichnungen verzichtet wird und nur die maskuline Form von Personen-, Berufs- oder Funktionsbezeichnungen Verwendung findet,[83] ist überflüssig.

---

[82] „Wir" wäre, wenn überhaupt, dann auch nur bei Co-Autorenschaften oder Gruppenarbeiten zulässig.

[83] Eine solche beispielhafte Entschuldigung findet sich u. a. in Walkenhorst und Burchert (2004), S. V.

5.2 Kreatives Schreiben

Nach der Pflicht des korrekten Schreibens kommen wir nun zur Kür des kreativen Schreibens: Sie beginnt mit einer kritischen Auseinandersetzung mit der typischen Sprache in den Wissenschaften (1) und den – nicht selten daraus resultierenden – Schreibschwierigkeiten (2). Anschließend steht die Kunst des kreativen Schreibens quasi als „Therapeutikum" im Zentrum (3), bevor wir abschließend einige Beispiele anhand von Haus- und Diplomarbeiten illustrieren (4). Ziel des Kapitels ist es, sowohl auf die Möglichkeiten und Chancen, als auch auf die Risiken und Grenzen kreativen Schreibens hinzuweisen, um persönliche Potentiale hinsichtlich schriftstellerischer Fähigkeiten als eine Schlüsselkompetenz in den Wissenschaften optimal zu entfalten.

5.2.1 Wissenschaftssprache

Zum Thema der wissenschaftlichen Sprache haben wir bereits in Kap. 2.1 gehört, daß sich wissenschaftliche und journalistische Texte im Extremfall diametral voneinander unterscheiden, was insbesondere an den unterschiedlichen Zielen liegt: Während journalistische Texte vor allem informieren und unterhalten wollen, ist das vorrangige Ziel eines wissenschaftlichen Textes die Erkenntnisgewinnung. Angesichts der meist engen Zielgruppe der eigenen Wissenschaftsdisziplin verwundert es wenig, daß diese Texte sich meist eines Fachjargons bedienen, den Fachfremde nicht immer verstehen.

Trotzdem stellen wir uns die Frage, ob wissenschaftliche Texte für den Großteil der Menschheit per se unverständlich sein müssen. Dieses elitäre Denken führt manchmal zu einer auffälligen Arroganz seitens der Repräsentanten von Wissenschaften, die die Kommunikation zusätzlich erschweren. So meinte z. B. ein Pädagogik-Professor ganz ungeniert: „Wenn normale Menschen uns verstehen, dann haben wir irgendetwas falsch gemacht!" Dieser Mann verkennt, daß er vom Steuerzahler finanziert wird und man insofern von ihm auch erwarten kann, daß er über das, was er tut, Rechenschaft ablegen kann – in einer Form, die der Allgemeinheit zumindest eine Ahnung davon gibt, daß sich die Investitionen lohnen. Nicht umsonst gibt „der Staat" einen nicht unbeträchtlichen Teil des Bruttosozialprodukts für die „Wissenschaft" aus.

Die Frage, ob es überhaupt *eine* Wissenschaftssprache gibt, könnte man verneinen: Prinzipiell gibt es genau so *viele* Wissenschaftssprachen, wie es Wissenschaften gibt: „Man spricht vom Soziologen- oder Juristendeutsch, was andeutet, daß diese Wissenschaften einen eigenen Jargon pflegen. Fast alle Wissenschaftsdisziplinen entwickeln einen solchen Jargon, der allerdings immer nur zeitweise in Mode ist und mit einem Paradigmenwechsel meist wieder verschwindet."[84] So berechtigt der Hinweis auf die Vergänglichkeit von Paradigmen auch ist, lassen sich doch einige Gemeinsamkeiten entdecken, die den Begriff *einer* „typischen" Wissenschaftssprache rechtfertigen.

---

[84] Vgl. Kruse (1993), S. 65.

Nachfolgend werden zwei ganz unterschiedliche – eine eher sachliche und eine eher kritische – Antworten gegeben, was die typische Wissenschaftssprache auszeichnet. Kruse[85] hat ein Dutzend Elemente zusammengestellt, die ein komplexes Bild darüber abgegeben, was traditionelle Wissenschaft bzw. Wissenschaftssprache auszeichnet:

- Belegen
- Paraphrasieren
- Zitieren
- Begründen
- Bezüge herstellen
- Begriffe definieren
- Präzisieren
- Systematisch vorgehen
- Differenzieren
- Widersprüche auflösen
- Logisch schließen
- Werte explizieren

Eine ganz andere Perspektive offenbart Wagner[86], wenn er eine Liste mit 14 typisch manipulativen „Stilmitteln" der Wissenschaftssprache aufstellt, von denen wir ein halbes Dutzend exemplarisch illustrieren:

Stilmittel	*Beispiel*
Differenzierungs-Spachtel	„...das müßte viel differenzierter angegangen werden"
Experten-Demonstration	„Nach jahrelangen Studien kann ich dazu sagen..."
Konjunktiv-Klatsche	„Ich wollte meinen wollen..."
Literaturdrohung	„Wie die neuere Literatur übereinstimmend feststellt..."
Prominenten-Zitat	„Wie sich schon bei XY nachlesen läßt..."
Sprachnebel	„Man muß die ganze Komplexität der Zusammenhänge in ihrer dynamischen Entwicklung und Konfiguration berücksichtigen, um präzise Aussagen zu erhalten..."

Tabelle 12: Elemente manipulativer Wissenschafts-Sprache nach Wolf Wagner

Wir schließen den Abschnitt mit einem Zitat von Popper: „Das grausame Spiel, Einfaches kompliziert und Triviales schwierig auszudrücken, wird leider traditionell von vielen Soziologen, Philosophen usw. als ihre legitime Aufgabe angesehen. So haben sie es gelernt, und so lehren sie es."[87] Versuchen wir es, besser zu machen!

[85] Vgl. Kruse (1993), S. 65 ff.

[86] Vgl. Wagner (1985), S. 5 f.

[87] Vgl. Popper (1990), S. 99.

5.2.2 Schreibschwierigkeiten

Die oft befremdlich anmutende Wissenschaftssprache ist nur ein Grund dafür, daß Studenten das Schreiben schwer fällt. Bereits im Studien-Journal haben wir von der großen Umstellung gehört, die das Arbeiten an einer Hochschule für viele junge Menschen bedeutet. Allgemein kommt selbständiges Schreiben als aktiver Prozeß im Medienzeitalter immer mehr aus der Mode. Eine „SMS" auf einem Handy ist auf wenige „Zeichen" begrenzt, wodurch ein „Fastfood"-Schreibstil in Telegrammform gefördert wird. Sogar Liebesbriefe werden heutzutage manchmal auf Computer geschrieben, prinzipiell gibt für jeden Schreibanlaß einen fertigen Textbaustein.

Natürlich gibt es oft auch trivialere Gründe für Schreibschwierigkeiten im Studium. Warum schieben wir z. B. das Schreiben einer Hausarbeit auf? „Die lange nicht mehr geputzte Wohnung muß unbedingt sauber gemacht oder die sträflich vernachlässigten Eltern müssen endlich einmal mit einem Besuch erfreut werden"[88]. Hinter solchen vordergründigen Erklärungen stecken oft tiefere Ursachen, die die Lernfähigkeit beeinträchtigen, die Studienzeit verlängern und zum Studienabbruch führen können. So ist das Schreiben im Studium Schlüsselkompetenz und Schlüsselproblem zugleich.

Um persönliche Strategien auf dem Weg von der Last zur Lust des wissenschaftlichen Schreibens entwickeln zu können, ist eine kritische Selbstreflexion eine notwendige Voraussetzung. Kruse hat sieben kognitive bzw. emotionale Statements beschrieben, welche interessante Hinweise auf Ursachen von Schreibproblemen enthalten:[89]

- „Das klingt blöd"
- „Angst vor dem leeren Blatt"
- „Ich bin faul, undiszipliniert und vermeide Anstrengung"
- „Angst, etwas Falsches zu schreiben oder zu sagen"
- „Angst, sich nicht klar ausdrücken zu können"
- „Was werden die anderen denken?"
- „Wird sich an meinen Texten zeigen, daß ich nicht intelligent bin?"

Bilanzierend wird deutlich, daß das Erfolgsgeheimnis wissenschaftlichen Schreibens nicht nur im handwerklichen Geschick liegt. Eine große Rolle spielen auch mentale und motivationale Voraussetzungen, die auf gesundem Selbstbewußtsein basieren. Konkrete Strategien zur (Auf-)Lösung kontraproduktiver Haltungen werden in Kap. 5.2.3 gegeben. Vielleicht mag dabei der Hinweis hilfreich sein, daß „auch gestandene Wissenschaftler, Journalisten oder Schriftsteller manchmal unter diesen Problemen leiden"[90] – nicht zuletzt auch deshalb, weil Kreativität sich nicht erzwingen läßt.

---

[88] Vgl. Franck (2000), S. 35.

[89] Vgl. Kruse (1993), S. 17.

[90] Vgl. Kiesling (2003), S. 197.

5.2.3   Wissenschaftsjournal

Auch wenn es sicher kein allgemein gültiges Patentrezept gegen Schreibstörungen
gibt, lassen sich einige bewährte Erfahrungen weitergeben, die relativ unabhängig
von individuellen Problemen Wege aufzeigen, wie wissenschaftliches Schreiben auch
Spaß machen und zu einem kreativen und erfüllenden Erlebnis werden kann.

Man könnte die Botschaft auf die so einfache wie wahre Formel bringen: „Übung
macht den Meister!" Leider bieten viele Studiengänge in Deutschland zu wenige
Chancen, wertvolle Schreiberfahrungen in Hausarbeiten zu sammeln, so daß dann oft
das „böse Erwachen" in der Diplomarbeit kommt. Um dieser Gefahr zu begegnen,
empfiehlt es sich, das kreative Schreiben als fortlaufenden Bestandteil der Studienzeit
zu integrieren. Als Pionier des kreativen Schreibens an Hochschulen in Deutschland
gilt der Brandenburger Didaktik-Professor Lutz von Werder. Bereits in Kap. 4.2.4
haben wir von ihm im Rahmen einer Übung Tips für das kreative Schreiben erhalten.

Im Zentrum seiner Empfehlungen steht die Idee eines Wissenschaftsjournals, also
eines Tagebuchs, das die Studienzeit über viele Jahre konstruktiv begleiten kann. In
diesem Studien-Journal (das wir ja auch im Rahmen eines Projekts mit Studenten des
ersten Semesters als Basis dieses Buches gewählt haben) kann alles untergebracht
werden, was mit dem Studentenleben zusammenhängt, z. B. Vorlesungsanmerkungen,
Lesefrüchte, Gedichte, Briefe, Proteste, Gliederungen, Ideen für Projektentwürfe und
Zitate. Nach jedem Semester können Sie eine Zwischenbilanz ziehen, indem Sie sich
fragen, zu welchen neuen Erkenntnissen Sie gekommen sind, was Ihnen das Leben
schwer macht und was Sie in naher und ferner Zukunft noch alles lernen möchten.

Wichtig ist, daß Sie in Ihrem Tagebuch selbst bestimmen, was Sie schreiben und wie
es schreiben. Dieses „Freischwimmen" von all den inneren („Ich kann das nicht") und
äußeren („Ich darf das nicht") Hemmschwellen wird im Laufe der Zeit dazu führen,
daß Sie Ihren persönlichen Schreibstil finden und dank der täglich trainierten Schreib-
kompetenzen auch das notwendige Selbstbewußtsein entwickeln, um den spezifischen
Anforderungen des Studiums gewachsen zu sein. Studien aus den USA[91] zeigen, daß
Studenten, die regelmäßig „journalieren", einen größeren Studienerfolg aufweisen.

Zur vertiefenden Lektüre sei noch ein spannendes Buch der Berliner Wissenschaftler
Wolf-Dieter Narr und Joachim Stary empfohlen, in dem erfahrene und teilweise auch
schon emeritierte Professoren auf ihre eigene Schreibsozialisation zurückschauen und
Tips für Studenten geben, wie die Last zur Lust werden kann. Trotz unterschiedlicher
Standpunkte, die oft auch von der jeweiligen Fachdisziplin abhängen, gibt es dennoch
ein gemeinsames Fazit: „Unstrittig ist, daß, wenn Schreiben eine Kunst ist, diese
Kunst bis zu einem gewissen Grad erlernt werden kann."[92]

---

[91] Vgl. von Werder (1993).

[92] Vgl. Narr und Stary (1999), S. 290.

5.2.4 Beispiele für Kreativität

Bevor wir uns in diesem Kapitel mit zahlreichen Beispielen aus der Praxis des wissenschaftlichen Schreibens von Haus- und Diplomarbeiten beschäftigen werden, möchten wir uns zunächst mit einigen Erkenntnissen moderner Kreativitätsforschung vertraut machen. Auf dieser Basis können wir dann besser beurteilen, inwiefern Kreativität als Qualitätskriterium für wissenschaftliches Schreiben geeignet ist bzw. wo es möglicherweise auch Grenzen gibt, die darauf hinauslaufen, daß das Ausleben von Kreativität mit wissenschaftlichen Gepflogenheiten unvereinbar erscheint.

Das Wort „creare" kommt aus dem Lateinischen und kann mit „wachsen" übersetzt werden. Kreativität ist Wachstum in dem Sinne, etwas Neues zu schaffen, was es in dieser Form vorher noch nicht gab. Allgemein gibt es drei Grundannahmen zur Kreativität, die trotz ihrer Verschiedenheit sich nicht prinzipiell ausschließen:

- Skeptischer Ansatz: Kreativität ist ein besonders hohes Niveau des Denkens.

- Optimistisch-pragmatischer Ansatz: Kreativität kann erlernt werden, z. B. mit Hilfe von Kreativitätstechniken (Brainstorming, Mindmap etc.).

- Optimistisch-humanistischer Ansatz: Kreativität ist von Geburt an vorhanden, sie muß nur (durch förderliche Umweltbedingungen) freigelegt werden.

Für das kreative Schreiben sind insbesondere die optimistischen Ansätze bedeutend: Zum einen ist es aus humanistischer Sicht wichtig, eine angenehme Atmosphäre zu schaffen, damit sich die eigenen Ressourcen entfalten können, zum anderen sollte man sich auch moderner Kreativitätstechniken bedienen, um etwas zu überwinden, was in der Psychologie als „Kreativitäts-Killer" bekannt ist. Gemeint sind die vielen Kognitionen, die wir alle schon einmal gehört (oder sogar selbst schon gesagt) haben, wie z. B. „Dafür ist keine Zeit!" oder „Das geht sowieso nicht!". Erst wenn es uns gelingt, diese Negativ-Botschaften ins Positive zu wenden, sind wir innerlich frei, um einen kreativen Gedankenfluß („Flow") ins Rollen zu bringen.

Die nachfolgenden Beispiele aus studentischen wissenschaftlichen Arbeiten, dessen Kreativitätsgehalt Sie selbst beurteilen sollten, folgen drei Ausgangsfragen:

- Wie kreativ darf ein Titel sein?
- Wie persönlich darf eine Arbeit sein?
- Wie kreativ darf eine Arbeit sein?

Wie kreativ darf ein Titel sein?

Beginnen wir mit einem außergewöhnlichen Titel, den eine Bachelor-Studentin für ihre Hausarbeit im zweiten Semester gewählt hat: „Salmonellen ‚Alleskönner'! Können diese Erreger uns, die rational und sachlich denkenden Menschen, sogar manipulieren? Oder manipulieren wir uns selbst?". Euphemistisch könnte man meinen, dieser Titel schießt über das Ziel hinaus. In der Tat gab die Autorin statt der limitierten 15 über 40 Seiten ab. Das Problem beginnt mit dem Titel: Abgesehen davon, daß er unverständlich bleibt (die ersten beiden Worte ergeben keinen Sinn), manipuliert er mit seinen Fragen, die dem Leser hinsichtlich des Inhalts der Arbeit bestenfalls eine Ahnung geben. Hier hat die Kreativität zugunsten der Klarheit gewonnen, was für die Bewertung der Arbeit leider eher ein „Phyrrus-Sieg" war.

Wissenschaftliche Arbeiten erfordern zwar präzise Titel, doch sollten diese gut lesbar bleiben und möglichst leicht über die Lippen gehen. Dies ist bei Diplomarbeiten oft eher die Ausnahme als die Regel. Als Beispiel sei der Titel einer Diplomarbeit eines Studenten der Pflegepädagogik angeführt: „Umsetzung der Erfordernisse nach dem Gesetz der Qualitätssicherung und zur Stärkung des Verbraucherschutzes in der Pflege (Pflege-Qualitätssicherungsgesetz – PQsG) – Konzepte für die ambulante Pflege". Auch beim folgenden Diplomarbeitstitel eines Kommilitonen fragt sich selbst der eingeweihte Gutachter, worum es eigentlich geht: „Implementierung des Expertenstandards Entlassungsmanagement auf einer Station für chronisch alkohol-kranke ältere Menschen – eine multimethodische Situationsanalyse". Der Titel einer Arbeit schenkt dem Leser den bedeutungsschweren ersten Eindruck, der im Beispiel den Verdacht von Ausdrucksschwierigkeiten aufkommen läßt. Und in der Tat werden wir bereits auf der ersten Seite dieser Diplomarbeit fündig, wo folgender enigmatischer Satz steht: „Jedoch, jeder Fragestellung steht ihre Anwendung gegenüber."

Doch auch die Suche nach Beispielen für geglückte kreative Diplomarbeitstitel ist erfolgreich. Eine Studentin, die von Beruf Hebamme ist, gab ihrer Arbeit den Titel: „Beratung als Element der Hebammenausbildung – eine schwierige Geburt? Eine Befragungsstudie mit 40 Hebammen". Dieser Titel ist informativ und unterhaltsam zugleich: Wir erfahren etwas über den inhaltlichen Gegenstand (Beratung), über den methodischen Zugang (eine Experten-Befragung mit einer Stichprobengröße von 40 Personen), und die Metapher „schwierige Geburt" bringt uns zum Schmunzeln.

Ähnlich neugierig und zugleich aufschlußreich ist der Titel folgender Diplomarbeit: „Emotionale Intelligenz – mehr als nur eine psychologische Floskel? Analyse und kritische Auseinandersetzung mit einem modernen Konstrukt auf der Basis einer empirischen Erhebung". Wiederum beginnt der Titel mit dem Schlüsselbegriff, außerdem erfahren wir etwas über die Art der Arbeit (analytisch und empirisch) und sind darüber hinaus gespannt, zu welchem Urteil der Autor wohl kommen wird.

Wie persönlich darf eine Arbeit sein?

Eine andere, oft auch unter Lehrenden umstrittene Frage betrifft das Verhält von Subjekt und Objekt. Manche Disziplinen, vor allem in den Naturwissenschaften, haben den Anspruch absoluter Objektivität, was impliziert, daß der Autor als Subjekt der Arbeit eliminiert wird. In anderen Fächern dagegen, insbesondere in den Geistes- und Sozialwissenschaften, gibt es Stimmen, die auf die Unmöglichkeit verweisen, als Subjekt objektiv in einem absoluten Sinne zu sein, und insofern die Studenten sogar dazu auffordern, sich als Person mit einem persönlichen Erfahrungshorizont einzubringen, was sich z. B. am Anfang (Begründung des Themas in der Einleitung) und Ende einer Arbeit (eigene Meinung zum Thema oder kritische Selbstreflexion der eigenen Arbeit) geradezu anbietet. Bevor wir diese Auffassungen etwas vertiefen wollen, werfen wir den Blick zunächst auf einige praktische Beispiele.

Im Rahmen einer Hausarbeit zu einem psychologischen Werk ihrer Wahl sollten Studenten, die sich im dritten Semester des Studiums der Pflegepädagogik befanden, auch die Frage „Wie relevant ist das Buch für mein Berufsleben?" reflektieren. Basis der folgenden, längeren Antwort war das Buch „Emotionale Intelligenz" (wir bleiben beim Thema, siehe oben) von Daniel Goleman: „Ich denke, emotionale Intelligenz hat im Stationsalltag eine wesentliche Bedeutung. Wie ein Patient den Aufenthalt erlebt, hängt vor allen Dingen davon ab, wie er sich von pflegerischer Seite aufgenommen und angenommen fühlt. Der Patient kommt mit seinen Ängsten und Unsicherheiten zu uns, Schwestern und Pfleger sind meist die ersten Ansprechpartner für ihn. Um eine Beziehung aufzubauen, sind in erster Linie Empathie und Akzeptanz wichtig, die es ermöglichen, in guten Kontakt zu kommen. Diese soziale Kompetenz ist meiner Meinung nach wesentlicher Bestandteil der emotionalen Intelligenz im Stationsalltag, die ich meinen Pflegeschülern später neben dem fachlichen Wissen vermitteln will."

Ähnlich vorbildlich gelang es einem Bachelor-Studenten im zweiten Semester bei einer ähnlichen Hausarbeit, selbstreflexiv und dabei sogar auch noch selbstironisch zu schreiben. Die Arbeit eines „Einäugigen" über „Einäugigkeit" beginnt mit dem Zitat: „Der Einäugige ist der König unter den Blinden" und endet mit der überzeugenden Feststellung: „Lediglich Betroffene oder Angehörige derer, die betroffen sind, werden dazu gezwungen, sich mit diesem Thema auseinanderzusetzen. Als Schlußwort soll ein Zitat angeführt werden, das einem großen deutschen Fernsehsender als Werbung dient: Mit dem Zweiten sieht man besser".

Solange die Arbeit insgesamt sachlich bleibt, gibt es keine grundsätzlichen Probleme. Dennoch sind Autoren, die Persönliches offenbaren, angreifbare „Grenzgänger" und dabei stets in der Gefahr, traditionelle wissenschaftliche Grenzen zu überschreiten. So wählte eine Autorin, die ihre Diplomarbeit über „Humor" schrieb, einige zum Inhalt passende Cartoons aus, was sich unter die Rubrik „konstruktiv kreativ" einordnen läßt. Klassische Grenzen überschritt die Arbeit allerdings mit den folgenden Zitaten:

> *„Humor ist, was man nicht hat, sobald man ihn definiert."*
> (Autor XY)
>
> *„Humor ist das, was einem vergeht, sobald man ihn definieren muß"*
> (die Autorin der Diplomarbeit)

So humorvoll diese Passagen der Diplomarbeit auch sind, tendieren die meisten Gutachter völlig humorlos dazu, grenzüberschreitende Selbstreflexionen zu ahnden. Nichtsdestotrotz stellt sich die grundsätzliche Frage, wie sinnvoll Selbstreflexionen in einer wissenschaftlichen Arbeit sind. Einerseits sollte eine Diplomarbeit nicht „vor Betroffenheit triefen" (wie es ein Kollege formulierte), andererseits ist Betroffenheit oft die Voraussetzung, um über einen Gegenstand nicht nur „am grünen Tisch" zu texten, sondern theoretische Erkenntnisse mit real existierenden Fragen zu verbinden.

Die folgenden kurzen Ausführungen zum „Postulat der Selbstreflexion" sind Teil von einer umfangreichen Literaturrecherche zu diesem Thema.[93] Nach traditioneller Wissenschaftsauffassung soll der Forscher sich dem Forschungsgegenstand von einem quasi-objektiven Standpunkt mit neutraler Haltung nähern, obwohl es keinen archimedischen Punkt gibt, der unabhängig von unserer Welt eine von unserem Wertesystem unabhängige Analyse erlaubt. Fragen nach dem gesellschaftlichen Nutzen der Forschung, Werteentscheidungen und Absichten des Forschenden bleiben daher meist im Verborgenen. Die untersuchende Person hat sich nach herrschender Meinung nicht betroffen zu fühlen, auch wenn sie selbst real betroffen ist. Entsprechrechende Regungen darf ein Wissenschaftler nicht verspüren, wenn er nicht in Gefahr geraten möchte, aus der sog. „scientific community" disqualifiziert zu werden. Die Vorschrift geht auf den kartesianischen Dualismus von Geist und Körper zurück.

Abgesehen von der Tatsache, daß die Methode der Selbstbeobachtung (Introspektion) in Sozialwissenschaften sich nicht nur bei der Hypothesengenerierung als wertvolles (wenn auch nicht ausschließliches) Verfahren vielfach bewährt hat, erscheinen die oben genannten Richtlinien besonders fragwürdig, wenn es um den Schreibstil geht. Hier besteht die Tendenz zu sprachlicher Neutralität, was teilweise abstruse Formen annimmt. Dabei empfiehlt das Wissenschaftsmagazin „Science":[94] „Wählen Sie die Tätigkeitsform öfter als die Leideform, denn die Leideform verlangt gewöhnlich mehr Wörter und verbirgt oft den Verursacher der Handlung. Verwenden Sie die erste Person, nicht die dritte; verwenden Sie nicht die erste Person Mehrzahl, wenn die Einzahl passend ist." Dennoch gibt es nur wenige Wissenschaftler auf der Welt, die diese Ratschläge beherzigen.

---

93 Vgl. Sohr (1997).

94 Vgl. « Science » vom 25. September 1970, S. XV, nach Brandt und Brandt (1974), S. 256.

Wie kreativ darf eine Arbeit sein?

Während Selbstreflexionen und Selbstzitate nicht unumstritten sind, wie wir gesehen haben, gilt es grundsätzlich als ein Qualitätsmerkmal, möglichst viele Literaturquellen zu zitieren. Unabhängig von der Quantität kann man natürlich über die Qualität der Literatur streiten. Wie bereits in Kap. 3.2 deutlich wurde, sind Primärquellen durch nichts zu „toppen". Im modernen Hochschulalltag setzt sich in den letzten Jahren immer mehr das Internet als schier unerschöpfliche virtuelle Bibliothek gegenüber dem sinnlichen Erlebnis eines fühlbaren Buches durch, was nicht unproblematisch ist. Gleichzeitig kann die Öffnung der Literaturquellen natürlich auch belebend wirken.

Manche Studenten offenbaren ihre Schreibfreude durch das komplexe Verarbeiten ganz unterschiedlicher Quellen auf eine Art und Weise, die auch den Leser erfreuen. Beispielhaft in diesem Kontext ist noch einmal das bereits genannte Projekt einer Hausarbeit zu erwähnen, bei dem die Relevanz eines psychologischen Buch auch im Hinblick auf das eigene Berufsleben reflektiert werden sollte. Nachfolgend zitieren wir aus zwei Lösungsangeboten von Studenten, die aus der Altenpflege kommen. Eine Studentin setzte sich mit Buch „Technik, Medizin und Ethik – Zur Praxis des Prinzips Verantwortung" des Philosophen Hans Jonas auseinander. Sie beginnt ihre Analyse mit den Worten: „Das Sprichwort ‚Verstehe, daß das Leben eine Reise ist, lerne am Ende zu lächeln' bedeutet für mich nicht, daß man sich seinem Schicksal hoffnungslos ergibt, sondern daß man es annimmt, weil das das Leben ist, das aus uns macht, was wir sind." Am Ende wird die Arbeit noch mit Weisheiten geschmückt, z. B. von Einstein oder Gandhi. Eine kaum „leichtere" Lektüre über „Liebeskummer" wählte ein Student, der seinen Text mit klassischen (u. a. Goethes' „Leiden des jungen Werther") modernen Zitaten (z. B. aus der Musik-Szene) eindrucksvoll kombinierte und sogar noch mit eigenen farbenfrohen Kunstwerken im Anhang vollendete.

Hinsichtlich der Verarbeitung von Illustrationsmaterialien, die über das Zitieren hinausgehen, sind der Phantasie prinzipiell keine Grenzen gesetzt. Exemplarisch sind drei Diplomarbeiten von drei Studentinnen zu nennen: Eine Arbeit beschäftigte sich mit dem Thema „Konfliktmanagement" und entwickelte ein Seminarkonzept. In ihrem Anhang dokumentierte die Studentin eine Reihe von konkreten Unterrichtsbeispielen in Form von sofort einsetzbaren Arbeitsmaterialien. Ganz ähnlich ging eine andere Studentin zum Thema „Sexualität in der Pflege" vor, hier finden sich im Anhang sogar Gedichte und Liedtexte zum Thema. Einen anderen Weg ging eine Studentin, die das Thema „Körpersprache" wählte: Sie integrierte 60 kleine selbst gemachte Photos in den Text, so daß Worte und Bilder elegant miteinander harmonierten.

Kreatives Schreiben an Hochschulen muß sich nicht immer auf Qualifikationsarbeiten beziehen, manchmal bieten sich geistige Ergüsse auch in der Lehre an. So begann die Bielefelder Studentin Verena Schüller ihren Unterricht zur pränatalen Psychologie mit einer selbst kreierten, musikalisch untermalten Phantasiereise (vgl. nächste Seite).

Eine Phantasiereise

„Es ist schön, den Tag mit einer Gedankenreise zu beginnen, die mich noch einmal aus dem Gebäude der Hochschule ins Freie entläßt. Meine Reise führt zum Meer, die Sonne scheint. Es ist ein schöner Sonnentag. Ich spüre die Wärme, ich sehe sie auf meinen Händen und Armen. Die Sonne scheint auf meine Füße und Beine. Ich laufe mit bloßen Füßen am Strand entlang. Ich spüre den Sand warm an meinen nackten Sohlen. Die Wärme durchströmt meinen Körper. Ich fühle Ruhe und Wärme in mir. Ich blicke den Strand entlang in die Ferne. Eingehüllt in das Rauschen des Meeres schreite ich weiter entlang des Strandes. In der Ferne entdecke ich eine Gestalt. Die Gestalt kommt mir entgegen. Ich sehe, es ist ein Kind. Ich erkenne, das kleine Kind bin ich. Ich bin drei bis vier Jahre alt. Das Kind lächelt. Ich breite meine Arme aus. Es läuft mir freudig entgegen. Ich schließe es in meine Arme. Wir begrüßen uns. Das Kind läuft freudig weiter. Ich frage mich: Woher kam das Kind? Langsam folge ich den Fußspuren des Kindes. Die Fußspuren führen mich in die Ferne, aus der das Kind kam. Der Rhythmus des Meeres ist mir so vertraut. Er begleitet mich. Ich nehme die Wellenbewegung in mich auf. Der Rhythmus gleicht meiner Atmung, meinem Herzschlag. Ich spüre, wie mich Wärme umhüllt. Ich fühle mich geborgen. Diese Geborgenheit ist mir bekannt. Ich kenne sie aus dem Mutterleib.

Ich erinnere mich. Ich höre den Herzschlag meiner Mutter. Ich bewege mich auf ihn zu. Er beruhigt mich, er gibt mir Sicherheit. Um mich herum höre ich das Brausen und Brodeln der Plazenta, Geräusche aus dem Magen und Darm. Ich kann mit meinen Händen die Nabelschnur umgreifen. Sie schlägt im Takt des pulsierenden Lebens, das zwischen mir und meiner Mutter strömt. Es ist beruhigend, den Daumen in den Mund zu stecken. Dabei umgreife ich auch gerne meine Nase. Ich strecke mich, ich krümme mich, ich strample mit meinen Beinen, mache Purzelbäume. Manchmal lasse ich mich auch im Rhythmus des mütterlichen Atems im Fruchtwasser treiben und entwickle so etwas wie ein Gefühl für den Raum. Ich lerne mich zu orientieren. Ich spüre das Streicheln meiner Mutter über ihren Bauch. Ich bewege mich auf sie zu und wieder von ihr weg. Ich nehme sie wahr. Ich begreife. Sie freut sich über meine Antwort. Ich höre ihre Stimme. Sie unterhält sich mit mir. Ob sie mich versteht? Ob sie mein Lächeln sehen kann? Wenn sie wüßte, daß ich den Klang ihrer Stimme bereits nachahmen kann. Ich kann meine Mutter sogar riechen. Ich rieche und schmecke die von ihr eingenommenen Speisen. Sie ißt gerne Knoblauch und ich übrigens auch. Wir sind uns schon sehr vertraut. Und doch spüre ich, daß etwas passieren wird. Der Raum im Mutterleib wird mir eng und ungemütlich. Der Herzschlag meiner Mutter wird plötzlich immer schneller, meiner auch. Von außen dringt heller Licht zu mir. Eine kalte Welle schwappt mir ins Gesicht. Ich bin schockiert und schreie. Es ist ganz hell.

Ich kehre zurück von meiner Gedankenreise. Ich komme langsam zu mir und spüre, wie meine Beine, meine Arme, mein Kopf bewegt werden möchten, und öffne die Augen."

Aufgabe 11: Kreatives Schreiben üben

Suchen Sie sich ein spannendes Buch aus Ihrem Bücherschrank aus oder eine CD, die Sie vielleicht gerade gekauft haben, und schreiben Sie darüber eine einseitige (nicht im übertragenen Sinne gemeint, es kann auch vielseitig sein, sollte jedoch auf eine DIN A4-Seite passen!) Rezension mit dem Ziel, andere Menschen, die dieses Buch oder diese CD noch nicht kennen, über das Produkt zu informieren und auch zu motivieren – in dem Sinne, Ihnen bei der Kaufentscheidung behilflich zu sein!

Lösung:

Zu welchem Buch oder zu welcher CD haben Sie eine Kritik geschrieben? Eine Kritik muß nicht immer negativ sein, was in Deutschland häufig übersehen wird. Vielmehr kommt das Wort aus dem Griechischen – „kritein" heißt entscheiden. Das folgende „Muster"-Beispiel der Rezension einer CD-ROM aus dem Cornelsen-Verlag enthält positive und negative Aspekte. Es handelt sich um ein Produkt von Georg Rückriem und Joachim Stary mit dem Titel „Techniken des wissenschaftlichen Arbeitens", in der „Zeit" vom 2. Mai 2002 rezensiert von einem Autor mit dem Kennzeichen „jul":

„Wissenschaftliches Arbeiten lernen, das ist das Ziel eines jeden Studiums. Tatsächlich fühlen sich die meisten Studenten jedoch in den ersten Semestern gerade in dieser Disziplin allein gelassen. Georg Rückriem und Joachim Stary haben eine CD-ROM speziell für Geistes- und Sozialwissenschaftler herausgegeben, die genau diese Lücke füllt. Unter den Rubriken Recherchieren, Lesen und Schreiben sowie Präsentieren finden sich zu jedem Arbeitsschritt konkrete Hilfestellungen, ob es sich nun um Referat, Thesenpapier oder Examensarbeit handelt. Recherchieren beispielsweise listet Bibliotheken in Deutschland sowie virtuelle Kataloge im Internet auf. Und sogar an den Datenverfall ist gedacht: Über eine Homepage können Benutzer ihr Verzeichnis aktualisieren. Alle Rubriken sind angereichert mit Tipps von großen Männern wie Stevenson, Lichtenberg oder Tucholsky. Allerdings hätten sich die Macher hier ein wenig Spielerei sparen können: Wenn Lichtenberg spricht, dann bewegt sich eine Augenbraue und die Unterlippe, was eher vom Inhalt der Aussage ablenkt. Bei einigen Tipps, vor allem bei den häufig verwendeten so genannten Mindmaps, welche die Themen untergliedern, trägt die spielerische Graphik dazu bei, dass die Inhalte besser im Gedächtnis bleiben. Bei den meisten Seiten überreizen die Autoren jedoch den Spieltrieb. Zum Beispiel ist unter dem Hinweis ‚typische Lesefehler vermeiden' der Cartoon eines lesenden Mädchens abgebildet. Der Betrachter kann Radio oder Goldfisch anklicken und hört dann die Geräusche, die diese verursachen, zusammen mit dem guten Tipp: ‚Geräusche lenken ab.' Aber, liebe Autoren, zu viele gluckernde oder blinkende Bildchen auch."

Kreativität aus der Vogelperspektive

Zu guter Letzt möchten wir noch einige Erfahrungen eines ehemaligen Studenten zum Besten geben, der inzwischen als Autor (z. B. für die Harald-Schmidt-Show) tätig ist: Bernd Zeller aus Jena stellt in seinem Buch „101 Gründe, nicht zu studieren"[95] die Hochschule als einen Mikrokosmos dar, in dem jede Art von Macken, Neurosen und Psychosen auf das Prächtigste gedeihen. Das humorvolle Buch, in dem es z. B. um die Themen Motivation, erstes Semester, Geld, Ernährung, Wohnen, Psychoterror und Beziehungen geht, ist ein Musterbeispiel für kreatives Schreiben. Nachfolgend stellen wir Zellers Typologie der Lehr- und Lernkörper vor. Der Lehrkörper wird in zehn verschiedene Typen eingeteilt:

- (1) Der lasche Professor („seine Lehre steht unter dem Motto: Ich tue so, als forsche und lehrte ich, und ihr tut so, als ob ihr etwas wißt")
- (2) Der zwanghafte Professor („er zündet sich eine Zigarre mit der Lupe im Sonnenlicht an (...), nur um zu sagen: Ich bin eine Persönlichkeit")
- (3) Der Studentenhasser („Studenten sind dumm, ist seine Erkenntnis, und seine einzige Hoffnung ist, daß er ihnen das nachhaltig vermitteln kann")
- (4) Der Studentenfreund („das größte Kompliment für ihn von Unbeteiligten ist die Frage: In welchem Semester bist Du?")
- (5) Der Assistent („der Proletarier im System des Manchester-Universalismus ohne die Aussicht, jemals als Klasse zu erheben")
- (6) Der Befummler-Prof („mit Sätzen wie ‚Wir sollten diese Arbeit noch einmal besprechen' bringt er sich in Stimmung")
- (7) Die Quotenfrau („sie ist ihre eigene Botschaft und könnte so tun, als wäre sie gar keine, doch das würde den Zweck der Quote unterlaufen")
- (8) Der Unkonventionelle („er guckt Bravo-TV, um über den Volksgeschmack auf dem Laufenden zu bleiben, von dem er sich absetzt")
- (9) Der-nur-seine-eigenen-Werke-kennt („seine Schriften hält er für die Krone der Schöpfung, alles davor und danach Gesagte machen sie überflüssig")
- (10) Der 68er („sein Marsch durch die Institutionen führte er durch das Hochschulsystem, weil er dort seine Utopien besser aufrechterhalten kann")

Noch reichhaltiger ist die Vorstellung der Studierenden, von denen er zwei Dutzend Arten der Spezies unterscheidet: den Streber, den Versager, den „Hast Du gelernt?"-Typ, den „Ich weiß nichts"-Typ, den Langzeitstudenten, die junge Mutter, den jungen Vater, das Pärchen, den Abenteurer, den Witzbold, die Süße, den Vollquatscher, den Öko, den Coolen, den Aufreißer, die Feministin, den Yuppie-Typ, den Schnorrer, den Unauffälligen, den Piercing-Typ, die Unnahbare, den Linken, die Schöne und den Burschenschafter. Persönliche Preisfrage: In welche Schublade würden Sie sich selbst stecken? Oder fallen Ihnen noch neue Kategorien ein?

---

[95] Vgl. Zeller (2001).

6. REDEN

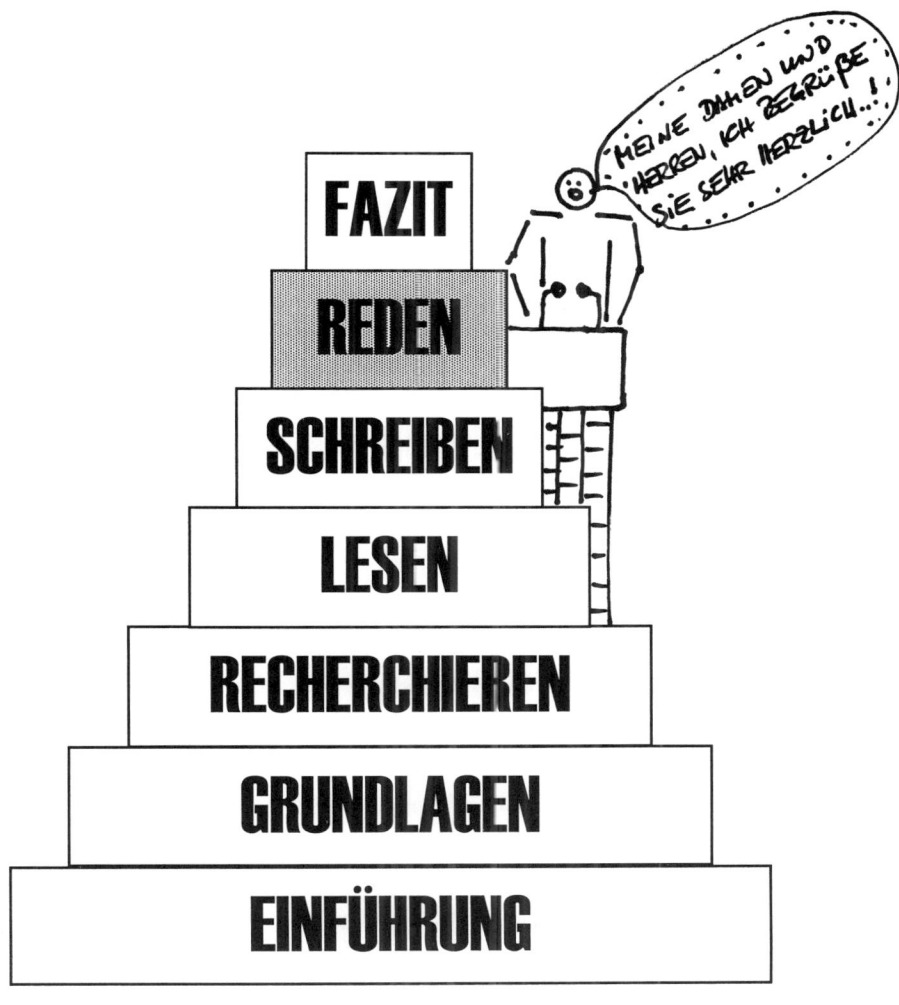

6. Reden

Nach dem Recherchieren, Lesen und Schreiben geht es in unserem letzten großen Abschnitt um das Reden. Die Antworten auf die Frage, wie sich Wissen mündlich artikulieren kann, mündet in vier aufeinander aufbauende Kapitel, die sich mit den Themen Rhetorik (6.1), Präsentation (6.2), Moderation (6.3) und Prüfungen (6.4) beschäftigen.

6.1 Rhetorik

Das Kapitel über Rhetorik beginnt bei den klassischen Erkenntnissen der Rhetorik in der Antike und mündet in der modernen Rhetorik, die in einer globalisierten Welt mit ihren Massenkommunikationsmedien immer wichtiger zu werden scheint.

6.1.1 Klassische Rhetorik

Eine gelungene Einführung in die Geschichte der Rhetorik liefert Lutz von Werder.[96] Die Rhetorik (lat., Redekunst) entstand in der antiken Polis des klassischen Griechenland, das zugleich der Geburtsort moderner Demokratie ist. Gegenstand der Rhetorik waren ursprünglich demokratische Debatten um diverse gesellschaftliche Fragen. Zu den ersten drei Redegattungen gehörten die Gerichtsrede, die Beratungsrede und die Lobrede. In Abhängigkeit der Redegattung bestand die Aufgabe des Redners in der Vermittlung von Einsichten bzw. in der Besänftigung und der Erregung.

Besonders bemerkenswert ist die Tatsache, daß bei den Römern die Rhetorik ein Unterrichtsfach an den Schulen war. Die Schüler übten das Vortragen und Reden über historische, juristische und fiktive Probleme. Die Römer besetzten mit Quintillian auch den ersten Rhetorik-Lehrstuhl in Rom. Auf Quintillian und seine klassische Rhetorik geht auch eine Unterscheidung von fünf Bearbeitungsphasen beim Prozeß des Entwerfens einer Rede zurück, die auch heute noch ihre Gültigkeit hat.

Phase	Name	Gegenstand
1	Inventio	Erfindung der Gedanken
2	Dispositio	Gliederung der Gedanken
3	Elocutio	Sprachliche Darstellung der Gedanken
4	Memoria	Einprägen der Rede im Gedächtnis
5	Actio	Vortrag der Rede

Tabelle 13: Die klassischen fünf Bearbeitungsphasen einer Rede

Ebenfalls bis heute maßgebend sind die klassischen rhetorischen Stilmittel, von denen auf der nächsten Seite ausgewählte zwei Dutzend Beispiele vorgestellt werden.

---

[96] Vgl. von Werder (1995).

Nr.	Stilmittel	Erklärung	Beispiel
1	Alliteration	Verbindung gleicher Anlaute	Manager müssen Mut machen
2	Anadiaplose	Wiederholung des letzten Wortes vom letzten Satz am Beginn des nächsten Satzes	Gesagt bedeutet nicht gehört, gehört bedeutet nicht verstanden
3	Anapher	Wiederholung von gleichen Worten am Satzanfang	Ärzte verdienen viel, Ärzte haben auch viel dafür investiert
4	Anrede	Direkte Ansprache des Publikums	Meine Damen und Herren
5	Antithese	Gegenüberstellung von Gegensätzen	Einerseits, andererseits
6	Aufzählung	Aneinanderreihen von Gedanken	Das hat drei Gründe: Erstens…
7	Chiasmus	Kreuzweise Stellung der Satzglieder	Wer viel redet, erfährt wenig
8	Ellipse	Auslassen von Redeteilen	Der erste Eindruck ist entscheidend, der letzte bleibt
9	Epipher	Wiederholung von gleichen Worten am Satzende	Schweigen hat seine Zeit, Reden hat seine Zeit
10	Euphemismus	Verhüllende Beschönigung	Brummi statt Lastkraftwagen
11	Hyperbel	Übertreibung des Ausdrucks	Ich liebe dich 400 Tage im Jahr
12	Ironie	Versteckter, feiner Spott	Ein Mensch von unaufdringlicher Intelligenz
13	Inversion	Umdrehung von Sätzen oder Worten	Frage nicht, was dein Land für dich tun kann – frage, was du für dein Land tun kannst
14	Klimax	Steigerung zum Höhepunkt	Er kam, sah und siegte
15	Kürzen	Verwendung kurzer Worte und Sätze	Mauer statt antifaschistischer Schutzwall
16	Lilotes	Bejahung durch doppelte Verneinung	Nicht übel
17	Kyklos	Wiederholung am Satzanfang und Satzende	Nach dem Spiel ist vor dem Spiel
18	Metapher	Sinnbildhafter Ausdruck	Goldenes Herz
19	Parallelismus	Parallele Stellung der Satzglieder	Mensch vor Profit, Umwelt vor Fortschritt
20	Rhetor. Fragen	Fragen ohne Antworterwartung	Wollen wir das wirklich?
21	Trias	Dreigliederiger Ausdruck	Die Take-home-message lautet
22	Variation	Wiederholung diverser Wörter	Getränk, Flasche, Pulle
23	Wiederholung	Gleiche Wörter hintereinander	I have a dream, I have a dream
24	Zitat	Wörtliche Wiedergabe	Ich bin ein Berliner

Tabelle 14: Klassische rhetorische Stilmittel

Zur Verinnerlichung und zum Training der rhetorischen Stilmittel empfehlen wir, die vorangegangene Überblicksabbildung in 24 Karteikarten so zu übertragen, daß auf der Vorderseite jeweils der Name des Stilmittels und auf der Rückseite die passende Erklärung inklusive Beispiel notiert wird. So können Sie sich allein oder in einem Team abfragen. Darüber hinaus können Sie die Übung natürlich noch kreativ ausbauen, indem Sie weitere Beispiele erfinden.

Bis zum Kirchenvater Augustinus ist Rhetorik die Wissenschaft der überzeugenden Rede. Erst im Feudalismus kam es zu einer Funktionserweiterung der Rhetorik von einer primär mündlichen zu einer primär schriftlichen Kommunikation. Im Mittelalter ist die Rhetorik noch Bestandteil der Schulen und Universitäten, sie ist ein Glied der sog. „freien Künste". Von 1350–1700, in der Zeit der Renaissance und des Barock, hatte die Rhetorik auf alle Wissenschaften und Künste einen entscheidenden Einfluß. Besonders auf dem Gebiet der Dichtkunst entfaltete sich die Rhetorik in Form des poetischen Schreibens. In der Zeit der Aufklärung stellte sich die Rhetorik ganz in den Dienst der Vernunft. Im Absolutismus verlor die Rhetorik an Bedeutung. Erst im späten 20. jahrhundert wird die Rhetorik in Europa wieder entdeckt und belebt.

Das europäische Schicksal der Rhetorik blieb ihr in Amerika weitgehend erspart. Die amerikanische Rhetorik hatte schon im 18. Jahrhundert einen großen Einfluß auf die amerikanischen Schulen. Im 19. Jahrhundert fanden wichtige Änderungen der rhetorischen Ausbildung an den amerikanischen Universitäten statt. Die Rhetorik der Rede verwandelte sich in den USA, anders als in Europa, schon im 19. Jahrhundert in eine Rhetorik des Schreibens, die an Schulen und Universitäten gelehrt wurde.

So ist es wohl auch kein Zufall, daß moderne Klassiker bzw. große politische Redner des 20. Jahrhunderts, die im positiven Sinne eine gewisse Vorbildfunktion einnehmen konnten, in Amerika heranreiften. Zwei Redner, die der Menschheit „unsterbliche Reden" hinterließen, waren Kennedy (z. B. mit seinen berühmten Worten „Ich bin ein Berliner") und Luther King (z. B. mit seiner „I have a dream"-Rede).

6.1.2   Moderne Rhetorik

Die Bedeutung moderner Rhetorik im 21. Jahrhundert beginnt bei der alltäglichen Kommunikation und reicht bis zu weltpolitischen Fragen über Krieg und Frieden. Zur Illustration des Letztgenannten stellen wir zwei Beispiele aus der jüngeren Geschichte gegenüber: Wie haben die führenden „Sprecher" der USA und Deutschlands „ihrem" Volk das nationale Verhalten anlässlich des Kriegs gegen den Irak erklärt? Lesen wir zunächst Auszüge aus der Kriegsankündigung des US-Präsidenten George Bush in der Nacht zum 20. März 2001[97]:

---

[97] Vgl. AP (2003), S. 4.

„Meine Mitbürger, die Ereignisse im Irak haben jetzt die letzten Tage der Entschei-
dung erreicht (...). Wir sind ein friedliches Volk, aber wir sind kein zerbrechliches
Volk. Und wir lassen uns nicht von Gangstern und Mördern einschüchtern. Wir han-
deln jetzt, weil die Risiken der Untätigkeit weit größer sein würden. Es ist keine
Selbstverteidigung, wenn man auf solche Feinde erst dann antwortet, wenn sie zuerst
zugeschlagen haben. Das ist Selbstmord. Die Sicherheit der Welt erfordert, dass Sad-
dam Hussein jetzt entwaffnet wird. Gute Nacht und möge Gott Amerika auch weiter-
hin segnen. "

Zeitgleich erklärte Bundeskanzler Gerhard Schröder ebenfalls in einer TV-Ansprache
an der deutschen Bevölkerung, warum seine Regierung gegen einen Krieg sei: *„Liebe*
Mitbürgerinnen und Mitbürger, die Welt steht am Vorabend eines Krieges. Meine
Frage war und ist: Rechtfertigt das Ausmaß der Bedrohung, die von dem irakischen
Diktator ausgeht, den Einsatz des Krieges, der tausenden von unschuldigen Kindern,
Frauen und Männern den sicheren Tod bringen wird? Meine Antwort war und ist:
Nein!" Die Gegenüberstellung beider Reden zeigt, daß trotz diametral entgegenge-
setzter Botschaften die stilistischen Mittel ähnlich sind. Beide Staatsoberhäupter ver-
suchen mittels persönlicher Ansprachen und emotionaler Argumentationen zu über-
zeugen – jeder auf seine Art. Während Schröder mit einer rhetorischen Frage beginnt,
mündet die Rede von Bush in typisch amerikanischem Chauvinismus.

Die Kriegsrhetorik bzw. die politische Rede ist nur eine – besonders ambivalente –
Variante des großen Spektrums an Möglichkeiten von Anlässen, eine Rede zu halten.
Im Alltagsleben gibt es viele Redeanlässe, wie folgender Tabelle zu entnehmen ist:[98]

Redeanlass	Botschaft	Information	Emotion
Geburt	Glück für die Zukunft	Daten zur Person	Teilhabe an Glück, Hoff-nungen
Hochzeit	Gratulation zum Er-reichten	Lebensweg der Beteiligten	Mitfreude, Hoffnungen
Todesfall	Ehrendes Andenken	Lebensweg des Verstorbenen	Trauer um den Toten, Mit-gefühl für Hinterbliebene
Geburtstag	Glückwünsche	Daten zur Person	Mitfreude
Betriebsfest	Frohes Zusammensein des Betriebes	Ablauf der Veran-staltung	Gute Laune, Solidarität
Weihnachtsfeier	Frohe Weihnachten	Geschenkaktionen	Frohe Besinnung
Beförderung	Anerkennung, An-sporn für andere	Begründung der Ehrung	Mitfreude, kein Neid, Mo-tivation

Tabelle 15: Überblick über unterschiedliche Redeanlässe

---

[98] Vgl. Breitenstein (1981), S. 26 f.

Im Gegensatz zu den vielfältigen spezifischen Anlässen, die alles in allem vielleicht eher selten anstehen, geht es im Alltags- und Berufsleben viel häufiger um Gespräche, die unter dem Begriff „Smalltalk" bekannt sind. Insofern sollte man beim Streben nach rhetorischer Eleganz auch den spontanen und schlagfertigen Austausch über die vielen „kleinen" alltäglichen Dinge des Lebens nicht vergessen. Zur Vorbereitung unserer abschließenden Übung zum Thema „Rhetorik" geben wir Ihnen „Zwölf Schritte zur erfolgreichen Rede" weiter.[99] Die Tips können auch als hilfreiche Vorbereitung für die Konzeption eines Referates dienen.

Nr.	Schritt
1	Überlegen Sie sich, was das Thema der Veranstaltung sein soll (inventio)!
2	Machen Sie sich Ihre Ziele und Absichten bewußt!
3	Erforschen Sie Ihr Publikum!
4	Sammeln Sie unterstützendes Material zu Ihrem Thema!
5	Finden Sie eine Botschaft!
6	Finden Sie einen Titel!
7	Entwickeln Sie einige (wenige) zentrale Thesen und Aussagen!
8	Strukturieren Sie Ihr unterstützendes Material (dispositio)!
9	Planen Sie das Ende!
10	Planen Sie den Anfang!
11	Schreiben Sie einen Entwurf Ihrer Rede (elocutio)!
12	Verfeinern und üben (memoria) Sie die Rede, bevor Sie sie halten (actio)!

Tabelle 16: Zwölf Schritte zur erfolgreichen Rede

Aufgabe 12: Eine kleine Rede halten

Nachdem Sie nun einiges über klassische und moderne Rhetorik erfahren haben, laden wir Sie dazu ein, selbst einmal eine kleine Rede zu schreiben und Sie vor einem Publikum Ihrer Wahl (z. B. Freunde) zu halten! Die Rede sollte nicht länger als drei Minuten dauern. Suchen Sie sich ein Thema, über das Sie gerne sprechen (beruflich, persönlich, politisch etc.), und versuchen Sie, das Gelernte anzuwenden!

Lösung

Eine Musterlösung gibt es mit Sicherheit nicht, da jede Rede ihren eigenen Charakter hat. Um dennoch eine Vorstellung davon zu bekommen, wie die Aufgabe zu meistern ist, finden Sie nachfolgend zwei Beispiel-Reden, die an der Fachhochschule Bielefeld von Studenten gehalten wurden, die in einem Rhetorikkurs ebenfalls den obigen Auftrag erhielten. Die Reden wurden mit einer Videokamera aufgenommen und im Anschluß im Seminar nach allen Regeln der Kunst analysiert und gewürdigt.

---

[99] Vgl. Braun (2001), S. 56 ff.

Jan Wohlgehagen (2002)

HOMMAGE AN EINE STADT

Du bist Europa, Europa bist du nicht.

Mit dir und in dir, unter dir und über dir pulsiert pures Leben.
Krachend und kratzend, crackelnd und krakelend,
immer um 17:00 Greenwich meantime kommt kerosingeladen
dein Prestigevogel gleitend glatt landend in Europas größter Pforte hinein.
Leben über Dir.

Dunkel, dicht, drückend und donnernd drängen deine Menschen durch die Tunnel.
Wie Maulwürfe tief unten, graben sich durch, kreuzen und crossen.
Warten und wechseln. Organisiert mit System, strukturiert, diszipliniert, kanalisiert.
Lautsprecher mit warnenden Worten: „Mind the gap, mind the gap, mind the gap".
Transport von Millionen. Immer um 7:00 a.m. und 17:00 p.m. Greenwich meantime.
Deine Menschen nennen es das Rattenrennen. Uoh what a ratrace, ratrace, ratrace.
Leben unter Dir.

Achtmillionen haben Hunger, hetzen hastig, heißhungrig in deine Fast-Food-Ketten, in Deine Supermarkets: Sainsburys und Summerfield.
Double whoper, double decker, tripple cream.
Xtra large, xtra dip, xtra onion.
Vegie Burger, Vegie finger, weil: Angst vor BSE. Mad cow desease.
In dir toben tolle Töne, also tune in: Techno und Trance, Pop und Rock. Rhythm und Dance, made in Europe.
Deine Menschen sind multi-kulti. Schwarz und weiß, Kakao und gelb.
Du bist Europa, bist Du die Welt?
Du bist so bunt, manchmal echt, manchmal gefaket. Freddy Mercury steht neben Martina Navratilowa. Michael the King of Pop neben Steffi Graf. Aus Wax.
Bunt bist Du. Jamaica, Indien und Pakistan. East end boys und west end girls.
Bengalen, Chinesen und blasse Briten.
Weiß wie Schnee neben cafe'au lait.
Leben in Dir.

Redner im Park. Reiher in Themse und Tide. Royals am Hof. Reicher Geruch nach Nordsee und Schlick. Ebbe und Flut. Stones statt Kilo. Inches nicht Meter.
Mit Dir geht vieles anders.
Kreuz ich die Straße, guck ich nach rechts.
Den Euro willst du erst später.
Island not continent.
Insel zum Festland gehörend.
Du hast Flair, du hast Tony the Blair.
Mega suite in Downing street.
Leben mit Dir.

Du bist Europa, Europa bist Du nicht.

Thomas Rieger (2004)

DIE WELT OHNE ICH

Die Leute, die mich besser kennen, wissen das schon: Ich bin der Mittelpunkt der Welt!
Für alles Gute und Schöne, das es auf der Welt gibt, bin ich verantwortlich!
Ein paar von euch werden jetzt bestimmt denken:
„Oh Gott, was ist denn das für ein arrogantes Arschloch?",
aber ich hab' euch einen kleinen Text mitgebracht,
der beschreibt, wie furchtbar es auf dieser Welt wäre, wenn ich nicht da wäre.
Zur Freude aller Deutschlehrer und aller anderen anwesenden PISA-Geschädigten
hab' ich dem Text den Titel „Die Welt ohne Ich" gegeben...

In einer Welt ohne ich, da gäbe es mich nicht,
kein Dichter stünde hier, der zu euch spricht

Dunkel wär's, ganz ohne Licht,
niemand sähe mein Gesicht.

Du wärst da, doch es gäbe Dich nicht –
Sehr verwirrend, kein leichter Verzicht.

Fort wären die Ein- und Übersicht
Und es gäbe auch das nicht nicht, nicht?

Nichts wäre nichtig oder wichtig,
und alles völlig falsch, nichts richtig.

Gar niemand wäre reich –
Alle arm, selbst der Scheich.

Seltsam erschiene uns der Wald ohne Fichten oder Eichen,
kein Dickicht, keine Lichtung, nirgends auch nur ein Lebenszeichen.

Die Menschen an der Küste lebten ohne Deich,
mit wenig Schutz und Sicherheit, vor Angst ganz bleich.

Hesse fänden nichts mehr witzich,
und streiteten sich gar hitzich.

Niemand ließe sich zur Rücksicht erweichen,
eine trostlose Aussicht ohne Gleichen.

Trauer überall – soviel ist sicher:
Leid und Tränen nur – und kein Gekicher.

Ja, so wäre diese Welt – gar wenig löblich –
Ohne das kleine Wörtchen ich – schlicht nicht möglich.

6.2   Präsentation

In diesem Kapitel geht es um die Kunst der Präsentation, insbesondere von Referaten. Didaktisch gesehen beginnen wir zunächst mit dem „großen Ganzen", indem wir den Spielfilm eines Vortrags von Anfang bis Ende betrachten. Anschließend gehen wir stärker ins Detail und beschäftigen uns mit spezifischen „Aufmerksamkeitsweckern", Körpersprache, „goldenen Regeln", Fragen der Verständlichkeit (hierzu gibt es auch eine Übung) und in einem separaten Subkapitel mit dem Umgang mit Lampenfieber.

6.2.1   Präsentation von Referaten

Wenn es um die Präsentation von Referaten geht, reagieren viele Studenten eher demotiviert. Warum? Möglicherweise verbinden sie damit Erinnerungen wie diese:

„Ein Student spricht. Siebzehn Studentinnen und Studenten langweilen sich. Die Professorin langweilt sich. Niemand fühlt sich wohl. Mit folgenden Worten hat der Student der Betriebswirtschaft sein Referat begonnen: „Mein Thema lautet Personal- und Organisationsaspekte im Geschäftsprozeßmanagement. Im Vordergrund steht dabei die Modularisierung von Organisationsstrukturen, wobei Modularisierung mit Picot, Reichwald und Wigand verstanden wird als Zitat – ‚eine Restrukturierung der Unternehmensorganisation auf der Basis integrierter, kundenorientierter Prozesse in relativ kleine, überschaubare Einheiten, sog. Module. Diese zeichnen sich durch dezentrale Entscheidungskompetenz und Ergebnisverantwortung aus, wobei die Koordination zwischen Modulen verstärkt durch nicht hierarchische Koordinationsformen erfolgt'. Zitat-Ende. Geschäftsprozeßmanagement kann definiert werden als..."[100]

Sie haben die Wahl: Wollen Sie Ihr Publikum genauso langweilen wie viele Ihrer Vorgänger? Oder möchten Sie mutig Ihre eigene Form finden und persönliche Akzente setzen, so daß man sich an Sie noch lange erinnern wird? Wenn Sie sich vornehmen, Ihr Publikum so zu behandeln, wie Sie es sich selbst von einem Redner wünschen, wird sich Ihre Einstellung vielleicht positiv verändern. Eines Tages wird dann die Chance eines eigenen Vortrags bei Ihnen vor allem Vorfreude hervorrufen.

Als hilfreiche Literatur auf diesem Weg bietet sich das Buch „Die Kunst der Präsentation"[101] an – Untertitel: „Wie Sie einen Vortrag ausarbeiten und überzeugend darbieten". Hilfreich erscheint es, weil der Prozeß eines Vortrags von der Planung bis zur Ausführung in 31 Kapiteln chronologisch nachgezeichnet wird. Viele Einsichten bleiben dabei durch zahlreiche humorvolle Comics nachhaltig in Erinnerung. Einige der wichtigsten Kapitel wollen wir nachfolgend wie in einem Zeitraffer zitieren.

---

[100] Vgl. Franck (2003), S. 223.

[101] Vgl. Bernstein (1991).

Die „Kunst der Präsentation" beginnt mit einem keineswegs trockenen Kapitel über „Aufbau und Ausführung" (1). Die Grundbotschaft lautet: „Einen Vortrag halten heißt, mit dem Publikum einen Vertrag abzuschließen". Diese Servicementalität („der Kunde ist König") ist in Deutschland wesentlich weniger verbreitet als z. B. in den USA, wo eine andere Dienstleistungskultur herrscht. Wichtig ist es stets, sich in die Zuhörer zu versetzen (4). In den folgenden Kapiteln steht die konkrete Planung im Zentrum, wie sie auch aus der klassischen Rhetorik (vgl. Kap. 6.1 in diesem Buch) bekannt ist. Diese umfaßt vor allem Anfang, Mitte und Schluß (8–10). Sobald das Grundgerüst steht, wird empfohlen, sich mit der Sprache und seinen Stilmitteln, wie z. B. Bildern und Metaphern (14), auseinanderzusetzen. In einem weiteren Kapitel geht es um „Störungen" (16), wie z. B. Weitschweifigkeit, lange oder überflüssige Wörter und verschraubte Sätze. Ein wichtiges Thema sind visuelle Hilfsmittel (18–20), die zusammen mit dem Redner als ein „Zweipersonenstück" bezeichnet werden, das miteinander harmonieren sollte. Klassisch rhetorisch geht es auch mit Fragen der Vortragsweise (23) weiter, wobei sich der Leser bereits mitten im Vortrag befindet, der auch als Drama (27) mit einem Theaterstück verglichen wird, bei dem allerdings das Publikum die Hauptfigur bildet. Zehn Seiten werden ferner dem „Humor" (28) gewidmet, der im positiven wie im negativen (wenn er verunglückt) zur Stimmung viel beitragen kann. Das Buch endet mit dem „Tag des Auftritts" (31) als Höhepunkt, der niemals eine Wiederholung ist, sondern immer „ein einmaliges Live-Ereignis".[102]

Die Vorstellung eines Vortrags als eine Inszenierung, bei der Sie der Regisseur sind, kann für die Freiheitsgrade sensibilisieren, die trotz gewisser Rahmenbedingungen existieren. Wer kreative Ideen zulassen kann, wird zunehmend mehr „Lust statt Last" empfinden. Diese Entwicklung kann verstärkt werden, wenn man sich bestimmter Aufmerksamkeitswecker bedient, wie z. B. einem originellen Zitat (z. B. „Ich mag diese Regierung nicht, ich mochte die vorige nicht, und ich werde auch die nächste nicht mögen", Dan Crossland), einer provokanten Frage („Ist die deutsche Universität im Kern verrottet?") oder einer widersprüchlichen Aussage („Wir wissen immer mehr und werden immer dümmer").[103] Insbesondere Anfang und Ende eines Vortrags – sie gelten nicht umsonst als das „A und O", da sie am längsten in Erinnerung bleiben – bedürfen besonderer Aufmerksamkeit, wie folgende Tabelle eindrucksvoll zeigt:[104]

Referatsteil	*Anteil am Referat*	*Anteil an der Bewertung*
Einleitung	1/10	1/3
Hauptteil	8/10	1/3
Schluß	1/10	1/3

Tabelle 17: Zur Bedeutung von Anfang und Ende eines Referats

---

[102] Vgl. Bernstein (1991), S. 248.

[103] Vgl. Franck (2000), S. 84.

[104] Vgl. Franck (2003), S. 235.

Entsprechend der sozialpsychologischen Erkenntnis, nach der die Frage, *was* gesagt wird, zu vernachlässigen sei im Verhältnis zu der Frage, *wie* es gesagt wird, lohnt sich auch noch ein kleiner Einblick in die Welt der nonverbalen Kommunikation. Franck weist in diesem Zusammenhang u. a. auf folgende Aspekte hin:[105]

- Blickkontakt: Schauen Sie Ihre Zuhörer (auch einzeln) an, aber nicht zu lange!
- Körperhaltung: Stehen Sie mit beiden Beinen fest und flexibel auf dem Boden!
- Gestik: Gebrauchen Sie Hände und Arme, um Worten Ausdruck zu verleihen!
- Mimik: Mit einem authentischen Lächeln fördern Sie eine warme Atmosphäre!
- Pausen: Sie regen im Satz zum Voraus- und am Satzende zum Nachdenken an!

Die immense Bedeutung der Körpersprache beschreibt der weltbekannte israelische Pantomime Sammy Molcho mit den Worten: „Der Körper ist der Handschuh der Seele, seine Sprache das Wort des Herzens (...). Die Kenntnis der Körpersprache öffnet direkte Wege zueinander und einen freieren Umgang miteinander."[106]

Summa summarum möchten wir Ihnen an dieser Stelle bewährte „goldene Regeln" anbieten, die die Qualität Ihrer Vorträge verbessern können, wenn Sie sie beherzigen:

1.	Wählen Sie ein Thema, mit dem Sie sich identifizieren können!
2.	Starten Sie mit Ihrer Vorbereitung nicht erst am Vorabend!
3.	Versuchen Sie, aus der Last eine Lust werden zu lassen!
4.	Gehen Sie davon aus, daß Ihre Zuhörer weniger wissen als Sie!
5.	Finden Sie einen „roten Faden" und machen Sie ihn verständlich!
6.	Denken Sie über einen adäquaten Einsatz von Medien nach!
7.	Weniger ist meistens mehr (lieber langsam und frei sprechen als viele Seiten vorlesen)!
8.	Anfang und Ende Ihres Vortrags sind besonders wichtig!
9.	Holen Sie sich hinterher ein Feedback von Ihren Zuhörern!
10.	Klopfen Sie sich im Zweifel selbst auf die Schulter – viel Erfolg!

Abbildung 7: Zehn „goldene Regeln" für die Präsentation von Referaten

Bevor wir zum „Lampenfieber" kommen, weisen wir noch auf einen Punkt hin, der bei der Qualitätsbeurteilung von Referaten nicht selten unterschätzt wird: die Frage der Verständlichkeit. Sie manifestiert sich schriftlich (vgl. z. B. Kap. 5.2.1) und setzt sich oft im mündlichen Ausdruck fort. Wie kann man sich verständlich ausdrücken?

---

[105] Vgl. Franck (2003), S. 249 ff.

[106] Vgl. Molcho (1996), S. 200.

Eine Antwort auf die Frage, wie wir uns verständlicher ausdrücken können, geben die drei Hamburger Psychologen Langer, Schultz von Thun und Tausch mit ihren vier „Hamburger Kriterien der Verständlichkeit". Sie bezeichnen Texte als verständlich, die einfach, übersichtlich, kurz und anregend sind[107] – also praktisch das Gegenteil von den komplizierten, unübersichtlichen, langen und langweiligen Texten, die wir so oft in den Wissenschaften antreffen (vgl. auch Kap. 5.2). Doch nicht nur dort an den Hochschulen, auch in vielen Behörden herrscht nicht selten eine Sprache vor, die eher abschreckend als einladend und in Deutschland als „Beamtendeutsch" gefürchtet ist.

Aufgabe 13: Sich verständlich ausdrücken

Nachfolgend finden Sie aus dem Buch „Sich verständlich ausdrücken" drei kurze Texte aus dem Strafgesetzbuch, bei dem es um unterschiedliche Arten von Verbrechen geht. Versuchen Sie die drei Texte etwas verständlicher zu formulieren!

(a) Diebstahl: „Wer eine fremde bewegliche Sache einem anderen in der Absicht wegnimmt, dieselbe sich rechtswidrig anzueignen, wird wegen Diebstahls bestraft."

(b) Raub: „Wer mit Gewalt gegen eine Person oder unter Anwendung von Drohungen mit gegenwärtiger Gefahr für Leib und Leben eine fremde bewegliche Sache einem anderen in der Absicht wegnimmt, sich dieselbe rechtswidrig anzueignen, wird wegen Raubes bestraft."

(c) Unterschlagung: „Wer eine fremde bewegliche Sache, die er im Besitz oder im Gewahrsein hat, sich rechtswidrig aneignet, wird wegen Unterschlagung bestraft."

Lösung:

(a) Diebstahl: „Jemand nimmt einem anderen etwas weg. Dabei ist es wichtig, daß es ihm nicht gehört und er die Absicht hat, es zu behalten. Beispiel: Jemand nimmt im Kaufhaus eine Ware an sich und bezahlt sie nicht."

(b) Raub: „Jemand nimmt einem anderen etwas weg, obwohl es ihm nicht gehört. Beim Wegnehmen wendet er Gewalt an oder droht dem anderen, ihn zu schlagen oder zu töten. Beispiel: Ein Täter bedroht einen Bankangestellten mit einer Pistole und nimmt sich Geld."

(c) Unterschlagung: „Jemand bekommt etwas zum Aufbewahren übergeben, aber er gibt es nicht wieder heraus, sondern behält es für sich. Beispiel: Ein Briefträger behält Briefe und Päckchen, die er austragen soll, für sich selbst."

---

[107] Vgl. Langer, Schulz von Thun und Tausch (1993), S. 102.

6.2.2   Umgang mit Lampenfieber

Nachdem wir uns zunächst mit grundlegenden Fragen der Präsentation beschäftigt
haben, wollen wir uns nun mit einem Thema auseinandersetzen, das erfahrungsgemäß
vielen Studierenden zu schaffen macht. In der Theorie mag man ja bestens auf ein
Referat oder eine mündliche Prüfung vorbereitet sein, doch in der Praxis bringen sich
manche Redner um die Früchte ihrer Arbeit, wenn sie ihre Aufregung nicht in den
Griff bekommen.

Wer das Wort „Lampenfieber" unter www.amazon.de eingibt, erhält mindestens 48
Bücher zu diesem Thema – eine kleine Auswahl: „Prüfungsangst und Lampenfieber",
„Auftreten ohne Lampenfieber", „Mut zum Lampenfieber", „Vom Lampenfieber zur
Vorfreude", „Vom Lampenfieber zur kreativen Energie", „Mein Dackel kennt kein
Lampenfieber" und „Lampenfieber: Ursache, Wirkung, Therapie". Der letztgenannte
Titel verdient besondere Aufmerksamkeit: Der Begriff „Therapie" suggeriert, daß
Lampenfieber eine Krankheit ist. Dies ist mit Sicherheit nicht der Fall („bestenfalls"
in dem extremen Fall, wenn sich massive Ängste entwickeln sollten, die zu völliger
Handlungsunfähigkeit führen!).

Lampenfieber muß noch nicht einmal negativ sein, wie folgende Definition zeigt:
„Lampenfieber ist ein Phänomen, das einen Redner, Schauspieler oder Musiker vor
einem Auftritt befallen kann. Der Hypothalamus, die ‚Steuerzentrale' im Gehirn, löst
eine Sympathicusreaktion aus, was die Folge hat, daß die Nebennierenrinde Adrenalin
und Noradrenalin produziert, was zu positiven oder negativen Auswirkungen führen
kann."[108]

Meist sind uns die negativen Auswirkungen vertrauter: Die Stimme stottert, die Knie
zittern, das Herz rast, Schweiß bricht aus und der Atem stockt. Manchmal leiden wir
im Vorfeld eines subjektiv bedeutsamen Ereignisses auch unter Schlafstörungen. In
den seltensten Fällen entwickeln wir jedoch wirklich „Fieber" (im Sinne einer mit
einem Fieberthermometer meßbar erhöhten Körpertemperatur) vor der „Lampe" (die
Auftritte in der Hochschule finden i. d. R. auch nicht unter Scheinwerferlicht statt).
Die Tatsache, daß Lampenfieber auch positive Auswirkungen hervorbringen kann,
wird oft übersehen: Wir entwickeln mehr Spannung, mehr Kraft, mehr Energie, mehr
Aufmerksamkeit. So gesehen ist Lampenfieber ein „kostenloses" Aufputschmittel
ohne Nebenwirkungen, wie sie durch Einnahme spezifischer Substanzen entstehen.

Entscheidend ist eine gute Balance, die in der Psychologie bereits seit 1908 durch das
sog. Yerkes-Dodson-Gesetz bekannt ist. Bei Aufgaben mit normaler Schwierigkeit
empfiehlt sich ein mittleres Erregungsniveau (also nicht zu viel, aber auch nicht zu
wenig Aufregung), um eine optimale Leistung vollbringen zu können.[109]

---

[108] Vgl. Knill + Knill Kommunikationsberatung (o. J.).

[109] Vgl. Yerkes und Dodson (1908), S. 459 ff.

Die Einsicht, daß ein gewisses Maß an Lampenfieber durchaus gesund – im Sinne von leistungsfördernd – ist, löst trotzdem noch nicht die Frage, mit welchen Strategien wir uns optimal auch emotional auf eine Präsentation vorbereiten können. Hier setzt die einschlägige Literatur an (siehe oben). Nachfolgend finden Sie die Auswertung einer Unterrichtseinheit mit Studenten, die in Gruppenarbeit unterschiedliche Texte zu diesem Thema auswerteten, alle Strategien auf Kärtchen sammelten und abschließend nach ihrer Wirksamkeit bepunkteten. Die Wirksamkeit richtete sich dabei nach dem persönlichen Erfahrungsschatz, der bei einer Gruppengröße von etwa 30 Studenten im Hauptstudium relativ umfangreich ausfällt. Hier die „Top Ten":

1. Gute Vorbereitung!
2. Vorfreude auf danach!
3. Räumlichkeiten gestalten!
4. Erinnerungen an positive Erfahrungen!
5. Selbstwirksame Stimulationen!
6. Sex zur Entspannung!
7. Generalprobe einplanen!
8. Konzept beibehalten!
9. Verstärker in zweite Reihe setzen!
10. Maskottchen mitbringen!

Abbildung 8: Zehn Empfehlungen von Studenten gegen „Lampenfieber"

Lassen wir alle Tips noch einmal Revue passieren: Eine gute Vorbereitung (1) ist nach vor die beste Strategie gegen Lampenfieber, ohne die alle anderen Tricks wenig ausrichten können. Mental sehr hilfreich ist es, sich die schönen Dinge auszumalen, mit denen Sie sich danach belohnen wollen, z. B. eine Party (2). Auch die Zeit davor sollte man sich zumindest optisch angenehm gestalten, z. B. durch ein gemütliches Arbeitszimmer (3). Erinnerungen an positive Erfahrungen, z. B. früherer glanzvoller Auftritte (4), und selbstwirksame Stimulationen, z. B. mit Sätzen wie „Ich kann es!", (5) können Ängste vertreiben. Auf körperlicher Ebene mag z. B. Sex (6), ebenso wie andere sportliche Betätigungen, entspannend wirken (unmittelbar vor einem großen Wettkampf verzichten die meisten Hochleistungssportler allerdings auf längeren Sex). Ganz wichtig für das Selbstbewußtsein ist mindestens eine gute „Generalprobe" (7). Ferner sollte man nicht in letzter Minute den Vortrag noch einmal neu erfinden (8). Am Tag des Auftritts empfinden es viele Studenten ermutigend, einen menschlichen „Verstärker" (9) im Publikum zu platzieren, der vielleicht öfters einmal freundlich nickt. Und wenn kein Publikum zugelassen ist, kann man immer noch ein persönliches „Maskottchen" (10) mitbringen, dessen Anblick magische Kräfte sendet. Abschließend sei noch darauf hingewiesen, daß Sie im Laufe Ihrer Studienzeit sicher Ihre eigenen „Top Ten" entwickeln – wichtig ist vor allem, daß es bei *Ihnen* wirkt!

6.3 Moderation

Kommunikation in einer Gruppe mit Hilfe einer Moderation gewinnt nicht nur im Fernsehen, sondern auch in anderen sozialen Zusammenhängen (Bildung, Politik, Wirtschaft etc.) zunehmend an Bedeutung. Im Laufe des Studiums und darüber hinaus erleben wir immer Situationen, in denen wir gefordert sind, Diskussionen von Gruppen zu leiten, z. B. in einem Projekt oder nach einem Vortrag. Auf der Suche nach guten Moderationen dienen die meisten TV-Talkshows, seien sie von Arabella Kiesbauer oder Michel Friedmann, mehr der Quote denn als Vorbild. Meist sind sie sogar das genaue Gegenteil einer guten Moderation im eigentlichen Sinne – warum?

6.3.1 Grundlagen der Moderation

Die Idee der Moderationsmethode entwickelte sich in einer „Zeit, in der Studentenunruhen und Protestbewegungen die Gesellschaft aus ihrem Dornröschenschlaf gerissen hatten (…). Überall wurden Forderungen nach mehr Beteiligung an Entscheidungsprozessen, nach mehr Orientierung an den Wünschen und Bedürfnissen der Betroffenen hörbar".[110] So erschienen in den 70er- und 80er-Jahren die ersten Publikationen zur Moderationsmethode. Der Begriff der Moderation kommt vom lateinischen Wort „moderatus", was wir am besten mit „behutsam" übersetzen können. Im Verständnis der Rolle des Moderators liegt der Schlüssel zur Philosophie dieser Methode. Die Leitung einer Moderation unterscheidet sich grundsätzlich von der klassischen Vorstellung eines Lehrers. Die Moderation wirkt weniger als eine Belehrung, sondern mehr als eine Begleitung, die im Hintergrund wirkt und zuhört, aber auch animiert und inspiriert.

Eine gute Moderation versteht sich als Katalysator in einem kreativen Prozeß. Sie sorgt vielleicht nicht immer für den Ausgleich aller Interessen, doch stets dafür, daß Interessen ihren Ausdruck finden können. Sie ist nach sokratischem Vorbild auch ein „Geburtshelfer".[111] Zu den Grundhaltungen einer guten Moderation gehören Zurückhaltung und Neugier, Offenheit und Optimismus. Sie verfügt über ein Profil, das sich durch die Integration vieler verschiedener Eigenschaften auszeichnet: Neutralität, Autorität, Präsenz, Sensibilität, Motivation, Flexibilität, Authentizität und Teamfähigkeit.[112] In diesem Sinne sind Persönlichkeiten, die nicht in der Lage sind, ihrem Publikum mit einer dienenden Haltung zu begegnen, für eine Moderation tendenziell ungeeignet. Insofern sind z. B. TV-Talkshows, bei denen der Name des Moderators zum Titel der Sendung mutiert, eher verdächtig, da sie suggerieren, daß im Mittelpunkt nicht die Gäste stehen, sondern der Moderator der „Star" ist. Doch gibt es sicher auch positive Beispiele in der Medienlandschaft – vorausgesetzt, die Moderation ist in der Lage, sich zurücknehmen.

---

[110] Vgl. Klebert, Schrader und Straub (1987), S. 7.

[111] Vgl. Jungk (1988).

[112] Vgl. z. B. Kuhnt und Müllert (1996) oder Sohr und Stary (1997).

Neben der Gefahr potentieller Staralüren seitens der Moderation liegt die Kunst der Zurückhaltung auch in der Weisheit, nicht alles besser zu wissen, sondern auf die Kraft der Gruppe zu vertrauen. So agiert die Moderation nicht wie der freundliche Affe in der berühmten Parabel, welcher meint, den Fisch mit den Worten „Lass dir aus dem Wasser helfen, oder du wirst ertrinken" auf einen Baum setzen zu müssen.

Gemäß dem Grundsatz, daß eine Moderation sich vor allem durch Expertenwissen in der Methode und weniger in den Inhalten auszeichnet, stellt sich die Frage nach den methodischen Möglichkeiten. Was ist am Anfang und Ende sowie während einer Moderation alles zu bedenken?

6.3.2 Durchführung einer Moderation

Wie bei so vielen Dingen ist auch bei einer Moderation eine gute Vorbereitung „die halbe Miete" – in dreifacher Hinsicht: inhaltlich, methodisch und organisatorisch. Bei der inhaltlichen Vorbereitung geht es darum, sich mit dem Thema so weit vertraut zu machen, um den Ausführungen der Akteure folgen zu können. Hierzu gehören auch die Klärung der Zielsetzung und das Einstimmen auf die Zielgruppe. Die methodische Vorbereitung umfasst vor allem das Erstellen eines Moderationsplanes, d. h. eines konkreten Arbeits- und Zeitplanes. Letztere kann in der Praxis flexibel gehandhabt werden, sofern die Moderation die wichtige Aufgabe des Zeitmanagements im Griff behält. Schließlich sind auch noch andere organisatorische Dinge zu bedenken, z. B. die Gestaltung des Ortes. Ein schönes Ambiente befördert eine positive Atmosphäre.

Der Ablauf einer Moderation verläuft nach Seifert in sechs Phasen:[113] Nach einer Einstiegsphase (P1), die der allgemeinen Orientierung dient, beginnen die eigentlichen Arbeitsphasen mit der Themensammlung (P2), Themenauswahl (P3), Themenbearbeitung im engeren Sinne (P4) und der Planung von Maßnahmen (P5), bevor in der abschließenden Phase (P6) die Moderation abgerundet wird.

Während der gesamten Moderation spielt die Frage der Visualisierung eine große Rolle. Hier gibt es heutzutage viele hilfreiche Medien wie z. B. Flip-Charts oder Pinnwände. Besonders wichtig ist der oft reichhaltig gefüllte Moderationskoffer (mit Stiften, Karten, Nadelkissen, Klebepunkten etc.). Die Hilfsmittel können in jeder Phase der Moderation zum Einsatz kommen, um entsprechende Interventionen zu unterstützen. In der Einstiegsphase kann man z. B. einen Steckbrief zum besseren Kennenlernen der Gruppe einsetzen. In den weiteren Phasen können „Erwartungs-Abfragen", „Themenspeicher", „Matrizen" und „Maßnahmenkataloge" erstellt werden, bei denen auch die Kreativitätsmethoden „Brainstorm" und „Mindmap" förderlich sein können, bevor die Werkstatt vielleicht mit einem schriftlichen „Stimmungsbarometer" bepunktet bzw. einem mündlichen „Blitzlicht" beendet wird.

---

[113] Vgl. Seifert (2003), S. 92 ff.

In jeder Phase kann die Moderation die Werkstatt auch mit gezielten Fragen steuern. Hierbei ist bedenken, daß unterschiedliche Fragen bestimmte Antworten evozieren. Nachfolgend ein Überblick über die sieben wichtigsten Frageformen:

- Offene Frage (z. B. „Welche Themen wollen wir heute bearbeiten?")
- Geschlossene Frage (z. B. „Können wir zum nächsten Schritt gehen?")
- Alternativ-Frage (z. B. „Sollen wir weiter arbeiten oder unterbrechen?")
- Rhetorische Frage (z. B. „Wollen wir uns noch ewig damit beschäftigen?")
- Suggestiv-Frage (z. B. „Sie sind doch sicher meiner Meinung, oder?")
- Gegen-Frage (z. B. „Wann machen wir weiter?", „Warum fragen Sie?")
- Zurückgegebene Frage (z. B. „Müssen wir hierzu nicht die Personalleitung fragen?", „Was meinen die anderen dazu?")

Die Nachbereitung einer Moderation umfaßt einen reflexiven Rückblick im Sinne einer Prüfung, ob die vorher anvisierten Ziele erreicht werden konnten, sowie einen Ausblick, bei dem es um die Frage geht, wie die Entwicklung der Gruppe oder des gemeinsamen Projekts weitergehen kann. Voraussetzung hierfür ist die Erstellung eines Protokolls und Absprachen über den weiteren Gang der Kommunikation. Hierzu gehören zumindest so simple Dinge wie Telefon oder Mailinglisten sowie ein gemeinsam vereinbarter Termin zur Fortsetzung des Gruppenprozesses, sofern dies allseits gewünscht wird.

Abschließend noch ein Tip: Wenn irgendwie möglich, ist eine Moderation in einem Team zu zweit zu empfehlen. Die Moderation im Team ermöglicht es, sich Aufgaben zu teilen, z. B. Diskussionsleitung und Visualisierung. In einem guten Team sind die Rollen flexibel verteilt. Beispielsweise könnte sich ein Teammitglied zeitweise mehr auf den inhaltlichen Prozess, das andere auf den sozialen Prozeß konzentrieren. Ferner ist die Gefahr geringer, eventuell die neutrale Balance zu verlieren, wenn ein Korrektiv auf der anderen Seite in Erscheinung tritt. Dies trägt oft zur Belebung der Moderation bei. Allerdings setzt eine gute Co-Moderation voraus, daß die beiden Akteure ein eingespieltes Team sind. Wenn dies nicht der Fall, kann das Teamwork auch verwirrend bzw. kontraproduktiv sein. Im optimalen Fall entwickelt sich eine Co-Moderations-Produktion jedoch zu einem „Dream-Team".

Aufgabe 14: Zeitplanung üben

Nachdem Sie jetzt die Grundlagen zur Durchführung einer Moderation in der Theorie kennengelernt haben, fragen Sie sich vielleicht, wie eine Moderation in der Praxis ablaufen kann. Stellen Sie sich vor, dass Sie mit der Aufgabe betraut werden, einen ganzen Seminartag mit einer Gruppe nach der Moderationsmethode zu gestalten. Das Thema soll sich erst aus dem Gruppenprozeß heraus ergeben. Entwerfen Sie einen Arbeits- und Zeitplan (in einem Zeitfenster von 10 bis 17 Uhr), bei dem Sie alle sechs typischen Phasen einer Moderation integrieren!

Lösung:

Ihr Arbeits- und Zeitplan für die Tagesmoderation könnte z. B. wie folgt aussehen:

TOP	Wann?	Was?
1	10:00	Vorstellungsrunde (P1)
2	10:45	Kaffeepause
3	11:00	Themensammlung (P2)
4	12:00	Themenauswahl (P3)
5	12:30	Mittagessen
6	13:00	Themenbearbeitung (P4)
7	15:30	Kaffeepause
8	15:45	Maßnahmenplanung (P5)
9	16:30	Evaluation und Feedback (P6)
10	17:00	Feierabend

Anmerkung: Die eigentliche Themenbearbeitung (P4) macht zwar nur etwa ein Drittel des Tages aus, aber angesichts der großen Bedeutung einer gründlichen Vorbereitung (P1–3) sowie eines Abschlusses, der nachhaltige Ergebnisse sicherstellen soll (P5–6), ist dennoch eine sehr erfolgreiche Veranstaltung zu erwarten.

6.3.3 Moderation einer Zukunftswerkstatt

In der pädagogischen Praxis spielen Moderationen in vielen methodischen Konzepten eine zentrale Rolle. Beispielhaft zu nennen sind in diesem Kontext die „Openspace"-Methode, die „Zukunftskonferenz" und die „Zukunftswerkstatt". Um eine bessere Vorstellung darüber zu bekommen, inwiefern die Kunst der Moderation in der praktischen Anwendung dieser modernen Methoden relevant ist, wird an dieser Stelle exemplarisch ein kurzer Einblick in die Methode „Zukunftswerkstatt" gegeben, die sich in Bildungszusammenhängen an Hochschulen wachsender Beliebtheit erfreut.[114]

Die Idee der Zukunftswerkstatt als kreative Problemlösungsmethode ist eine soziale Erfindung des Zukunftsforschers Robert Jungk (1913–1994), der aufgrund seiner Erfahrungen als Jude im Nationalsozialismus eine besondere Sensibilität für die Bedrohungen der Demokratie ausbildete. Als große Gefahr sah er vor allem die Delegation weitreichender Entscheidungen an verselbständigte Experten-Eliten und die mangelnde Beteiligung der Bürger an Zukunftsentscheidungen. So suchte Jungk nach Ausdrucksformen, um die kreativen Ressourcen jedes einzelnen Menschen zu fördern, und entwickelte in den 60er-Jahren an der Technischen Universität Berlin mit der Zukunftswerkstatt eine Methode, die Menschen dazu befähigen soll, ihre Zukunft selbst in die Hand zu nehmen.

---

[114] Vgl. Sohr und Büg (2004).

Basierend auf einem gemeinsamen Problem der Akteure verläuft eine Werkstatt in drei Phasen, die auch als Dialektik von These, Antithese und Synthese beschrieben werden können: In einer ersten „Kritikphase" geht es darum, alle zum ausgewählten Problem relevanten Kritikpunkte zu bewerten. In der anschließenden „Utopiephase" wird versucht, einen Idealzustand zur Lösung des Problems zu phantasieren, um in der abschließenden „Praxisphase" Ist- und Sollzustand gegenüberzustellen und nach konkreten Praxisprojekten zu suchen, die nach Abschluß des Seminars in einer „permanenten Werkstatt" verwirklicht werden können.

Der bildungspolitische Stellenwert speziell für Hochschulen wird insbesondere in der Diskussion um die Ausbildung von Schlüsselqualifikationen virulent. Angesichts gravierender Veränderungen auf dem Arbeitsmarkt in den letzten Jahrzehnten und immer weiter sinkender Halbwertzeiten des Wissens erscheint es notwendig, nach Inhalten und Methoden zu suchen, welche Nachhaltigkeit bzw. Zukunftsfähigkeit offerieren.

Über praktische Erfahrungen mit der Methode Zukunftswerkstatt verfügt der Zweit-Autor dieses Buches in Form über 60 Moderationen mit ganz unterschiedlichen Zielgruppen. In der Hochschule erwiesen sich Moderationen von Zukunftswerkstätten z. B. zu den Themen „Evaluation einer Vorlesung", „Gestaltung eines kreativen Seminars?" oder „Entwickelung unseres Faches/Berufes im 21. Jahrhundert?" als sehr erfolgreich.

Aufgabe 15: Clustern üben

Eine häufige Aufgabe einer Moderation (nicht nur in einer Zukunftswerkstatt) ist das Clustern von Karteikarten an einer Metaplanwand nach einem „Brainstrorming". So ist die folgende Aufgabe sicherlich eine gute Übung für die Praxis: Machen Sie zunächst ein Brainstorming zu einer Frage, auf die Ihnen viele Antworten einfallen (z. B. zum Thema „Meine 20 musikalischen Lieblingskünstler"). Schreiben Sie jede Antwort auf eine Karte und versuchen Sie anschließend Ihre Antworten sinnvoll zu clustern, in dem Sie stets mehrere Antworten unter einem Titel zusammenfassen!

Lösung:

Ihre Cluster zum Thema „Lieblingsmusik" könnten z. B. so aussehen:

Rock-Bands: Rolling Stones, U2, REM, Beatles
Deutsche Musiker: Herbert Grönemeyer, Reinhard Mey, BAP, Udo Lindenberg
Männliche Künstler: Santana, Sting, Robin Williams
Internationale weibliche Künstler: Madonna, Janis Joplin, Heather Nova
Black is beautiful: Marvin Gaye, Tracy Chapman, Jimi Hendrix
Klassik: Bach, Mozart, Beethoven

6.4 Prüfungen

Rekapitulieren wir kurz den Stand der Dinge: Basierend auf einer Einführung, in der wir die Ergebnisse eines Studien-Journals vorgestellten haben, bei der Studenten mit Hilfe eines Tagebuches ihre Erfahrungen im ersten Semester an einer Hochschule artikulierten, beschäftigten wir uns mit den aus studentischer Perspektive wichtigsten Fragen beim chronologischen Prozeß des wissenschaftlichen Arbeitens in der Praxis. Aufbauend auf allgemeinen und psychologischen Grundlagen ging es dabei um das Recherchieren, Lesen, Schreiben und Reden. Den Höhepunkt und Abschluß des Studiums bildet die Präsentation des Wissens in Prüfungen. Die große Bedeutung des finalen Themas offenbarte sich in unserem Studien-Journal insofern überraschend, als die Tagebuch-Aufzeichnungen darüber zu einem Zeitpunkt erfolgten, der noch eine weite Wegstrecke bis zum Ende des Studiums voraussetzt. Im ersten Semester sollte man sich vielleicht noch nicht von der Diplomarbeit verrückt machen lassen, sondern eher Einstellungen annehmen, wie sie Finja vorlebt: „Mir geht zur Zeit so viel durch den Kopf, daß es mir ein Rätsel ist, wie ich die Prüfungen schaffen soll. Aber es wird sich schon alles finden, und ich bin nicht die erste, die da durch muß." Um nicht nur Finja Wege aufzuzeigen, worauf es ankommt, geht es in den folgenden Ausführungen um schriftliche (1) und mündliche (2) Prüfungen sowie um einen hilfreichen Umgang mit Feedback (3).

6.4.1 Schriftliche Prüfungen

Zu den schriftlichen Prüfungsformen gehören sowohl Tests und Klausuren, als auch kleinere und größere Abschlußarbeiten wie Haus-, Seminar-, Diplom- oder Magisterarbeiten (später vielleicht auch Dissertationen und Habilitationen). Wir konzentrieren uns nachfolgend auf die besonders weit verbreiteten Klausuren und Diplomarbeiten.

Gegenstand einer Klausur ist generell die Rekapitulation des Gelernten, sie kann auch im Transfer des Wissens bestehen, wenn die Arbeit anwendungsorientierte Aufgaben umfaßt. Im Vorfeld ist die Kommunikation von Prüfer und Prüflingen über den Gegenstandskatalog der Klausur sehr wichtig, damit es nicht zu Mißverständnissen kommt, die zu bösen Überraschungen am Klausurtag führen. Grundsätzlich empfiehlt sich natürlich auch, die entsprechende Lehrveranstaltung (meist eine Vorlesung) zu besuchen, die Grundlage der Klausur ist. Das ausschließliche Lernen nur aus Büchern reicht nicht immer aus (zumindest nicht, um die Höchstpunktzahl zu erzielen). Bei der strategischen Prüfungsvorbereitung kann es sehr hilfreich sein, sich in die Lage des Prüfenden hineinzuversetzen und zu antizipieren, wie man selbst die Aufgaben stellen würde. So spielt der zeitökonomische Aspekt nicht nur für die Prüflinge eine Rolle, die sich zu Klausurbeginn überlegen müssen, wie sie sich die zur Verfügung stehende Zeit einteilen wollen, um alle Aufgaben bearbeiten zu können, sondern auch für die Aufgabensteller bei der Klausurkonzeption, wenn sie die Auswertung nicht zu einem Lebenswerk machen wollen. So wird häufig ein schematisches Abfragen bevorzugt.

Für die Studenten, die eine Klausur schreiben müssen, bedeutet dieser klassische Aufgabentypus vor allem, an der Ausbildung eines guten Gedächtnisses zu arbeiten. In mündlichen Prüfungen sind dagegen auch soziale Kompetenzen stärker gefragt.

Bevor wir uns eingehender mit mündlichen Prüfungen auseinandersetzen, lohnt es sich, das bisherige Wissen über das wissenschaftliche Schreiben noch einmal gezielt auf die Studienabschlußarbeit zu übertragen, um die besonderen Anforderungen bei Diplom- oder Magisterarbeiten zu reflektieren. Als Spezifikum dieser Arbeiten fällt zunächst der Umgang ins Auge, der meist größer ist als alle anderen Arbeiten zuvor (ca. 60–80 Seiten). Dies ist wenig verwunderlich, wenn man bedenkt, daß man hier eine wissenschaftliche Fragestellung auf der Basis des gesamten Wissens bearbeitet wird, das man sich in einem mehrjährigen Studium erworben hat. Da das Projekt auch dementsprechend viel Zeit erfordert (vorgegeben sind meist drei bis sechs Monate), empfiehlt es sich, in Ruhe ein Thema auszuwählen, das den persönlichen Interessen entspricht und für den Betreffenden leistbar erscheint.

Oft haben Studenten mehr Erfolg, die auch dem Prozeß der Themenfindung die gebührende Aufmerksamkeit widmen. Schließlich ist eine Diplomarbeit ja auch ein gewisser „Lebensabschnittspartner", mit dem man Krisen besser bewältigen kann, wenn man den Partner nicht fremdbestimmt gewählt hat. Eine intrinsische Motivation (also ein genuines Interesse am Thema an sich) kann die Zeit der Diplomarbeit sogar zur schönsten Phase des Studiums werden lassen, insbesondere für Studenten, die die Freiheit zu schätzen wissen, sich einmal mit einem Thema zu beschäftigen, das nicht die Studienordnung vorgibt, sondern das sie selbst für wichtig halten.

Neben der Berücksichtigung von formalen Vorgaben spielen auch soziale Aspekte für den Erfolg einer Diplomarbeit eine bedeutsame Rolle. Die explizite Beschäftigung mit einer umfangreichen wissenschaftlichen Fragestellung über Wochen und Monate ist eine Extremsituation, bei der man aufpassen muß, nicht den Kontakt zum „normalen" Leben zu verlieren. Auch wenn es zunehmend weniger Menschen gibt, mit der Sie inhaltlich über Ihre Arbeit sprechen können, je mehr Sie sich in der Materie vertiefen, ist ein gutes „soziales Netz" in dieser Lebensphase besonders wertvoll, um auch andere Gedanken zulassen zu können. Zusätzlich bieten sich geistige Gemeinschaften manchmal auch in Form von Gruppenbildungen in einem Diplomanden-Colloquium an.

Last not least kann es für den Erfolg der Arbeit entscheidend sein, sich vorher die am Fachbereich üblichen Bewertungskriterien für Diplomarbeiten zu vergegenwärtigen. Meist gehören hierzu u. a. ein klarer Aufbau der Arbeit, die zielführende Verwendung angemessener Fachliteratur und Analyse-Methoden (bei empirischen Arbeiten auch eine überzeugende Darstellung und Interpretation der Ergebnisse) sowie die Fähigkeit zu kritischer Selbstreflexion von Stärken und Schwächen der eigenen Leistung.

6.4.2 Mündliche Prüfungen

Mündliche Prüfungen stellen an viele Studenten die höchsten Anforderungen von emotionalen Anspannungen. Zu dieser Erkenntnis führte uns wieder einmal unser Studien-Journal, prägnant zum Ausdruck kommend in einem Satz von Anne, von der man annehmen könnte, daß sie durch ihr Hobby als Sängerin mit Präsentationen keine Probleme hat. Weit gefehlt: „Wenn ich mit meiner Band vor 500 oder 800 Menschen auftrete, bin ich weniger nervös, als wenn ich allein in einer Prüfung sitze."

Als Einstieg in die Beschäftigung mit der Welt mündlicher Prüfungen empfehlen wir die Erinnerung an frühere positive oder negative Erfahrungen. Positive Erinnerungen können uns ermutigen. Doch leider überwiegen oft negative Erlebnisse, die manchmal sogar traumatisch sein können. Die Ausführung dieser Erinnerungsübung führte beim Autor dieses Kapitels zu umfangreichen Notizen sowohl über Erfahrungen aus der eigenen Studentenzeit als Prüfling wie auch in der Funktion als Prüfer oder Beisitzer. Nachfolgend werden exemplarisch jeweils drei negative Erinnerungen zum Prüfer- und Prüflingsverhalten aufgeführt. Dabei wird davon ausgegangen, daß das reale Leben als Lehrmeister mehr als theoretische Tips dabei helfen kann, nach Wegen zu suchen, um diese oft sehr unangenehmen Situationen erfolgreich zu bewältigen:

- Ein Diagnostik-Professor fragte einen Studenten zu Beginn der Prüfung nach einer Formel, die dieser auch nennen konnte, indem er Zähler und Nenner erläuterte. Auf Nachfrage zur Herleitung der Formel erklärte der Student, daß er alles gesagt habe, was er dazu gelernt habe. In der folgenden halben Stunde kreisten alle weiteren Fragen monothematisch um dieses Spezialthema. Als der Student zur Bekanntgabe seiner Note erschient, fragte ihn der Prüfer: „Wollen Sie noch einmal wiederkommen?"

- Eine Anatomie-Professorin begründete in einer Physikums-Prüfung die Note „gut" eines Medizin-Studenten, der im Präpariersaal anhand einer Leiche alle Organe des menschlichen Körper fehlerfrei bestimmte, damit, daß er für eine „eins" nicht laut hätte denken sollen. Der Student hatte seine Lernstrategien transparent gemacht (so nach dem Motto „wenn das Herz auf der linken Seite ist, dann muß der Blinddarm rechts sein").

- Ein Pädagogik-Professor empfing eine Studentin, die für ihre extrem hohe Prüfungsängstlichkeit bekannt war, mit der Frage „Sehen Sie hier die Blutflecken ihres Vorgängers auf dem Fußboden?", worauf die Studentin einen Moment lang wie gebannt den sauberen Teppich fixierte. Nach dieser gut gemeinten Einlage des Prüfers gelang es der Studentin zwar noch einige Minuten, die Fassung zu wahren, doch nach etwa zehn Minuten erlebte sie einen „Blackout", so daß sie im Ergebnis unter ihren Möglichkeiten blieb.

Doch auch studentisches Verhalten führt manchmal zu nachhaltigen Erinnerungen:

- Eine Studentin kam in eine Prüfung mit den Worten „Ich habe schon von meinen Vorgängern gehört, daß Sie dauernd unterbrechen, was ich mir jedoch bei meinem Spezialthema verbiete". Nach diesem Maulkorb sah sich der Prüfer im weiteren Verlauf des Gesprächs noch weiteren Belehrungen ausgesetzt, u. a. einer Evaluation im Stile „Das ist falsch, was Sie sagen", obwohl der korrekte Hinweis des Prüfers im Lehrbuch nachzulesen war.

- Ein Student kam in einem sehr freizügigen „Outfit" in den Prüfungsraum und stellte seine „Pulle" erst einmal auf den Tisch, aus der er während der Prüfung regelmäßig trank. Beim Verlassen des Raumes knallte er die Türe zu, nachdem er sein Unverständnis über seine Note (2.3) zum Ausdruck gebracht hatte.

- Eine andere Studentin, die ebenfalls die Note „gut" (2.3) für ihre Leistung erhalten hatte, beschwerte sich anschließend mehrmals beim Dekanat und drohte mit den rechtlichen Konsequenzen einer Dienstaufsichtsbeschwerde, wobei sie dem Prüfer Antipathien bzw. ein gestörtes Verhältnis zu ihrer Person sowie Aussagen unterstellte, die nachweislich falsch waren.

Auch wenn es sich um extreme Einzelfälle handeln mag, ist davon auszugehen, daß es täglich ähnliche Vorkommnisse an deutschen Hochschulen gibt. Die Evaluation der Prüfer-Beispiele offenbart, daß es vielen Professoren an sozial-kommunikativen Kompetenzen mangelt, wenn man nicht eine zynische Persönlichkeit oder massiven Machtmißbrauch unterstellen möchte. Auf jeden Fall wird deutlich, daß mündliche Prüfungen höchst subjektiven Bewertungen unterliegen (was allerdings auch leider nicht anders sein kann, da wir es mit „Subjekten" zu tun haben), die andere Prüfer und vor allem der Bewertete nicht teilen müssen. Dennoch kann man auch als Prüfer trotz des Wissens um das brisante Streßerleben von den Geprüften eine gewisse Disziplin und einen gewissen Respekt erwarten, der auch in Frustrationssituationen noch zu einem Händedruck reichen sollte, insbesondere wenn es nicht um „Sein oder Nichtsein" geht, sondern lediglich um die Differenz zwischen „gut" und „sehr gut".

Vielleicht hilft es für beide Seiten ein wenig, wenn Sie sich bewußt machen, daß eine mündliche Prüfung eine relativ künstliche Gesprächssituation darstellt, die von außen betrachtet oft einen komischen Charakter hat, der manchmal wie Kabarett anmutet. Zu diesen Überlegungen kann man zumindest kommen, wenn man die Ausführungen von Wagner zu dem Thema liest: „Entscheidend bei der ganzen Prüfung ist es, sich klar zu machen, daß es sich dabei um eine irrationale und theaterhafte Situation handelt, die vorbereitet werden muß wie eine einmalige Theateraufführung: die Rolle muß auswendig gelernt und eingeübt werden."[115]

---

[115] Vgl. Wagner (1977), S. 100.

Um nicht den Eindruck zu erwecken, bei einer mündlichen Prüfung handle es sich um ein schicksalhaftes Geschehen, bei dem man als Prüfling den Launen eines Prüfers völlig willkürlich ausgesetzt ist, sollte man zunächst einmal von der Hypothese auszugehen, daß der Prüfer sich auch in einer schwierigen Situation befindet (es ist durchaus eine anspruchsvolle Herausforderung, gleichzeitig kluge Fragen zu stellen, konzentriert zuzuhören und in wenigen Minuten eine faire Bewertung des komplexen Gesprächs in Form einer auf eine Stelle nach dem Komma präzisen Note abzugeben) und bemüht ist, seiner Verantwortung „nach bestem Wissen und Gewissen" gerecht zu werden. Außerdem ist es möglich, sich mit dem Wesen einer mündlichen Prüfung sachlich auseinanderzusetzen. Ein Beitrag aus dem „Handbuch Hochschullehre"[116] von Stary, aus dem nachfolgend einige Erkenntnisse zusammengetragen werden, kann diesem Anspruch dienen.

Die Grundlage des Handbuch-Artikels ist ein Hospitations-Projekt an der Freien Universität Berlin, bei dem Prüfungen von 21 Hochschullehrern verschiedener Fächer (Biologie, Chemie, Politologie und Wirtschaftswissenschaften) begleitet wurden. Im Anschluß an die Prüfungen hatten die Kandidaten Gelegenheit, ihre Eindrücke über den Prüfungsverlauf und Prüfungsstil zu berichten. Dabei stellte sich eine große Bandbreite an Bewertungen heraus, von „Ich hatte mir vorher ein paar Prüfungen von ihm angesehen und wußte, der ist nicht scharf" bis „Also im Nachhinein muß ich sagen, daß mir das Gespräch in der Sprechstunde überhaupt nichts gebracht hat".

Der Einstieg in eine Prüfung kann sehr unterschiedlich gestaltet werden. Während viele Prüfer einen sachlichen Stil bevorzugen (z. B. „Meine erste Frage lautet..."), tendieren andere Kollegen eher zu einem spaßigen Einstieg („Welche Note wollen Sie haben?"). Dabei ist jedoch zu bedenken, daß eine vermeintlich spaßige Eröffnung den Prüfling nur in den seltensten Fällen erheitert. Vorteilhaft erscheinen eher offene Einstiegsvarianten (also Fragen, die dem Prüfling Antwortspielräume lassen, z. B. „Wie wollen wir anfangen?") bzw. bei einem sachlichen Einstieg leichte Fragen, die dem Kandidaten die Chance geben, seine Anfangsnervosität ein wenig abzulegen. Eher kontraproduktiv sind allerdings als leicht angekündigte Fragen („Jetzt einmal eine leichte Frage, Frau X"), da sie die Nervosität wahrscheinlich eher erhöhen.

Kritische Situationen, in denen ersichtlich wird, daß der Prüfling Schwierigkeiten mit der Beantwortung einer Frage hat, kann es in jeder Prüfung geben. In solchen Fällen gibt es von Seiten des Prüfers diverse Möglichkeiten hilfreicher Interventionen, z. B. durch Alternativen („Ich habe mich etwas unklar ausgedrückt und wiederhole die Frage noch einmal mit anderen Worten"), Beispiele oder Zeitlassen zum Nachdenken. Auch der Prüfling sollte in diesen Momenten nicht im Schweigen verharren, sondern die Offensive suchen, z. B. um Präzisierungen bitten („Meinen Sie vielleicht...") oder alternative Wissensangebote machen („Ich könnte Ihnen etwas zur Theorie X sagen").

---

[116] Vgl. Stary (1994).

Kommen wir schließlich zur Bewertung von mündlichen Prüfungsleistungen. Gerade in sozial- und geisteswissenschaftlichen Fächern, die ihre Gegenstände oft diskursiv (weniger als Faktenbestände, mehr als Interpretationsmöglichkeiten) erarbeiten, ist es wichtig, transparente Bewertungsmaßstäbe zu entwickeln. In naturwissenschaftlichen Fächern sowie in den Disziplinen Jura und Medizin z. B. überwiegen dagegen meist Faktenfragen mit Lösungen im Stil von „richtigen" und „falschen" Antworten.

Aus Sicht der klassischen Testtheorie sollten Prüfungen drei Gütekriterien genügen: Sie sollten objektiv, reliabel und valide sein. Objektivität heißt in diesem Sinne, daß die Bewertungen nach eindeutigen Kriterien erfolgen und vom Prüfer unabhängig sind. Reliabilität setzt voraus, daß die Diagnosen zuverlässig sind. Das bedeutet, daß die Wiederholung der Prüfung zu einem späteren Zeitpunkt (Retest-Reliabilität) oder die Messung mit einem anderen Instrument, z. B. mit Hilfe einer Klausur (Paralleltest-Reliabilität), identische Ergebnisse hervorbringt. Validität verlangt, daß die Prüfung auch tatsächlich mißt, was sie messen möchte (also nicht etwas Fachfremdes wie z. B. Präsentationsfähigkeit).

Eine kritische Prüfung der Gütekriterien bestärkt den Verdacht, daß es fast unmöglich ist, allen Ansprüchen gerecht zu werden. Vielmehr setzen die Fragezeichen bereits bei der Frage der Objektivität an, wenn man davon ausgeht, daß unterschiedliche Prüfer durchaus unterschiedliche Vorstellungen von Qualität haben können. Hinzu kommt, daß Menschen anfällig für Wahrnehmungsfehler sind, von denen die Psychologie diverse Varianten kennt. Zu den bekanntesten Fehlern gehört der „Primacy"-Effekt (der erste Eindruck dominiert) und der „Halo"-Effekt (die Wahrnehmung von einer Eigenschaft überstrahlt alle anderen). Um so wichtiger ist die Suche nach allgemeinen Bewertungskriterien. Ein Vorschlag stammt vom „Deutschen Bildungsrat"[117], der vier kognitive Niveaus unterscheidet, die zu unterschiedlichen Bewertungen führen:

Nr.	*Kognitives Niveau*	*Charakteristik*
1	Reproduktion	Wiedergabe des gelernten Wissens
2	Reorganisation	Selbstständiges Verstehen des Wissens
3	Transfer	Anwendung des Wissens auf andere Bereiche
4	Evaluation	Kritische Wissensbewertung und Finden neuer Lösungen

Tabelle 18: Bewertung von Prüfungsleistungen (in Anlehnung an Bloom[118])

Übersetzt man diese qualitativen Niveaus in quantitative Bewertungen, ist davon auszugehen, daß Wissensreproduktionen (ohne Schwächen) zu voll befriedigenden Ergebnissen führen, während mit dem Erreichen jedes weiteren Niveaus sich auch die Note verbessert. Auf der vierten Stufe ist mit der Bewertung „sehr gut" zu rechnen.

---

[117] Vgl. Stary (1994), S. 23.

[118] Vgl. Bloom (1976).

Exkurs: Befunde einer Diplomarbeit zum Thema Prüfungen

Im Rahmen ihrer Diplomarbeit[119] an der Fachhochschule Bielefeld beschäftigten sich Natascha Grosse und Jan Wohlgehagen mit dem Umgang mit und der Vorbereitung auf Prüfungen. Dabei entwickelten sie eine Seminarkonzeption für die Aus- und Fortbildung auf der Basis einer empirischen Erhebung unter Lernenden und Lehrenden. Mit einem multimethodischen Forschungsdesign erkundeten sie die Erlebniswelten von Prüflingen und Prüfern, indem sie 97 Prüflinge schriftlich und sieben Prüfer mündlich befragten, die aus Bildungsgängen in Pflegeberufen stammen.

Die Ergebnisse sind sehr aufschlußreich. So ergab die quantitative Studie aus Sicht der Studenten, daß über 80 % der Befragten Angst artikulierten, in mündlichen Prüfungen „frei zu sprechen". Auch das Halten eines Referats oder das Erbringen eines mündlichen Beitrags im Unterricht ist für viele Auszubildenden stark angstbesetzt. Mit der Angst geht oft auch ein starkes Streßempfinden insbesondere in Phasen der Prüfungsvorbereitung einher.

Als besonders interessant erwiesen sich die Auswertungen zur offenen Frage nach Erinnerungen an positive oder negative Prüfungserfahrungen aus der Perspektive von Prüflingen zum einen und von Prüfern zum anderen. So bringen die Schüler schlechte Erfahrungen häufig in Zusammenhang mit eigenen Fehlleistungen durch Nervosität, aber auch mit mangelhaften Rahmenbedingungen (z. B. keine Absprachen) oder dem Verhalten von Prüfern (Unfreundlichkeit, Desinteresse, Negativität etc.). Die Prüfer selbst ärgern sich ebenfalls manchmal über schlechte Prüfungsleistungen, gaben aber auch selbst Angst in bestimmten Situationen zu, wie z. B. bei der Bekanntgabe von suboptimalen Noten. Als positiv empfinden es viele Prüfer, wenn die Prüflinge ihr Wissen nicht nur reproduzieren, sondern selbständiges Denken offenbaren. Sehr vielseitig fielen schließlich die Antworten der Schüler auf die Frage nach Beispielen für positive Erfahrungen in Prüfungen aus. Neben einem erfolgreichen Abschneiden wurde vor allem eine angenehme Atmosphäre mit aufgeschlossenen, freundlichen und entspannten Prüfern genannt, die auch einmal lachen oder zumindest lächeln können.

Aus der empirischen Untersuchung resultieren wichtige Schlußfolgerungen für die Praxis. Angesichts der Tatsache, daß sich etwa die Hälfte der Geprüften in Rhetorik, Körpersprache und positiver Selbstdarstellung in mündlichen Prüfungen unzureichend ausgebildet fühlt, ergibt sich massiver Trainingsbedarf. Inhaltliche Wünsche der Studenten für entsprechende Schulungsmaßnahmen umfassen die Ausbildung methodischer (z. B. Lerntechniken), sozialer (z. B. Gesprächsführung mittels Prüfungssimulationen) und personaler (z. B. Selbstbewußtsein) Schlüsselkompetenzen.

---

[119] Vgl. Grosse und Wohlgehagen (2004).

Wie sieht die Zukunft von Prüfungen aus (wenn man sie als notwendiges „Übel" akzeptiert und nicht abschaffen möchte)? Der Schweizer Soziologe Landwehr[120] sieht
unsere Gesellschaft im Zeitalter der Globalisierung in einem epochalen Wandel von
einer sog. mimetischen zu einer transformativen Kultur. Während erstere durch eine
Reproduktion des Bestehenden gekennzeichnet ist, zeichnet sich letztere durch Veränderung aus. Wahrend früher das Motto „Was Hänschen nicht lernt, lernt Hans
nimmermehr" galt, lautet das Credo von morgen: „Was Hans morgen lernen muß,
kann Hänschen noch gar nicht wissen". Wünschenswert wäre es daher, möglichst
zeitlose Kompetenzen zu erwerben, die auch noch für ungewisse Zukünfte taugen.
Ein Transfer dieser Analyse auf die Frage der Prüfungsgestaltung würde unser Bildungswesen revolutionieren. Gegenstand von mündlichen Prüfungen wäre dann nicht
mehr die Reproduktion des fachlichen Wissens, sondern das Training transformativer
Fähigkeiten. Erste Schritte in diese Richtung zeigen schon manche Prüfungsordnungen durch die Aufnahme sog. „Performance"-Prüfungen. Beispielhaft würde es in
einer solchen Prüfung zum Thema Rhetorik nicht um die Aufzählung rhetorischer
Stilmittel gehen, sondern um die Anwendung der Stilmittel in Form einer spontanen
Rede, eines rhetorischen Duells oder eines überzeugenden Gesprächs. Studenten ist in
diesem Sinne und auch angesichts aktueller Befunde zum Erleben von Prüfungen
(vgl. Exkurs einer Diplomarbeit) zu wünschen, daß sie mehr Angebote erhalten, um
sich professionell auf Prüfungen vorzubereiten, z. B. durch die gezielte Ausbildung
von entsprechenden Schlüsselkompetenzen.

6.4.3   Umgang mit Feedback

Bewertungen sind so allgegenwärtig wie ambivalent. Täglich können wir nicht nur
Bewertungen erleben, sondern geben auch selbst Evaluierungen unserer Umwelt ab.
Die Frage des Umgangs mit „Feedback" (engl., Rückkopplung), die das Geben und
das Erhalten einschließt, geht weit über klassische Prüfungssituationen hinaus. Um so
wichtiger erscheint es, diese Fähigkeit zu schulen und immer wieder zu üben. Beim
Geben von Feedback ist vor allem zu beachten, daß es beschreibend und nicht deu-
tend ist, daß es sich auf Konkretes und Gegenwärtiges bezieht, daß es würdigend ist,
aber auch Rückmeldungen über potentielle Verbesserungsmöglichkeiten enthält. Wer
ein Feedback erhält sollte gut zuhören, es nur auf seine Leistung, nicht auf seine Person beziehen, und versuchen, die eigene Bewertungsinstanz zu schärfen. Psychologisch gesehen lassen sich gute Prüfungsleistungen am besten internal („die Note liegt
an meiner Leistung"), nicht so gute am besten external („das Wetter war schlecht")
verarbeiten. Selbstverständlich ist es nicht nur für zukünftige Prüfungen sinnvoll, die
Fähigkeit zu kritischer Selbstreflexion auszubauen. Im Zweifel dürfen Sie ruhig den
weisen Worten des amerikanischen Psychotherapeuten Carl Rogers vertrauen: „Nur
ein Mensch kann wissen, ob das, was ich tue, ehrlich, gründlich, offen und gesund ist,
und dieser Mensch bin ich."[121]

---

[120] Vgl. Landwehr (1996), S. 97.

[121] Vgl. Rogers (1961), S. 39.

Aufgabe 16: Feedback eines Coaches

Ziel der abschließenden Aufgabe ist es, Feedback- und Coaching-Kompetenzen zu trainieren. Suchen Sie sich eine möglichst reale Situation aus Ihrem Studium, die mit einer Prüfungssituation zu tun hat (es kann z. B. auch das Halten eines Referats sein). Wählen Sie sich einen Coach, der Sie möglichst optimal auf die Prüfung vorbereitet. Es sollte eine vertraute Person sein, die Sie mit Ihren Stärken und Schwächen gut kennt, so daß potentielle Lernstrategien und mentale Unterstützung möglichst optimal auf Ihre Persönlichkeit abgestimmt werden können (arbeiten bzw. lernen müssen Sie natürlich selbst). Nach Vollendung der „Prüfung" sind Sie eingeladen, Ihrem Coach ein Feedback zu geben.

Lösung:

Wie ist Ihr Projekt ausgegangen? Haben Sie das Coaching als hilfreich empfunden? Waren Sie auch selbst in der Lage, Ihrem Coach ein Feedback zu geben, das seine Leistung würdigt und auch ihm Weiterentwicklungsmöglichkeiten anbietet? Wenn Sie alle drei Fragen positiv beantworten können, sollten Sie nun gemeinsam feiern... –

Herzlichen Glückwunsch!

7. FAZIT

7. Fazit

Wie einleitend versprochen fassen wir die „Praxis des wissenschaftlichen Arbeitens" zusammen, indem wir „Zehn Gebote des wissenschaftlichen Arbeitens" basierend auf den einzelnen Kapiteln des Buches und unseren Erfahrungen in der guten Hoffnung empfehlen, daß die Befolgung mit hoher Wahrscheinlichkeit zu einem erfolgreichen Abschluß Ihres Studiums führt. Die zehn Empfehlungen verteilen sich dabei jeweils mit zwei Tips auf die fünf inhaltlichen Kapitel des Buches – also auf die Grundlagen, das Recherchieren, das Lesen, das Schreiben und das Reden.

Grundlagen:

(1) Das Verständnis von Wissenschaft gibt Vorgaben in dreierlei Richtungen: 1) Wissenschaft findet in einer Institution statt, 2) wissenschaftliches Arbeiten ist eine Wissenschaft (für sich), welches 3) ein als und in der Wissenschaft anerkanntes Ergebnis hervorbringt.

(2) Beachten Sie die psychologischen Grundlagen des wissenschaftlichen Arbeitens: Entwickeln Sie Ihren persönlichen Lernstil und lernen Sie den Umgang mit der Zeit, den Umgang (mit) der Angst und den Umgang miteinander!

Recherchieren:

(3) An einer Bibliothek führt bei der Suche nach Literatur kein Weg vorbei, selbst wenn der erste Kontakt unterstützt durch einen virtuellen Katalog über das Internet aufgenommen wurde.

(4) Die Recherche sollte ausgehend von den tertiären Quellen erfolgen. Entsprechend dem Schnellballprinzip wird der Leser dann seinen Weg durch die Literatur u. U. sogar bis zur Originalquelle finden.

Lesen:

(5) Steigern Sie Ihre Lesefähigkeiten in quantitativer Hinsicht, indem Sie möglichst viel Zeit in Ihrem Studium mit wissenschaftlicher Lektüre verbringen und durch das kontinuierliche Training Ihre Lesegeschwindigkeit verbessern!

(6) Steigern Sie Ihre Lesekompetenzen auch in qualitativer Hinsicht, indem Sie einige moderne Methoden bzw. Techniken des Exzerpierens und Visualisierens (z. B. die Mindmap-Methode) kultivieren!

Schreiben:

(7) Das Regelwerk des korrekten Schreibens ist facettenreich. Die Auswahl an Alternativen ist nahezu unüberschaubar. Suchen Sie sich eine Alternative heraus, und behalten Sie diese einheitlich bei. Dieses Buch unterstützt Sie als Ratgeber und „Kopiervorlage"!

(8) Konzentrieren Sie sich neben der Pflicht des korrekten auch auf die „Kür" des kreativen Schreibens, indem Sie von Studienbeginn an ein wissenschaftliches Journal führen, mit dem Sie Schreibschwierigkeiten überwinden und übermäßigem Respekt vor der Wissenschaftssprache begegnen können, so daß aus der „Last" eine „Lust" wird!

Reden:

(9) Ausgehend von der Erkenntnis, daß Kommunikationsfähigkeit heutzutage die wichtigste Schlüsselkompetenz für ein erfolgreiches Berufsleben ist, lohnt sich eine intensive Beschäftigung mit der Kunst der Rhetorik, Präsentation und Moderation!

(10) Wenn Sie die ersten neun Gebote beherzigen, wartet als Belohnung auf Sie nicht nur eine spannende Weiterentwicklung Ihrer Persönlichkeit, sondern auch das erfolgreiche Bestehen von Prüfungen, was Ihnen zum krönenden Abschluß Ihres Studiums den Titel eines akademischen Grades beschert – freuen Sie schon heute auf diesen Tag!

Literaturverzeichnis

ADOMEIT, A.; P. H. KILIAN, J. MESSEMEIER, R. SALFELD und *A. SCHMID* (2001): Der deutsche Reha-Markt: Strategische Optionen für Träger und Betreiber. In: *SALFELD, R.* und *J. WETTKE* (Hrsg.): Die Zukunft des deutschen Gesundheitswesens: Perspektiven und Konzepte. Berlin, Heidelberg, New York, S. 209–221.

ALSHEIMER, H. (1973): Studientechnik für Betriebswirte. 2. Auflage, Wiesbaden.

AP (2003): „Gott segne Amerika." Die Kriegsankündigung des US-Präsidenten in Auszügen. In: Tagesspiegel vom 19. März 2003, Nr. 18066, S. 4.

BAUER, I. (1996): Jugend und Tageszeitung. Ergebnisse quantitativer und qualitativer Studien. In: Media Perspektiven, Nr. 1, S. 8–17.

BECKER, F. G. (1994): Anleitung zum wissenschaftlichen Arbeiten. Wegweiser zur Anfertigung von Haus- und Diplomarbeiten. 2. Auflage, Bergisch-Gladbach/ Köln.

BERNSTEIN, D. (1991): Die Kunst der Präsentation. Frankfurt am Main.

BECKENBACH, N. (1991): Industriesoziologie. Berlin, New York.

BEYER, M. (1993): BrainLand. Mind Mapping in Aktion. Paderborn.

BLOOM, B. S. (1976): Taxonomie von Lernzielen im kognitiven Bereich. 5. Auflage, Weinheim, Basel.

BRANDT. L. W. und *BRANDT E. P.* (1974): Der Psychologe und der Mensch. In: Psychologische Rundschau, 25. Jg., S. 255–266.

BRAUN, R. (2001): Die Macht der Rhetorik. Frankfurt am Main.

BREITENSTEIN, R. (1981): Die wirksame Rede. München.

BREYER, F.; P. S. ZWEIFEL und *M. KIFMANN* (2003): Gesundheitsökonomie. 4. Auflage, Berlin, Heidelberg, New York.

BRINKMANN, G. (2003): Englisch: Die Hoffnung der deutschsprachigen Nationalökonomie. In: *BACKES-GELLNER, U.* und *C. SCHMIDTKE* (Hrsg.): Hochschulökonomie. Berlin, S. 51–61.

BURCHARDT, M. (1996): Leichter studieren: Wegweiser für ein effektives wissenschaftliches Arbeiten. 2. Auflage, Berlin.

BURCHERT, H. (2002): E-Health = E-Commerce + Gesundheit? Eine Begriffsabgrenzung und -bestimmung. In: *KEUPER, F.* (Hrsg.): Electronic Business und Mobile Business. Ansätze, Konzepte und Geschäftsmodelle. Wiesbaden, S. 317–335.

BURGER, A. (1994): Kostenmanagement. 2. Auflage, München und Wien.

BUZAN, T. (1984): Kopftraining. München.

CORSTEN, H. und *J. DEPPE* (2002): Technik des wissenschaftlichen Arbeitens. 2. Auflage, München und Wien.

CRAMME, ST. und *CHR. RITZI* (2003): Literatur ermitteln. In: *FRANCK, N.* und *J. STARY* (Hrsg.): Die Technik wissenschaftlichen Arbeitens. 11. Auflage. Paderborn, München, Wien und Zürich, S. 32–74.

Deutscher Bildungsrat (1979): Empfehlungen der Bildungskommission. Strukturplan für das Bildungswesen. Bonn.

Dichtl, E. (1996): Spielregeln fürs Zitieren. In: Das wirtschaftswissenschaftliche Studium, Heft 4, S. 218–219.

Die Deutsche Bibliothek (2003): Regionale und überregionale Verbundsysteme in Deutschland. Unter: http://www.ddb.de/cgi-bin/bermudix.pl?url=impressum/ impres-sum.htm&men=impressum/menue_txt.htm, Datum der letzten Änderung: 25. Februar 2003, Abruf: 20. Juli 2004.

Deutsches PISA-Konsortium (Hrsg.) (2001): PISA 2000. Basiskompetenzen von Schülerinnen und Schülern im internationalen Vergleich. Opladen.

Engel, St. (2003): Die Online-Recherche. In: *Engel, St.* und *K. W. Slapnicar* (Hrsg.): Die Diplomarbeit. 3. Auflage, Stuttgart, S. 66–85.

Feyerabend, P. (1984): Wissenschaft als Kunst. Frankfurt am Main.

Franck, N. (2000): Schlüsselqualifikationen vermitteln. Ein hochschuldidaktischer Leitfaden. Marburg.

Franck, N. (2003): Lust statt Last: Wissenschaftliche Texte schreiben. In: *Franck, N.* und *J. Stary* (Hrsg.): Die Technik des wissenschaftlichen Arbeitens. 11. Auflage, Paderborn, S. 117–178.

Franck, N. und *J. Stary* (Hrsg.) (2003): Die Technik des wissenschaftlichen Arbeitens. 11. Auflage, Paderborn.

Glaser, H. (1996): Rezension zu: Anton Burger: Kostenmanagement. In: Zeitschrift für Betriebswirtschaft, 66. Jg., Heft 4, S. 504–510.

Grosse, N. und *J. Wohlgehagen* (2004): Umgang mit und Vorbereitungen auf Prüfungen in Bildungsgängen von Pflegeberufen: Eine Seminarkonzeption für die Aus- und Weiterbildung auf Basis einer empirischen Erhebung von lernenden und Lehrenden. Diplomarbeit, FH Bielefeld.

Haefner, K. (2000): Gewinnung und Darstellung wissenschaftlicher Erkenntnisse insbesondere für universitäre Studien-, Staatsexamens-, Diplom- und Doktorarbeiten. München und Wien.

Hehl, H.: Die elektronische Bibliothek. Literatur- und Informationssammlung im Internet. 2. Auflage, München.

Hülshoff, F. und *R. Kaldewey* (1993): Mit Erfolg studieren. Studienorganisation und Arbeitstechniken. 3. Auflage, München.

Jaros-Sturhahn, A. und *K. Schachtner* (1996): Literaturrecherche im World Wide Web. In: Das wirtschaftswissenschaftliche Studium, Heft 8, S. 419–422.

Jungk, R. (1988): Projekt Ermutigung. Berlin.

Keseling, G. (2003): Schreibblockaden überwinden. In: *Franck, N.* und *J. Stary* (Hrsg.): Die Technik des wissenschaftlichen Arbeitens. 11. Auflage, Paderborn, S. 197–222.

Kieser, A. (2002): Wissenschaft und Beratung. Schriften der Philosophisch-historischen Klasse der Heidelberger Akademie der Wissenschaften, Band 27, Heidelberg.

KIESEWETTER, J. G. (1811): Lehrbuch der Hodegetik oder kurze Anweisung zum Studieren. Berlin.

KLEBERT, K.; SCHRADER, E. und *W. STRAUB* (1987): KurzModeration. 2. Auflage, Hamburg.

KNILL + KNILL KOMMUNIKATIONSBERATUNG (o. J.): Was ist Lampenfieber? Unter: http://www.rhetorik.ch/Lampenfieber/Lampenfieber.html. Letzte Änderung: o. A., Abruf: 27. Juli 2004.

KRUSE, O. (1993): Keine Angst vor dem leeren Blatt. Ohne Schreibblockaden durch das Studium. Frankfurt am Main.

KUHN, T. (1962): The structure of scientific revolutions. Chicago.

KUHNT, B. und *N. MÜLLERT* (1996): Moderationsfibel Zukunftswerkstätten. Münster.

KUNZ, W. (2003): Gesetzessammlung für Pflegeberufe. 8. Auflage, Hannover.

LANGER, I.; SCHULZ VON THUN, F. und *R. TAUSCH* (1993): Sich verständlich ausdrücken. München.

LANGHANS, J. (2004): Zur Einheitlichkeit der Rechtschreibung finden. In: Deutsche Sprachwelt vom 20. Juni 2004. 5. Jg., Nr. 16, S. 1.

LÜCK, W. (2003): Technik des wissenschaftlichen Arbeitens. Seminararbeit, Diplomarbeit, Dissertation. 9. Auflage, München und Wien.

MEMMERT, W. (1991): Didaktik in Grafiken und Tabellen. 4. Auflage, Bad Heilbrunn.

MOLCHO, S. (1996): Körpersprache. München.

NARR, W.-D. und *J. STARY* (1999): Lust und Last des wissenschaftlichen Schreibens. Hochschullehrerinnen und Hochschullehrer geben Studierenden Tips. Frankfurt am Main.

PAPALAGI, DER (1977): Die Reden des Südsee-Häuptlings Tuivii aus Tiavea (o. A.). Zürich.

POPPER, K. R. (1982): Logik der Forschung. Tübingen.

POPPER, K. R. (1990): Gegen die großen Worte. In: Auf der Suche nach einer beseren Welt. Vorträge und Aufsätze aus 30 Jahren. 4. Auflage, München, S. 99–113.

POSTMAN, N. (1985): Wir amüsieren uns zu Toce. Urteilsbildung im Zeitalter der Unterhaltungsindustrie. Frankfurt am Main.

ROBINSON, F. (1977): Effective Study. New York.

ROGERS, C. R. (1961): Entwicklung der Persönlichkeit. Stuttgart.

ROST, F. (2003): Wissenschaftliche Texte lesen und verstehen. In: *FRANCK, N.* und *J. STARY* (Hrsg.): Die Technik des wissenschaftlichen Arbeitens. 11. Auflage, Paderborn, S. 75–96.

RÜCKRIEM, G. und *J. STARY* (2001): Techniken wissenschaftlichen Arbeitens. Multimedia-CD-ROM, Berlin 2001.

SEIFERT, J. W. (2003): Visualisieren, Präsentieren, Moderieren. 20. Auflage, Offenbach.

SIEWERT, L. (2002): Das 1 x 1 des Zeitmanagement. 23. Auflage, München.

SOHR, S. (1997): Ökologisches Gewissen. Eine Patchwork-Studie mit Kindern und Jugendlichen. In: http://archiv.tu-chemnitz.de/pub/0035/1997.

SOHR, S. (2003): Psychologie der Werbung. In: BURCHERT, H.; HERING, T. und H. PECHTL (Hrsg.): Absatzwirtschaft. München und Wien, S. 261–269.

SOHR, S. (2004): 100 Schlüsselkompetenzen für die Zukunft (in Vorbereitung).

SOHR, S.; BOEHNKE, K. und C. STROMBERG (1997): Politische Persönlichkeiten – eine aussterbende Spezies? In: C. PALENTIEN und K. HURRELMANN (Hrsg.): Jugend und Politik, Ein Handbuch für Forschung, Lehre und Praxis, Berlin, S. 206–235.

SOHR, S. und F. BÜG (2004): Schlüsselkompetenz Zukunftsfähigkeit. Die Ulmer Zukunftswerkstatt zum Thema Hochschulmarketing. In: Die neue Hochschule, 45. Jg., Heft 2, S. 16–17.

SOHR, S. und J. STARY (1997): Die Zukunftswerkstatt. Bildungspolitischer Stellenwert, methodische Grundlagen und praktische Erfahrungen in der Fortbildung an Hochschulen. In: Brennpunkt Lehrerbildung, 17. Jg., S. 44–52.

STARY, J. (1994): „Doch nicht durch Worte nur allein..." – Die mündliche Prüfung. In: Handbuch Hochschullehre.

STARY, J. (2003): Referate unterstützen: Visualisieren, Medien einsetzen. In: FRANCK, N. und J. STARY (Hrsg.): Die Technik des wissenschaftlichen Arbeitens. 11. Auflage, Paderborn, S. 255–272.

STARY, J. und H. KRETSCHMER (1994): Umgang mit wissenschaftlicher Literatur. Eine Arbeitshilfe für das sozial- und geisteswissenschaftliche Studium. Frankfurt am Main.

THEISEN, M. R. (2002): Wissenschaftliches Arbeiten. 11. Auflage, München.

THOMAS, E. L. und H. A. ROBINSON (1972): Improving Reading in every class: A Sourcebook for Teachers. Boston.

WAGNER, W. (1977): Uni-Angst und Uni-Bluff. Wie studieren und sich nicht verlieren. Berlin.

WAGNER, W. (1985): Diskussionswaffen. In: Kassandra, 1. Jg., Heft 4, S. 5–6.

WALKENHORST, U. und H. BURCHERT (2004): Management in der Ergotherapie. Berlin, Heidelberg, New York.

WALLRAFF, G. (1959): Vorzüge und Nachteile eines Ideal-Berufes. Frankfurt am Main.

WEBER, W. (1994): Einführung in das Studium der Betriebswirtschaftslehre. Ein Leitfaden für Studienplanung und Organisation des wissenschaftlichen Arbeitens. 2. Auflage, Stuttgart.

WERDER, L. VON (1992): Kreatives Schreiben von Diplom- und Doktorarbeiten. Berlin.

WERDER, L. VON (1993): Lehrbuch des wissenschaftlichen Schreibens. Ein Übungsbuch für die Praxis. Berlin.

WERDER, L. VON (1995): Rhetorik des wissenschaftlichen Redens und Schreibens. Berlin.

YATES, F. A. (1991): Gedächtnis und Erinnern. Mnemotechnik von Aristoteles bis Shakespeare. 2. Auflage, Weinheim.

YERKES, R. M. und J. D. DODSON (1908): The relation of strength of stimulus to rapidity of habit formation. In: Journal of Comparative Neurology and Psychology, 18. Jg., S. 459–482.

ZELLER, B. (2001): 101 Gründe, nicht zu studieren. 3. Auflage, Kiel.

Rechtsquellenverzeichnis

Diplom-Prüfungsordnung für den Studiengang „Berufspädagogik für Gesundheitsberufe" an der Fachhochschule Bielefeld (DPO) vom 20. August 2003. In: Verkündungsblatt der FH Bielefeld, Jahrgang 2003, Nr. 20, S. 97.

Gesetz über Urheberrecht und verwandte Schutzrechte vom 9. September 1965. In: BGBl. Teil I, 1965, S. 1273, zuletzt geändert durch Art. 1 G vom 10. September 2003. In: BGBl. Teil I, 2003, S. 1774.

Niedersächsisches FG, Urteil vom 22. Oktober 1986, V 260, 207/83, EFG 35 (1987), S. 341–342.

ANHANG

Bibliographie

1. Allgemeine Einführungen in das wissenschaftliche Arbeiten

BROICH, JOSEF: Fit im Studium. Gebrauchsanleitung fürs Gehirn. Ökonomie des Lernens und Lesens, der Materialbeschaffung, Internetnutzung, Materialverarbeitung und Erstellung schriftlicher Arbeiten. Maternus, Köln, 2002, 95 S., 9,95 EUR.

BURCHARDT, MICHAEL: Leichter studieren. Wegweiser für effektives wissenschaftliches Arbeiten. 3., neubearbeitete Auflage, Berliner Wissenschaftsverlag, Berlin, 2000, 215 S., 17,00 EUR.

CORSTEN, HANS UND DEPPE, JOACHIM: Technik des wissenschaftlichen Arbeitens. Wege zum erfolgreichen Studieren. 2., überarbeitet Auflage, Oldenbourg, München, Wien, 2002, 118 S., 14,90 EUR.

EBSTER, CLAUS: Wissenschaftliches Arbeiten für Wirtschafts- und Sozialwissenschaftler. 2., überarbeitete Auflage, Uni-Taschenbücher, Wiener Universitätsverlag, Wien, 2003, 259 S., 17,90 EUR.

EBSTER, CLAUS: Wissenschaftliches Arbeiten für Wirtschafts- und Sozialwissenschaftler. Wiener Universitätsverlag, Wien, 2002, 160 S., 24,80 EUR.

FRANCK, NORBERT: Fit fürs Studium. Erfolgreich reden, lesen, schreiben. 4. Auflage, dtv, München, 1998, 197 S., 8,00 EUR.

FRANCK, NORBERT; STARY, JOACHIM UND RÜCKRIEM, GEORG (HRSG.): Die Technik wissenschaftlichen Arbeitens. Eine praktische Anleitung. 11., überarbeitete Auflage, Uni-Taschenbücher Schöningh, Paderborn, 2003, 307 S., 17,90 EUR.

FRANCK, NORBERT: Handbuch Wissenschaftliches Arbeiten. Fischer, Frankfurt am Main, 2004, 240 S., 9,90 EUR.

GRUNWALD, KLAUS: Wissenschaftliches Arbeiten. Grundlagen zur Herangehensweise, Darstellungsformen und Regeln. 4. Auflage, Klotz, Eschborn, 2002, 40 S., 6,00 EUR.

HUG, THEO: Wie kommt die Wissenschaft zu Wissen? 4 Bände. Band 1: Einführung in das wissenschaftliche Arbeiten. Schneider, Hohengehren, 2001, 408 S., 20,50 EUR.

HÜLSDORF, FRIEDHELM UND KALDEWEY, RÜDIGER: Mit Erfolg studieren. Studienorganisation und Arbeitstechniken. 3. Auflage, C. H. Beck, München, 346 S., 17,90 EUR.

JACOB, RÜDIGER: Wissenschaftliches Arbeiten. Eine praxisorientierte Einführung für Studierende der Sozialwissenschaften und Wirtschaftswissenschaften. Westdeutscher Verlag, Wiesbaden, 1997, 146 S., 15,50 EUR.

JETZKOWITZ, JENS; ERNST, WIEBKE U. A.: Wissenschaftliches Arbeiten für Soziologen. Oldenbourg, München, Wien, 2002, 176 S., 19,80 EUR.

KRUSE, OTTO (HRSG.): Handbuch studieren. Von der Einschreibung bis zum Examen. Campus Concret, Frankfurt am Main, New York, 1998, 455 S., z. Zt. nicht lieferbar.

LANDAU, KURT: Besser studieren! Übungsbuch zum Werk Arbeitstechniken. A2M Ad, Art Media, Berlin, 2003, 134 S., 12,00 EUR.

PAETZEL, ULRICH: Wissenschaftliches Arbeiten. Überblick über Arbeitstechnik und Studienmethodik. Cornelsen, Berlin, 144 S., 9,50 EUR.

PETERSEN, WILHELM H.: Wissenschaftliche(s) Arbeiten. Eine Einführung für Schule und Sudium. 6., überarbeitete und erweiterte Auflage, Nachdruck, Oldenbourg Schulbuchverlag, München, 2001, 183 S., 16,40 EUR.

PREISSNER, ANDREAS: Wissenschaftliches Arbeiten. 2. Auflage, Oldenbourg, München, Wien, 1998, 134 S., 14,80 EUR.

PREISSER, KARL-HEINZ: Praxis des wissenschaftlichen Arbeitens. Eurotrans, Weiden und Regensburg, 1993, z. Zt. nicht lieferbar.

RIEDER, KARL: Wissenschaftliches Arbeiten. Eine Einführung. ÖBV & HPT, Wien, 71 S., 12,80 EUR.

RÜCKRIEM, GEORG UND STARY, JOACHIM: Technik wissenschaftlichen Arbeitens. Multimediale CD-ROM. Cornelsen Scriptor, Berlin, 2001, 19,95 EUR.

SESINK, WERNER: Einführung in das wissenschaftliche Arbeiten. Mit Internet, Textverarbeitung, Präsentation. 6., überarbeitete und aktualisierte Auflage, Oldenbourg, München, Wien, 2003, 262 S., 19,80 EUR.

THEISEN, MANUEL R.: Wissenschaftliches Arbeiten. Technik, Methodik, Form. 11., aktualisierte Auflage, Vahlen, München, 2002, 290 S., 13,00 EUR.

THEISEN, MANUEL R.: ABC des wissenschaftlichen Arbeitens. Erfolgreich in Schule, Studium und Beruf. 2., überarbeitete Auflage, Beck Juristischer Verlag, DTV, München, 1995, 233 S., 6,60 EUR.

VENKER, KARL: Die wissenschaftlichen Arbeits- und Denkmethoden der Betriebswirtschaftslehre. Darstellung, Anleitung und Übung. Akademischer Verlag, München, 1993, 204 S., 26,00 EUR.

2. Literatur zur Recherche und sonstiger Literaturarbeit

CZWALINA, CLEMENS: Richtlinien für Quellenangaben, Anmerkungen, Literaturverzeichnisse u. ä. 6., überarbeitete Auflage, Feldhaus Czwalina, Hamburg, 1997, 34 S., 2,50 EUR.

DEUTSCHER NORMENAUSSCHUSS (HRSG.): DIN 1505. Teil 2. Titelangaben von Dokumenten. Zitierregeln. Beuth, Berlin, Wien, Zürich, 1984, 58,40 EUR.

HEHL, HANS: Die elektronische Bibliothek. Literatur- und Informationssammlung im Internet. 2., überarbeitete und erweiterte Auflage, Saur, München, 2001, 236 S., 29,80 EUR.

JELE, HARALD: Wissenschaftliches Arbeiten in Bibliotheken. Einführung für Studierende. 2., überarbeitete und erweiterte Auflage, Oldenbourg, München, Wien, 2003, 145 S., 16,90 EUR.

JELE, HARALD: Wissenschaftliches Arbeiten: Zitieren. Oldenbourg, München, Wien, 2003, 145 S., 17,80 EUR.

RUNKEHL, JENS UND SIEVERS, THORSTEN: Das Zitat im Internet. Ein Electronic Style Guide zum Publiziere, Bibliographieren und Zitieren. 2. Auflage, Revonnah, Hannover, 2000, 128 S., z. Zt. nicht lieferbar.

STARY, JOACHIM UND KRETSCHMER, H.: Umgang mit wissenschaftlicher Literatur. 5. Auflage, Cornelsen Scriptor, Berlin, 2000. 168 S., 14,50 EUR.

WERDER, LUTZ VON: Wissenschaftliche Texte kreativ lesen. Kreative Methoden für das Lernen an Hochschulen und Universitäten, Schibri, Uckerland, 1994, 128 S., 12,80 EUR.

3. Ratgeber und Übungsbücher zum Verfassen von wissenschaftlichen Arbeiten

BÄNSCH, AXEL: Wissenschaftliches Arbeiten. Seminar- und Diplomarbeiten. 8., durchgesehene und erweiterte Auflage, Oldenbourg, München, Wien, 2003, 98 S., 9,80 EUR.

BECKER, FRED G.: Anleitung zum wissenschaftlichen Arbeiten. Wegweiser zur Anfertigung von Haus- und Diplomarbeiten. 2., überarbeitete Auflage, Josef Eul, Bergisch Gladbach, Köln, 1994, 77 S., 9,00 EUR.

BRANDT, EDMUND: Rationeller Schreiben Lernen. Hilfestellung zur Anfertigung wissenschaftlicher (Abschluss-)Arbeiten. Nomos, Baden-Baden, 2002, 141 S., 16,00 EUR.

BRINK, ALFRED: Anfertigung wissenschaftlicher Arbeiten. Ein prozessorientierter Leitfaden zur Erstellung von Bachelor-, Master- und Diplomarbeiten in acht Lerneinheiten. Oldenbourg, München, Wien, 2004, 290 S., 19,80 EUR.

BÜNTING, KARL-DIETER: Schreiben im Studium. Mit CD-ROM. Ein Trainingsprogramm. Neuauflage, Cornelsen-Scriptor, Frankfurt/Main, 2002, 160 S., 14,95 EUR.

CHARBEL, ARIANE: Schnell und einfach zur Diplomarbeit. 3., aktualisierte Auflage, Bildung und Wissen, Nürnberg, 2003, 246 S., 14,80 EUR.

DISTERER, GEORG: Studienarbeiten schreiben. Diplom-, Seminar- und Hausarbeiten in den Wirtschaftswissenschaften. 2., überarbeitete Auflage, Springer, Berlin, 2003, 174 S., 14,95 EUR.

DRÜEN, KLAUS-DIETER UND AHRENS, SUSANNE: Das Anfertigen von wissenschaftlichen Arbeiten im Wahlfach Steuerrecht. Ein Leitfaden für Studierende der Rechtswissenschaften. Verlag Neue Wirtschafts-Briefe Herne und Berlin, 2001, 28 S., kostenfrei beim Verlag beziehbar.

DUDEN, Die schriftliche Arbeit. Ein Leitfaden zum Schreiben von Fach-, Seminar- und Abschlussarbeiten in der Schule und beim Studium. Literatursuche, Materialsammlung und Manuskriptgestaltung mit vielen Beispielen. 3., neubearbeitete Auflage, Bibliographisches Institut, Mannheim, Wien, Zürich, 2000, 32 S., 4,50 EUR.

ECO, UMBERTO: Wie man eine wissenschaftliche Abschlussarbeit schreibt. Doktor-, Diplom- und Magisterarbeit in den Geistes- und Sozialwissenschaften. 9. Auflage, Uni-Taschenbücher Müller, Heidelberg, 2002, 271 S., 14,90 EUR.

ENGEL, STEFAN: Die Diplomarbeit. 3., überarbeitete Auflage, Schäffer-Poeschel, Stuttgart, 2003, 296 S., 14,95 EUR.

ESSELBORN-KRUMBIEGEL, HELGA: Von der Idee zum Text. Eine Anleitung zum wissenschaftlichen Schreiben. Uni-Taschenbücher Schöningh, Paderborn, 2002, 207 S., 11,90 EUR.

FRAGNIERE, JEAN-PIERRE: Wie schreibt man eine Diplomarbeit? Planung, Nieder-schrift, Präsentation von Abschluss-, Diplom- und Doktorarbeiten, von Berichten und Vorträgen. 6. Auflage, Haupt, Bern, 2003, 129 S., 19,90 EUR.

FRANCK, NORBERT: Schreiben wie ein Profi. 3. Auflage, Bund Ratgeber, Köln, 2000, 207 S., z. Zt. nicht lieferbar.

GERHARDS, GERHARD: Seminar-, Diplom- oder Doktorarbeit. Muster und Empfeh-lungen zur Gestaltung rechts- und wirtschaftswissenschaftlichen Prüfungsarbeiten. 8., durchgesehene Auflage, Uni-Taschenbücher Haupt, Bern, 1995, 148 S., 9,90 EUR.

GÖTTERT, KARL-HEINZ: Kleine Schreibschule für Studierende. Uni-Taschenbücher für Wissenschaft, Stuttgart, 2002, 158 S., 9,90 EUR.

HAEFNER, KLAUS: Gewinnung und Darstellung wissenschaftlicher Erkenntnisse. Insbesondere für universitäre Studien-, Staatsexamens-, Diplom- und Doktor-Arbeiten. Oldenbourg, München, Wien, 2000, 141 S., 14,80 EUR.

HALL, GEORGE M. (HRSG.): Publish or Perish. Wie man einen wissenschaftlichen Beitrag schreibt, ohne die Leser zu langweilen oder die Daten zu verfälschen. Hu-ber, Bern, 1998, 167 S., 19,95 EUR.

HÖGE, HOLGER: Schriftliche Arbeiten im Studium. Ein Leitfaden zur Abfassung wissenschaftlicher Texte. 2., überarbeitete und erweiterte Auflage, Kohlhammer, Stuttgart, 2002, 150 S., 18,00 EUR.

KRÄMER, WALTER: Wie schreibe ich eine Seminar- oder Examensarbeit? Campus, Frankfurt am Main, 1999, 256 S., 12,90 EUR.

KRUSE, OTTO: Keine Angst vor dem leeren Blatt. Ohne Schreibblockaden durchs Studium. Campus, Frankfurt am Main, 1994, 269 S., 12,90 EUR.

LEOPOLD-WILDBURGER, ULRIKE: Verfassen und Vortragen. Wissenschaftliche Ar-beiten und Vorträge leicht gemacht. Springer, Berlin, 2002, 167 S., 14,95 EUR.

LIENING, ANDREAS: Wissenschaftlich arbeiten – aber wie? Studienhilfe zum Erstel-len wissenschaftlicher Arbeiten. Wisoco, Münster, 1995, 90 S., z. Zt. nicht liefer-bar.

LÜCK, WOLFGANG: Technik des wissenschaftlichen Arbeitens. Seminararbeit, Di-plomarbeit, Dissertation. 9., neubearbeitete Auflage, Oldenbourg, München, Wien, 2003, 102 S., 9,80 EUR.

MARX, FRANZ JÜRGEN UND SCHARENBERG, SIGRUN: Das Anfertigen von wissenschaftlichen Arbeiten im Studienfach Betriebswirtschaftliche Steuerlehre. Ein Leitfaden für Studierende der Wirtschaftswissenschaften. Verlag Neue Wirtschafts-Briefe Herne und Berlin, 2000, 33 S., kostenfrei beim Verlag beziehbar.

MATUSCHEK, HELGA: Lektüre und Produktion wissenschaftlicher Texte. Wiener Universitätsverlag Facultas, Wien, 2002, 100 S., 10,00 EUR.

NARR, WOLF-DIETER UND STARY, JOACHIM (HRSG.): Lust und Last des wissenschaftlichen Schreibens. Hochschullehrerinnen und Hochschullehrer geben Studierenden Tips. Nachdruck, Suhrkamp, Frankfurt am Main, 2000, 284 S., 11,50 EUR.

PLÜMPER, THOMAS: Effizient schreiben. Leitfaden zum Verfassen von Qualifizierungsarbeiten und wissenschaftlichen Texten. Oldenbourg, München, Wien, 2003, 126 S., 19,80 EUR.

POENICKE, KLAUS: Wie verfaßt man eine wissenschaftliche Arbeit? Ein Leitfaden vom ersten Semester bis zur Promotion. 2., neubearbeitete Auflage, Bibliographisches Institut, Mannheim, Wien, Zürich, 1988, 216 S., 7,20 EUR.

PRESLER, GERD: Referate schreiben, Referate halten. Ein Ratgeber. Uni-Taschenbücher Fink (Wilhelm), Paderborn, 2002, 128 S., 9,90 EUR.

RÖSNER, HANS-JÜRGEN: Die Seminar- und Diplomarbeit. Eine Arbeitsanleitung. 4., völlig neu bearbeitet und erweiterte Auflage, Florentz, München, 1985, 85 S., 14,99 EUR.

ROSSIG, WOLFRAM E.: Wissenschaftliches Arbeiten. Ein Leitfaden für Haus-, Seminar-, Examens- und Diplomarbeiten sowie Präsentationen. Mit PC- und Internetnutzung. 4., erweiterte Auflage, Rossig Wolfdruck, Bremen, 2002, 174 S., 12,00 EUR.

SCHELD, GUIDO A.: Anleitung zur Anfertigung von Praktikums-, Seminar- und Diplomarbeiten. Fachbibliothek, Büren, 2003, 95 S., 10,90 EUR.

SCHOLZ, DIETER: Diplomarbeiten normgerecht verfassen. Schreibtipps zur Gestaltung von Studien-, Diplom- und Doktorarbeiten. Vogel, München, 2001, 117 S., 14,83 EUR.

SEIDENSPINNER, GUNDOLF: Wissenschaftliches Arbeiten. Techniken, Methoden, Hilfsmittel, Aufbau, Gliederung, richtiges Zitieren. 9. Auflage, Moderne Verlagsgesellschaft Mvg., München, Landsberg am Lech, 1994, 127 S., z. Zt. nicht lieferbar.

STANDOP, EWALD: Die Form der wissenschaftlichen Arbeit. Ein unverzichtbarer Leitfaden für Studium und Beruf. 16., korrigierte und ergänzte Auflage, 2002, Quelle & Meyer, Heidelberg, 2002, 222 S., 11,90 EUR.

TRIMMEL, MICHAEL: Wissenschaftliches Arbeiten. Ein Leitfaden für Diplomarbeiten und Dissertationen in den Sozialwissenschaften und Humanwissenschaften mit besonderer Berücksichtigung der Psychologie. 2. Auflage, Wiener Universitätsverlag, Wien, 1997, 210 S., 14,50 EUR.

WERDER, LUTZ VON: Grundkurs des wissenschaftlichen Schreibens. Schibri, Ucker-
berg, 1995, 80 S., 7,80 EUR.

WERDER, LUTZ VON: Kreatives Schreiben in den Wissenschaften. Für Schule, Hochschule und Erwachsenenbildung. 2. Auflage, Schibri, Uckerland, 1995, 186 S.,
12,80 EUR.

WERDER, LUTZ VON: Kreatives Schreiben von wissenschaftlichen Hausarbeiten und
Referaten. 2. Auflage, Schibri, Uckerland, 2002, 160 S., 7,40 EUR.

WERDER, LUTZ VON: Lehrbuch des wissenschaftlichen Schreibens. Ein Übungsbuch
für die Praxis. Schibri, Uckerland, 1993, 464 S., 20,00 EUR.

WERDER, LUTZ VON: Rhetorik des wissenschaftlichen Redens und Schreibens, Schibri, Uckerland, 1995, 80 S., 7,80 EUR.

4. Literatur zum wissenschaftlichen Arbeiten mit dem PC

EBERL, MARKUS: Wissenschaftliches Arbeiten mit Word, mit CD-ROM. Microsoft
Press Deutschland, ohne Ortsangabe, 2004, 300 S., 19,90 EUR.

HOPPE, UWE UND KUHL, JOCHEN: Diplomarbeiten schreiben am PC. Text, Graphik und Recherche mit Windows, Word und WWW. Vahlen, München, 1996, 300
S., 19,60 EUR.

NICOL, NATASCHA: Wissenschaftliche Arbeiten schreiben mit Word, mit CD-ROM.
Formvollendete und normgerechte Examens-, Diplom- und Doktorarbeiten. Für
Word 97/2000/2002. Addison-Wesley, München, 2002, 374 S., 24,95 EUR.

RAVENS, TOBIAS: Wissenschaftlich mit Excel arbeiten. Pearson Studium, München,
2002, 200 S., 14,95 EUR.

RAVENS, TOBIAS: Wissenschaftlich mit PowerPoint arbeiten. Pearson Studium, München, 2003, 206 S., 14,95 EUR.

RAVENS, TOBIAS: Wissenschaftlich mit Word arbeiten. Pearson Studium, München,
2003, 256 S., 14,95 EUR.

SCHRÖDER, HENRIK: Mit dem PC durchs Studium. Eine praxisorientierte Einführung. Wissenschaftliche Arbeiten verfassen, Informationen mit neuen Medien
sammeln, auswerten, verwalten, effektiv Word 97/2000 einsetzen. Primus, Darm-
stadt, 2000, 255 S., 19,90 EUR.

5. Literatur zu Lernstrategien und Arbeitstechniken im Studium

CHEVALIER, BRIGITTE: Effektiver lernen. Die eigenen Fähigkeiten erkennen, Textverständnis und Lesekapazität erhöhen, Nutzen aus einer Vorlesung ziehen, Ar-
beitsorganisation, Schriftliche Arbeiten und mündliche Prüfungen bewältigen.
Nachdruck, Eichborn, Berlin, 2002, 249 S., 15,90 EUR.

DAHMER, HELLA UND DAHMER JÜRGEN: Effektives Lernen. Anleitung zum
Selbststudium, Gruppenarbeit, Examensvorbereitung. 4. Auflage, Schattauer, Stuttgart, 1998, 244 S., 15,95 EUR.

HANSEN, KATRIN: Selbst- und Zeitmanagement im Wirtschaftsstudium. Effektiv planen, effizient arbeiten, Streß bewältigen. Cornelsen, Berlin, 2000, 143 S., 9,50 EUR.

MERTENS, RALF: Denk- und Lernmethoden. Gehirnjogging für Studierende. Cornelsen, Berlin, 2001, 141 S., 9,95 EUR.

METZGER, CHRISTOPH VON: Wie lerne ich. Lern- und Arbeitsstrategien. Trafalgar Square Publishing, Pomfret, 2002, 177 S., 27,00 EUR.

METZIG, WERNER UND SCHUSTER, MARTIN: Lernen zu lernen. Lernstrategien wirkungsvoll einsetzen. Springer, Berlin Heidelberg, New York, 2000, 212 S., 19,95 EUR.

SCHULTE-STEINECKE, BARBARA UND PETER, JÖRG: Locker durch Studium und Prüfung mit Selbstlerntechniken. Schibri, Berlin, 2000, 134 S., 7,80 EUR.

SCHUSTER, MARTIN: Für Prüfungen lernen. Hofgrefe, Göttingen, 2001, 126 S., 15,95 EUR.

VESTER, FREDERIC: Denken, Lernen, Vergessen. Was geht in unserem Kopf vor, wie lernt das Gehirn, und wann läßt es uns im Stich? Aktualisierte Neuausgabe, dtv, München, 1998, 256 S., 8,50 EUR.

WAGNER, W.: Uni-Angst und Uni-Bluff. Wie studieren und sich nicht verlieren. Europäische Verlagsanstalt Rotbuch, Hamburg, 2002, 128 S., 9,90 EUR.

WILD, KLAUS-PETER: Lernstrategien im Studium. Strukturen und Bedingungen. Waxmann, Münster, München, Berlin, New York, 2000, 276 S. 26,60 EUR.

Autoren des Bandes

Burchert, Heiko: Prof. Dr. rer. pol., Dipl. Ing. oec., geb. 1964. Seit 2001 Professor für das Fachgebiet Betriebswirtschaftliche und rechtliche Grundlagen des Gesundheitswesens, Fachbereich Pflege und Gesundheit der Fachhochschule Bielefeld. Arbeits- und Forschungsgebiete: Gesundheitsökonomie (insb. Telemedizin, Rehabilitation und Pflege), Betriebswirtschaftslehre sowie Arbeits-, Sozial- und Strafrecht.

Sohr, Sven: Prof. i. V. Dr. phil., Dipl. Psych., M. A., geb. 1967. Vertritt seit 2001 die Professur für psychologische und sozialwissenschaftliche Grundlagen, Fachbereich Pflege und Gesundheit der Fachhochschule Bielefeld. Arbeits- und Forschungsgebiete: Entwicklungs-, Gesundheits-, Sozial- und Umweltpsychologie, Zukunftswerkstätten / Zukunftsforschung.